国家社科基金
GUOJIA SHEKE JIJIN HOUQI ZIZHU XIANGMU
后期资助项目

本书部分出版费获2020年度河南省青年骨干教师项目资助

刑事一体化理念下
环境犯罪治理研究

武向朋　著

兰州大学出版社
LANZHOU UNIVERSITY PRESS

图书在版编目（CIP）数据

刑事一体化理念下环境犯罪治理研究 ／ 武向朋著.
兰州 ： 兰州大学出版社，2024. 11. -- ISBN 978-7-311-
06720-5

Ⅰ. D924.364

中国国家版本馆 CIP 数据核字第 2024XV2770 号

责任编辑　宋　婷
封面设计　汪如祥

书　　名　刑事一体化理念下环境犯罪治理研究
作　　者　武向朋　著
出版发行　兰州大学出版社　（地址：兰州市天水南路222号　730000）
电　　话　0931-8912613(总编办公室)　0931-8617156(营销中心)
网　　址　http://press.lzu.edu.cn
电子信箱　press@lzu.edu.cn
印　　刷　甘肃日报报业集团有限责任公司印务分公司
开　　本　710 mm×1020 mm　1/16
成品尺寸　165 mm×238 mm
印　　张　19.25
字　　数　350千
版　　次　2024年11月第1版
印　　次　2024年11月第1次印刷
书　　号　ISBN 978-7-311-06720-5
定　　价　96.00元

（图书若有破损、缺页、掉页,可随时与本社联系）

国家社科基金后期资助项目
出版说明

　　后期资助项目是国家社科基金设立的一类重要项目，旨在鼓励广大社科研究者潜心治学，支持基础研究多出优秀成果。它是经过严格评审，从接近完成的科研成果中遴选立项的。为扩大后期资助项目的影响，更好地推动学术发展，促进成果转化，全国哲学社会科学工作办公室按照"统一设计、统一标识、统一版式、形成系列"的总体要求，组织出版国家社科基金后期资助项目成果。

全国哲学社会科学工作办公室

目　录

绪　论

一、选题意义与研究现状

（一）选题意义

本研究在"刑事一体化"理念下全面考虑环境犯罪问题，寻求环境犯罪治理的路径。具体而言，本研究具有如下意义：

1.丰富刑事一体化思想，推进生态文明建设

刑事一体化思想是我国学者提出的最具原创性的刑事法命题，是刑法学理论研究40年来取得的一个非常重要的理论成果。2017年是1997年《中华人民共和国刑法》（简称《刑法》）和《中华人民共和国刑事诉讼法》（简称《刑事诉讼法》）颁布实施20周年，在这次纪念活动中，"刑事一体化：理论与实践"作为主题被深入探讨。

党的十九大报告中，43处提到"生态"，15处提到"绿色"，12处提到"生态文明"，8处提到"美丽"，前所未有地提出了"像对待生命一样对待生态环境""实行最严格的生态环境保护制度"等论断。

党的二十大报告提出，"我们坚持绿水青山就是金山银山的理念，坚持山水林田湖草沙一体化保护和系统治理，全方位、全地域、全过程加强生态环境保护"，恰恰刑法是所有法律中最严厉的，加之环境犯罪的特殊性，环境刑法应成为刑事一体化的主要立法领域。因此，开展本课题的研究，既丰富了刑事一体化的内涵，也推进了生态文明建设。

2.推进环境犯罪研究的绿色视角，完善环境犯罪刑事立法

从发展的角度看，刑事一体化思想应该更加强调犯罪学与刑法学研究的结合。刑事一体化理念下以环境犯罪的犯罪学研究为起点，超越了单纯生态刑法实体规范角度。在刑事一体化下讨论犯罪学的意义是什么呢？正如德国马普国际刑法研究所的"所训"所阐明的："刑法研究而无犯罪学理论相辅，将是盲目的；反之，犯罪学研究而无刑法规范为基础，亦是无涯的。"①

目前我国犯罪学研究本就不发达，针对环境犯罪的犯罪学研究更是

---

① 郑昆山：《环境刑法之基础理论》，五南图书出版公司，1998，第123页。

少之又少。环境犯罪具有全球性,西方国家越来越重视犯罪学在治理环境犯罪中的作用,由此产生了犯罪学的分支学科——绿色犯罪学。及时借鉴绿色犯罪学视角下的环境犯罪治理措施对于我国环境犯罪研究是必要的。

本书通过搜集、整理、分析犯罪现象,揭示犯罪本质,探究犯罪原因,尔后在此基础上进行思辨,揭示环境犯罪不同于其他犯罪的独有特征,把握刑事立法对具体环境犯罪设置的条件,为环境刑法规范的形成提供实践根据,且最终目的是形成完善的环境刑事规则。

3.在科际整合下促进学科建设

科际整合又称"跨领域研究",指的是两个或多个学科相互合作,在同一个目标下进行的学术活动。学术的专门化会增进不同学科在专门学术上的专精程度,可是不断专门化的结果,往往会造成学者间对于毫无重要性的部分问题进行极为精细的研究,却忽略了对整体的观察,从而使某些学科陷入孤立隔绝之境①。

目前我国学者们大都从刑法学角度展开对环境犯罪的研究,这种偏重从规范学角度出发的研究,难免会带有视角上的不足与狭隘,同时会带来观念上的偏差。刑事一体化的目标是对涉及相关犯罪理论、刑法适用、惩治机制等相关学科进行普遍联系的研究,主张各学科需要通力协作,发挥共同的系统优势;同时,各学科之间又不能互相代替,而只能基于不同的角度互相补充、互相促进,刑事一体化在促进不同刑事学科发展的同时,也会促进整个刑事法学的发展。这也是目前新文科建设背景下对新法科建设的要求,即法学学科内部与其他学科不断交叉融合。

(二)研究现状

1.国外环境犯罪研究现状及趋势

(1)国外环境犯罪治理现状

1)英美法系国家环境犯罪治理现状

① 英国环境犯罪治理现状

英国因为工业革命导致的污染问题出现较早,制定了一系列环境保护法律法规。20世纪90年代以后,英国具备相对完善的环境刑法,以附属刑法为主。其刑事立法立足非人本主义思想,体现对环境法益的保护。罪名设置全面,区分重罪与轻罪,设立体现双层犯罪构成模式的有效辩护制度,规定了严格责任,设置了危险犯和行为犯,提前了刑法介入时

---

① 张丽卿:《司法精神医学:刑事法学与精神医学之整合》,中国政法大学出版社,2003,第10页。

间。除了立法手段，英国还注重运用经济手段来治理环境犯罪。

② 美国环境犯罪治理现状

由于美国的联邦体制，导致美国并没有制定统一的刑法典，但美国的州有独立的立法权，美国在联邦和各州规定的环境行政法规中均直接规定了环境刑事条款，有一些州制定的刑法典中也规定了环境犯罪的内容，有的州通过制定环境单行刑法的方式来治理环境。美国在联邦政府层面的环境犯罪立法方面同英国一样，主要通过在环境行政法中增设刑事罚则的方式来进行立法。总体来说，美国形成了以附属刑法为主、各州制定的单行刑法为补充的环境立法模式。美国重视保护环境各要素，彰显非人本主义立法理念，刑事处罚较为严厉，惩治范围涵盖各个环境要素，重视罚金刑适用（规定日罚金制度），实施严格责任但只限于少数犯罪类型，将危险犯划分为故意危险犯和过失危险犯。但是，也有比较宽缓的刑事政策，例如，运用排污交易制度、环境税收制度等来调控，还规定了公司的自我披露制度。

③ 澳大利亚环境犯罪治理现状

澳大利亚继承了英国的立法模式，以分散的环境行政法规来规治环境犯罪行为。但以新南威尔士州为特色采用单行刑法模式，1989年该州制定出台《环境犯罪与惩治法》，该法所规定的环境犯罪仅是对环境行政法规定的犯罪的补充，并未完全取代原来的立法，规定了危险犯、环境刑事实体法和环境刑事程序法一体化，还规定了完善周到的刑罚辅助措施，例如，复原、赔偿和损害的恢复、对被告财产的限制令、法院进一步颁发的命令等。这部环境法典可谓是从实体和程序、刑事与非刑事的各个方面对环境犯罪都作出了详细的规定。

2）大陆法系国家环境犯罪治理现状

① 德国环境犯罪治理现状

德国对环境保护的规定最先是在少量的几部环境行政法规中，这一时期严格按照环境行政法规决定处罚。20世纪70年代以后，开始在环境行政法中规定一些环境保护刑事法则，附属刑法的形式起到了一定的作用。随着生态环境的日益恶化，为了更好地同危害环境犯罪作斗争，1992年联邦政府通过修正，将"危害环境罪"独立成章。德国最初是通过在环境行政管制法中规定刑事罚则来规治环境犯罪；后来通过修改刑法典专门规定了环境犯罪，但并未因此而停止通过在环境行政管制法中设立刑事罚则的方式来进行环境刑事立法。目前，《德国刑法典》第29章规定了污染水体、污染土地、污染空气、污染噪音、污染保护区等9

个罪名。德国立法体系较成熟，立法理念采取人类法益与非人类法益并重的特点。环境要素保护对象广泛，重视短期自由刑和罚金刑，不仅直接、明确规定了危险犯，并对未遂犯和过失犯的处罚也予以规定，大量的空白罪状显示了环境刑法对于行政法的从属性。在污染环境罪的立法上采取了分立模式，不仅设立了多个罪名，而且在行为、结果、罪过形式以及刑罚设置上均实现了分立。罪过形式，立法上既有择一罪过立法，又有双重罪过立法。择一罪过立法明确规定了同一犯罪可以由故意构成，也可以由过失构成；双重罪过立法主要是指结果犯的罪过形式立法，由行为人对行为的心理态度和对结果的心理态度构成。通过附属刑法的方式，对法人危害环境的行为进行惩治。

② 日本环境犯罪治理现状

在20世纪50—80年代出现了严重的群体公害事件，彼时为了应对民众期望，日本制定了大量的环境行政管制法，并在其中规定了刑事责罚。1974年《日本刑法典》从保护传统法益的角度规定了污染饮用水罪、污染水道罪、气体遗漏罪、毒物混入水道罪等。20世纪70年代初，《日本公害对策基本法》颁布，对于不同于传统犯罪的公害犯罪采用特别刑法模式，该法规定了故意犯罪和过失犯罪，规定了危险犯和因果关系推定原则。日本采用复合立法模式，基本以单行刑法模式为主，法典化模式与附属刑法模式为补充。不设空白罪状，体现环境刑法独立于行政法，广泛适用罚金刑，惩罚法人犯罪。

③ 俄罗斯环境犯罪治理现状

俄罗斯的环境立法可以追溯到苏联时期。直到20世纪60年代，苏联才开始重视对环境的保护，制定了一些环境行政管制法并规定了刑责，如《苏联自然保护法》《苏联土地立法纲要》等。直到《苏俄刑法典》制定后，体现对生态要素（如大气、水、动物、森林等）的刑法保护——环境刑事立法才走上了法典化的道路。但在《苏俄刑法典》中，环境犯罪只是分散地规定于不同的章节中。到苏联解体后，在1996年颁布的《俄罗斯联邦刑法典》中，明确规定了保护环境的任务，并在第9编单独规定了生态犯罪一章共17个罪名，涉及污染大气、海洋、土地、资源等各类刑事犯罪，体现出较高的生态环境保护理念。对生态犯罪规定的刑罚种类有：强制性工作、劳动改造、限制自由、拘役、一定期限地剥夺自由、剥夺担任一定职务或从事某种活动的权利、罚金七类；规定有危险犯，但是没有规定法人犯罪；以刑法典的规定为主，其他环境刑法为辅。俄罗斯的刑法坚持生态中心主义价值观，环境刑法调整范围周全，也很超前，不仅直接用"生态"替代"环境"这一概念，还在刑法典中规定了生态灭绝罪①。1996年俄罗斯颁布《俄罗斯联邦生态鉴定法》，1999年将环境问题纳入国家安全战略。

④ 法国环境犯罪治理现状

20世纪30年代，法国率先开展了环境刑事立法，涵盖多个方面。其中最引人注目的是，经历多年努力，于2000年通过的《法国环境法典》。该法典在每卷中都融入了环境刑事规定，是环境问题法典化处理的创新之举。另外，于1994年3月1日生效的新《法国刑法典》，也分散性地规定了环境犯罪及相关刑事责任。其中涵盖虐待动物、杀害动物等刑事责任，还包括违法存放、抛弃或乱放物品的规定。这一立法模式强调"以附属刑法为主，法典化为辅"。

⑤ 巴西环境犯罪治理现状

1981年，巴西颁布了首部环境基本法——《巴西国家环境政策法》，这标志着巴西正式开始了环境立法的历程。该法明确规定了环境违法行为所带来的行政、民事和刑事责任。随后于1988年，巴西宪法会议通过了新宪法，其中第6章第8节专门涵盖了环境保护的内容，明确确立了公民的环境权利。为有效打击环境犯罪行为，巴西又于1998年颁布了《巴西环境犯罪法》。从那时起，巴西的环境刑事立法模式朝着特别刑法立法的整合方向发展。这部法律不仅包含了总则性条款，还细分为各个具体领域的条款，涵盖了实体性规定以及程序性规定，详细规范了环境犯罪的追诉形式和追诉程序。

3）外国环境犯罪治理评析

囿于篇幅，其他一些国家的环境犯罪治理现状不再一一阐述。从大陆法系和英美法系的环境犯罪立法情况可以看出，存在环境特别刑法、环境行政法中附属刑事条款以及修正刑法规定环境犯罪三种立法模式。总体上说，大陆法系国家规制环境犯罪多以刑法典为主，单刑罚执行法为辅，英美法系国家因为是非成文法国家，多依赖生态环境行政法的规定，注重用经济手段补偿对于生态的破坏，刑事手段作为最后补充手段。大多数国家已将危害生态环境的行为界定为犯罪行为，并扩大了对自然环境的法律保护范畴，从仅仅保护森林、饮用水和野生动物扩大到对大气、土地、海洋、矿产等多种生态资源的保护。有些国家还在处罚时引入危险犯、严格责任、因果关系推定责任，处罚单位犯罪，扩大财产刑

---

① 金晶：《我国环境保护刑事立法的完善》，博士学位论文，华东政法大学刑事法学院，2013，第76页。

的适用。这些国家的环境犯罪立法及实践效果都可以作为我国立法参考的有益经验。

① 立法理念借鉴

对域外的生态环境刑事立法进行分析，可以发现环境保护要素逐渐增加。最初，只对直接涉及人类生命健康、具有经济价值的环境违法行为进行制裁。随后，立法范围扩展至包括大气、水体、垃圾、生物资源等所有环境要素。这反映出一些国家坚持了"人类中心主义"和"生态中心主义"的立法理念。例如，在《日本公害犯罪制裁法》和《日本刑法典》中的环境规定中，体现了保护人类和生态法益的共同理念。然而，人类中心主义法益观忽略了生态环境的独立价值，坚持事后主义对于生态环境犯罪的预防和治理并不利，这种类型的犯罪具有长期潜伏期和严重危害后果。此外，生态中心主义法益观强调生态环境的独立性和整体性，但有时可能过于理想化，脱离了人类的认知，难以在刑法上发挥作用。因此，应该坚持生态学的人类中心主义法益观，将大气、土地、生物和水域的法律效用视为独立，但必须以满足人类基本需求为前提。这种法益观超越了狭隘的人类中心主义和虚无的生态中心主义，兼顾人类与环境的保护，是实现可持续发展的不二法门。

② 立法模式评析

由前所述，大体上可以将环境犯罪立法模式分为两种类型，即单一立法模式和两种以上法律形式并存的立法模式。一方面，单一立法模式主要包括两种，即法典化的单一立法模式和附属刑法的单一立法模式。所谓法典化的单一立法模式，是指仅仅在普通刑法典中规定环境犯罪及其刑事责任的立法模式。从世界范围来看，在环境犯罪刑事立法上采取这种立法模式的国家主要是俄罗斯。采取附属刑法的单一立法模式的最典型国家就是英国。这种立法模式虽然能够很快地应对新出现的环境问题，但也容易导致立法的分散。另一方面，两种以上法律形式并存的立法模式。一是采用刑法典、单行环境法及附属刑法并存的立法模式的国家如日本、美国等。日本和美国采取多轨制的立法模式彰显出环境犯罪的复杂性及惩治的多样化，采取这种立法模式的优点比较突出。在这种模式下，通过法律之间的协调，实现了环境行政法和环境刑法的衔接。二是刑法典与环境附属刑法并存的立法模式，采用这种立法模式的国家主要是德国。虽然通过附属刑法的方式可以及时应对环境问题的变化，但为了避免法律的分散，德国开始通过多次修改刑法典来推动环境刑事立法的法典化，但是在此进程中也并未否定环境附属刑法的立法。

③ 较完善的罪名体系

一是惩治范围广，打击力度大。早在20世纪90年代，德国针对土地、水体、大气污染等环境污染方面，已建立了明确的罪名和刑罚，其刑法典涵盖多种环境犯罪罪名，相互联系紧密，构建了完善的罪名体系，有力地保护了环境并且打击了环境犯罪，在环境犯罪治理方面取得了显著成效。虽然英国和美国没有明确的环境犯罪刑法典，但二者通过相关行政法规突出规范了环境犯罪，同时设立和规范了多种破坏环境的行为，在环境犯罪打击和预防方面也取得了显著效果。二是确立危险犯。上述国家在认定环境危害行为时，并未单纯以实际损害结果为唯一标准，而是基于此，设立了危险犯，以强化环境保护的目的。日本是早期明确规定环境犯罪危险犯的国家之一，出于环境自身价值和实际需求，早期便对环境刑法进行修订，无论故意还是过失，只要对公共健康构成威胁，都要受刑事处罚。德国早期主要通过行政执法处理环境问题，但存在司法漏洞。随后，德国修改了刑法典，增加了环境犯罪危险犯的规定。英美等国在环境犯罪立法中同样规定了危险犯。

④ 较完善的罪责体系

一方面，在《德国刑法典》第29章中，涉及的9项刑事犯罪均包括故意犯罪和过失犯罪。与之类似，《日本公害犯罪制裁法》将公害罪划分为故意犯和过失犯。这种分类方式与德国刑法对生态环境犯罪的处理相似，同样将故意和过失行为予以区分，并在刑罚方面有所差异。然而，在我国，关于罪过形式的划定仍存在争议。遗憾的是，在《中华人民共和国刑法修正案（十一）》（简称《刑法修正案（十一）》）中，立法机关对污染环境罪主观要件的具体规定并未详尽阐述。关于生态环境犯罪的罪过形式，学界存在"复合罪过说"，在这一观点下，主张对故意犯和过失犯的刑罚予以不同评估。然而，我国目前仅在法律规定下的过失犯才受到刑罚，因此，罪过形式在司法实践中仍然不明确。另一方面，受功利主义思想影响，英美法系国家引入严格责任原则，其在打击犯罪和维护社会秩序方面表现出明显成效。然而，严格责任并非适用于所有犯罪，它仅在特定情境下适用，如涉及危害社会健康和公众福利的犯罪。这意味着，在英美法系国家，主观认定仍以传统的罪过原则为主，同时辅之以严格责任原则。为此，我们或能思考德国和日本的实践经验，进一步完善我国有关生态环境犯罪的主观罪责规定。

⑤ 较完善的刑罚体系

一方面，财产刑适用广泛。许多国家在处理环境犯罪的刑法惩罚中采用了财产刑，特别是罚金刑的运用日益广泛。一些国家将罚金刑作为主要刑罚规定，不仅可以与自由刑同时适用，还可独立作为一种刑罚。此类规定的背后有三个主要考虑：首先，全球刑罚制度正朝着减轻刑罚的方向发展；其次，环境犯罪常受经济利益驱动，罚金刑有助于预防再犯；再次，1970年《日本公害犯罪治裁法》中规定了对公害犯罪的惩罚方式，包括惩役（徒刑）、监禁和罚金。这些刑罚可以单独或合并使用，还可进行替代。监禁刑可以独立使用，也可以用惩役或罚金刑替代。通过这些替代和合并的规定，事实上拓展了罚金刑的适用范围。另一方面，注重适用资格刑。《西班牙刑法典》对多个环境犯罪罪名在主刑处罚外还规定了资格刑，新《法国刑法典》中对单位犯罪规定禁止从事职业性或社会性活动，《巴西环境犯罪法》对法人资格刑的处罚包括"部分或全部中止其活动、暂时禁止其活动、禁止其与政府签订合同"，《越南刑法典》全部环境犯罪都可以判处"在1年至5年内禁止担任一定职务、从事一定的行业或者工作"的刑罚。资格刑的适用能够从主体资格上暂时或永久性地剥夺行为人实施犯罪的能力，因而能有效地惩治和预防各种环境犯罪。

（2）国外环境犯罪研究趋势

著作是最系统性的研究，笔者搜集了有关环境犯罪的著作来分析其研究趋势（见表0-1）。

表0-1　国外研究环境犯罪的部分著作

序号	作者	书名	中文书名	出版年份
1	Yingyi Situ-Liu, David Emmons	*Environmental Crime: The Criminal Justice System's Role in Protecting the Environment*	环境犯罪：环境保护中的刑事正义体系	1999
2	Ronald G. Burns, Michael J. Lynch	*Environmental Crime*	环境犯罪	2004
3	Piers Beirne, Nigel South	*Issues in Green Criminology*	绿色犯罪学问题	2007
4	Kathleen Brickey	*Environmental Crimes*	环境犯罪	2008
5	Rob White	*Environmental Crime: A Reader*	环境犯罪读物	2009

序号	作者	书名	中文书名	出版年份
6	Rob White	*Transnational Environmental Crime: Toward an Eco-global Criminology*	跨国环境犯罪:走近生态全球犯罪	2010
7	Mary Clifford, Terry D. Edwards	*Environmental Crime*	环境犯罪	2011
8	Paul B. Stretesky, Michael A. Long, Michael J. Lynch	*The Treadmill of Crime: Political Economy and Green Criminology*	跑步机犯罪:政治经济学和绿色犯罪学	2013
9	Toine Papens, Rob White, Marieke Kluin	*Environmental Crime and Its Victims: Perspectives Within Green Criminology*	环境犯罪及其被害人:绿色犯罪学视角	2014
10	Avi Brisman, Nigel South	*Green Cultural Criminology*	绿色文化犯罪学	2014
11	Michael J. Lynch, Paul B. Stretesky	*Exploring Green Criminology: Toward a Green Criminological Revolution*	探索绿色犯罪学:走近绿色犯罪学的革命	2014
12	Matthew Hall	*Exploring Green Crime: Introducing the Legal, Social and Criminological Contexts of Environmental Harm*	探索绿色犯罪:法学、社会学和犯罪学背景下的环境危害	2015
13	Michael J. Lynch, Michael A. Long, Paul B Stretesky	*Green Criminology: Crime, Justice, and the Environment*	绿色犯罪学:犯罪、正义和环境	2017
14	William Moreto, D. Stephen, F. Pires	*Wildlife Crime: An Environmental Criminology and Crime Science Perspective*	野生动物犯罪:环境犯罪学与犯罪学的视角	2018
15	Jared C. Bennett	*Environmental Crime: Pollution and Wildlife Enforcement*	环境犯罪:污染和野生动物执法	2019
16	Donald J.Rebovich, George E Curtis	*Crimes Against the Environment*	危害环境罪	2020
17	Mark Hamilton	*Environmental Crime and Restorative Justice: Justice as Meaningful Involvement*	环境犯罪与恢复性司法:作为有意义参与的司法	2021

1）关于环境犯罪的著作介绍

其中引用最多的是玛丽·克利福德（Mary Clifford）的《环境犯罪》，介绍了环境危害的相关概念、环境犯罪的立法、调查和强制执行情况，分析了环境犯罪的趋势和新出现的环境问题。由迈克尔·林奇（Michael J. Lynch）、迈克尔·A. 朗（Michael A. Long）和保罗·B. 斯特雷茨基（Paul B. Stretesky）共同编写的《绿色犯罪学：犯罪、正义和环境》一书聚焦绿色犯罪学的发展与应用，系统地介绍了绿色犯罪学的理论框架、研究方法以及实践应用，旨在探讨犯罪、正义和环境之间的复杂关系。由刘颖怡和大卫·埃蒙斯（David Emmons）执笔的《环境犯罪：环境保护中的刑事正义体系》探讨了环境犯罪的界定、有组织环境犯罪、个人环境犯罪、政府环境犯罪、环境犯罪的起诉、环境犯罪的执行以及全球环境危机等问题。由罗纳德·伯恩斯（Ronald G. Burns）和迈克尔·林奇合著的《环境犯罪》系统介绍了环境犯罪的定义、环境运动的历史、环境保护机构，并通过一系列环境犯罪数据的列举与分析对环境犯罪惩治的现状与未来进行了说明。可以看出，上述研究往往从环境法律的整体规定出发对环境刑法进行探究，更加注重对环境保护相关法律的执行以及对环境犯罪的追诉问题等方面的研究，而这正是我国环境犯罪研究的薄弱点。

2）关于绿色犯罪学的著作介绍

绿色犯罪学的概念是1999年由迈克尔·林奇首先提出的，但它被人们广泛熟知是在2007年由皮尔斯·贝恩（Piers Beirne）和奈杰尔·索思（Nigel South）编写的《绿色犯罪学问题》推出之后。这本书收录了11篇论文，按内容分为三部分：一是介绍绿色犯罪学；二是介绍动物权利以及虐待动物的相关内容；三是介绍生态系统和环境危害。2013年修订出版的《绿色犯罪学的新问题：探索权力、正义和危害》仍旧是11篇论文，分为三部分，加入了环境被害人研究（以电子垃圾为例）、碳的商品化和犯罪、跨国贩卖野生动物以及资源财富、权力、犯罪和冲突，也从警务、监管和执法角度展开了研究。2013年，以美国南佛罗里达大学犯罪学教授迈克尔·林奇、英国诺森布里亚大学犯罪学教授保罗·斯特雷特斯基（Paul B. Stretesky）为主，从批判犯罪学视角，运用政治经济学分析，合作出版了《跑步机犯罪：政治经济学和绿色犯罪学》；2014年，二人又合作出版了《探索绿色犯罪学：走近绿色犯罪学的革命》。此外，澳大利亚塔斯马尼亚大学教授罗伯·怀特（Rob White）对于绿色犯罪学的发展作出了极大贡献，从生态正义视角先后出版了几部相关著作。2014年，英国学者奈杰尔·索思等从绿色犯罪学与文化犯罪学结合的角度出版了《绿色文化犯罪学》。帕尔格雷夫（Palgrave）绿色犯罪学系列丛书收录了从2015年到2021年的14本著作。从数量上看，环境犯罪的刑法学规范研究和犯罪学实证研究不相上下，这也跟西方国家犯罪学的发达研究有关。总体上说，运用犯罪学理论分析环境犯罪的成果越来越多。

2.我国香港、澳门、台湾地区环境犯罪治理状况

（1）我国香港地区环境犯罪治理状况

香港承袭英国的法治传统，将环境违法行为全面刑事化。20世纪60年代以前，由于当时的香港政府对环保并不重视，因而没有积极进行环境立法。1974年，香港的河溪已受到严重的污染威胁，政府建立了环境管治机构以进行有效的污染控制，当时的重点主要集中在空气、噪声和废物等污染控制以及自然生态的保护方面。20世纪80年代初期，香港政府系统地展开了以法律保护环境、控制污染的活动，1980年出台水污染管制相关条例及废物处置相关条例，至20世纪90年代，随着公海倾倒物料相关条例及环境影响评估相关条例的颁布，香港生态环境立法工作重点转移到了将现存的自然污染控制条例的完善化方面，主要是扩大管制的范围，加重对违法行为的刑罚。从立法理念看，是从最初的放任发展到政府积极干预。从立法模式看，更注重公民参与的多元化立法，不仅仅是个别精英阶层主导参与，且立法从分散立法转为专门立法。从立法内容上看，从仅仅事后惩罚转变为事前预防。从严厉程度来看，香港适用严格责任。在香港地区的环境犯罪中，无论行为人是否具有故意或过失，只要违反了相关环境保护法规并导致实际环境损害，都可能受到定罪和处罚，只有极少数环境犯罪需要明确的犯罪故意。因此，允许被告人通过举证证明自己有采取确保不会造成污染措施的行为，以及其他可以阻却刑事责任的事由。因此，可以说香港地区的环境刑法严格遵循责任原则并广泛适用。

（2）我国澳门地区环境犯罪治理状况

澳门地区关于环境保护的刑事化规定主要散见于多个相关文件中，包括澳门地区的相关刑事规范、环境保护纲要，以及预防和控制环境噪音规定、控制及减少使用可减弱臭氧层之物质规定等。长时间以来，澳门地区承袭葡萄牙法律传统，以相关刑事规范为主惩治环境犯罪，虽然当中没有设单独章节来规范环境犯罪，但部分条款确立了环境犯罪的具体规定，如确立了污染环境罪，界定为包括故意污染环

境罪与过失污染环境罪。规定：故意犯罪的，处8年以下1年以上有期徒刑；过失犯罪且已造成实质危险的，处5年以下有期徒刑；未造成实质危险的，处3年以下有期徒刑或罚金。在预防和控制环境噪音规定中，指出："不服从监察人员根据上条第2款的规定所发出的中止产生噪音活动的命令者，构成普通违令罪。"

（3）我国台湾地区环境犯罪治理状况

我国台湾地区环境犯罪采用附属刑事规范模式。台湾地区的经济增长也伴随着环境破坏的副作用，为了防止公害，早在20世纪五六十年代就开始制定相关规定。1960年，有专家曾建议制定公害防治方面的相关条例未果。随着环境问题的日益严峻，台湾地区逐渐认识到单纯将严重危害环境的行为当作行政不法行为处以秩序罚起不到应有的法律效果，有必要启动刑事制裁。一直以来，环境行政相关规定均无刑罚条款，直到1991年水污染防治规定（修订版）的公布才出现刑事条款，其后，1992年空气污染防治规定（修订版）、1994年环境影响评价规定以及1997年饮用水管理条例（修订版）中陆续规定了刑罚条款。台湾地区将环境犯罪规定在相关的经济、行政规范中，呈现出刑事责任与民事责任、行政责任并用的特点[①]。

台湾地区刑事规范中有关环境犯罪的条款，在2018年修订时删除了"致生公共危险"一语，改采"抽象危险犯"一语，放宽了环境犯罪之成罪标准，加重了对于环境破坏行为之刑罚规定，以严惩环境破坏行为。另增"事业活动者之过失犯"与"加重结果犯"，并调整一般犯罪与事业负责人犯罪的刑责轻重。此外，台湾地区附属刑事规范中规定的环境犯罪罪刑比较明确，一般不处罚法人，规定了危险犯和非刑罚措施。

3. 我国内地环境犯罪研究现状

近年来，由于生态环境问题日益突出，我国内地理论界对于生态环境问题的研究成果颇多，以"环境犯罪"命名的文献居多，以"生态犯罪"命名的文献也日益增多。人类从关注环境到关注生态，表明了人类对自身性质以及在整个生态系统中的定位的反思[②]。由此，环境是一个大众化的概念，生态是一个学理性的概念。在对文献进行分析时，"环境犯罪""生态犯罪""环境刑法""生态刑法"等关键词都可以成为本研究文

---

① 陈明华、王占启：《海峡两岸环境犯罪之比较研究》，《法律科学》2000年第1期，第116-124页。

② 焦艳鹏：《刑法生态法益论》，中国政法大学出版社，2012，第41页。

献分析的检索词。

从20世纪90年代起，我国学者就开始关注环境犯罪问题，且研究没有中断，每年都有环境犯罪相关的著作出版，有时同一年有多本著作出版。从统计数据可以看出，2010年以后的著作逐渐增多。前期的研究多分为总论和分论。总论研究环境犯罪基础理论，比如环境犯罪的概念、立法模式、客体特征、客观特征、主体特征、主观特征、环境犯罪的刑罚等。分论则是对刑法典中的环境犯罪罪名一一进行犯罪构成的分析，一般分为三大类：污染环境类罪、破坏自然资源类罪、破坏生态环境类罪①。2010年后的研究内容比较丰富，既有理论方面的研究，也有实务案例以及对司法解释适用的分析；既有总指性的环境罪名的整理，也有选取单个环境要素（如水资源）进行更细化研究的；既有实体法的研究，也有程序法的应对，这些研究为环境犯罪的进一步研究提供了坚实的理论基础。

在中国知网，截至2023年7月18日，以"环境犯罪"为主题词检索到5284个结果，以"生态犯罪"为主题词检索到147个结果，以"环境刑法"为主题词检索到1517个结果，以"生态刑法"为主题词检索到31个结果。除了以上主题词外，笔者还以"污染环境罪"为主题词检索到1326个结果。梳理这些文献可以看出，环境犯罪研究数量很多，笔者归纳如下：

（1）环境犯罪争议较大的问题

这些问题包括：

第一，坚持人类中心主义与提倡生态中心主义立法理念的争议。还有折中两者提出的第三种立法理念，如人与自然相和谐、折中的可持续发展环境伦理观、共进的生态人类中心主义、人的环境利益。

第二，环境犯罪危险犯问题。有学者主张污染环境犯罪中的危险犯宜设置为抽象危险犯②，还有学者建议环境犯罪应引入过失危险犯的概念③。

第三，环境犯罪因果关系问题。污染型环境犯罪因果关系事实的证明较为困难，其证明标准众说纷纭，疫学因果关系说、间接反证理论、

---

① 郭建安、张桂荣：《环境犯罪与环境刑法》，群众出版社，2006，第5—6页。
② 侯艳芳：《关于我国污染环境犯罪中设置危险犯的思考》，《政治与法律》2009年第10期，第98—103页。
③ 李希慧、冀华锋：《关于在我国环境犯罪中设立过失危险犯的探讨》，《环境保护》2008年第3期，第33—36页。

因果关系推定原则这三种争论最为激烈，其中疫学因果关系与因果关系推定原则越来越受到重视。

第四，环境刑法的行政从属性问题。大部分学者[①]肯定了环境刑法的行政从属性问题，但有学者[②]批判环境刑法的行政从属性，提倡环境犯罪的独立性。

第五，严格责任问题。有些学者[③]主张引入英美法系的严格责任有助于司法机关查处环境犯罪；但也有学者[④]认为严格责任不适合我国刑法，违背了主客观相统一原则，不如调整法益保护及构成要件设置；还有学者主张相对严格责任[⑤]。

第六，环境犯罪刑事治理早期化问题。有学者提出"风险刑法"所具有的反法治属性、对积极一般预防的过度依赖以及生态中心主义环境法益观的脱离现实，决定了以之为据的环境犯罪治理的早期化欠缺合理性[⑥]；也有学者反对这种立场，力倡环境犯罪刑事治理早期化的合理性[⑦]。

（2）环境犯罪立法研究

关于环境犯罪立法完善的论文最多，立法理念、立法原则、立法模

---

① 刘仁文：《环境资源保护与环境犯罪》，中信出版社，2004，第195页；张梓太：《环境法律责任研究》，商务印书馆，2004，第296页；蒋兰香：《环境犯罪基本理论研究》，知识产权出版社，2008，第70-86页；徐平：《环境刑法研究》，中国法制出版社，2007，第110-117页；王秀梅、杜澎：《论环境刑法的概念与特性》，《人民检察》2008年第5期，第9-12页；于文轩、冯瀚元：《基于生态文明理念的环境犯罪行政从属性研究》，《南京工业大学学报》（社会科学版）2021年第4期，第1-10、第109页。

② 赵星：《环境犯罪论》，中国人民公安大学出版社，2011，第94页；柴云乐：《污染环境罪行政从属性的三重批判：兼论刑法对污染环境行为的提前规制》，《政治与法律》2018年第7期，第57-65页。

③ 陶卫东：《论环境犯罪严格责任原则之有限适用》，《法学论坛》2009年第1期，第99-103页；雷鑫：《严格责任移植于环境刑法中的价值分析》，《法学杂志》2009年第6期，第87-90页；曾粤兴、周兆进：《环境犯罪严格责任研究》，《宁夏社会科学》2015年第1期，第25-30页；李佩遥：《论严格责任适用于我国环境犯罪的可行性》，《社会科学家》2019年第11期，第139-144页。

④ 邓文莉：《我国环境刑法中不宜适用严格责任原则》，《法商研究》2003年第2期，第30-34页；刘之雄：《环境刑法的整体思维与制度设计》，《法学论坛》2009年第5期，第50-55页；侯艳芳：《我国环境犯罪惩治中严格责任制度之否定研究》，《河南大学学报》（社会科学版）2010年第4期，第56-61页。

⑤ 郑祖星：《环境犯罪中相对严格责任的引入与适用》，《江西社会科学》2021年第1期，第162-168页。

⑥ 刘艳红：《环境犯罪刑事治理早期化之反对》，《政治与法律》2015年第7期，第2-13页。

⑦ 黄旭巍：《污染环境罪法益保护早期化之展开——兼与刘艳红教授商榷》，《法学》2016年第7期，第144-151页；李梁：《环境犯罪刑法治理早期化之理论与实践》，《法学杂志》2017年第12期，第133-140页。

式、立法体例、罪名刑种均有涉及。具体来说，包括立法模式选择（刑法典、单刑罚执行法、附属刑法）、罪名体系的构建（调整已有罪名、增设新的罪名）、刑罚种类的合理配置（完善罚金刑、拓展资格刑、增设缓刑、重视非刑罚措施）。

（3）环境犯罪司法困境问题

屈指可数的环境犯罪案件判决与环境污染事故数量反差强烈，使得更多的学者关注环境刑事司法问题。存在的问题主要有环境行政执法与刑事司法衔接不畅、证据采集困难、环境司法专门化不足、环境损害司法鉴定机构不完善。

（4）环境犯罪比较研究

环境犯罪是全球犯罪，比较研究是不可或缺的，比较研究的论文也有很多，有中日、中俄、中美、中德、中韩、中澳的环境犯罪比较研究，对国外的立法和经验进行借鉴。还有学者对一些国家或地区有特色的环境法律制度作了很好的评析，比如对《巴西环境犯罪法》、澳大利亚新南威尔士州《环境犯罪与惩治法》也有相关研究。

（5）从犯罪学角度研究环境犯罪的文献数量有限

从笔者搜集的资料来看，从犯罪学角度研究环境犯罪文献相对较少。

博士论文仅有1篇，硕士论文共有11篇。从犯罪原因角度研究环境犯罪的有3篇，从被害人角度分析的有3篇，从犯罪现象角度、类型化角度、危害性角度、侦查角度、预防角度、罪体角度研究环境犯罪的论文各1篇。

期刊论文共有13篇。2篇与环境犯罪被害人相关，2篇是关于环境犯罪原因的探析，1篇是关于环境犯罪行为的比较研究，6篇是关于环境犯罪的预防，2篇是从环境侦查角度进行探析。

值得注意的是，我国已经有学者开始了绿色犯罪学的研究①。与刑法规范学的研究相比，从犯罪学角度研究的数量比较少，且研究深度不够，大多浅尝辄止，不够系统，不成理论。对于环境犯罪被害人的研究仍停

---

① 武向朋：《西方绿色犯罪学的起源、发展及展望》，《广西社会科学》2015年第4期，第107-112页；陈世伟：《犯罪学的绿色视角：西方绿色犯罪学的发生、发展及借鉴》，《国外社会科学》2016年第3期，第97-109页；阿维·布里、斯曼、纳吉尔·索思、徐永胜：《绿色犯罪学的起源、发展和研究方向》，《河南警察学院学报》2017年第4期，第89-98页；陈世伟：《我国犯罪学知识谱系的完善研究——以绿色犯罪学知识本土化构想为视角》，《刑法论丛》2017年第3辑，第474-505页；魏红：《少数民族生态伦理内源性资源当代价值研究——以绿色犯罪学为视域》，《贵州民族研究》2020年第6期，第21-27页。

留在人类中心主义视角下，对于环境犯罪原因的探析也没有深入挖掘。总体来说，现有的犯罪学研究环境犯罪相当缺乏。

从对我国目前环境犯罪的文献研究统计可以准确地看出环境犯罪及其具体问题的研究走向，得出以下结论：第一，环境犯罪的概念在目前比较普遍，但以"生态犯罪"为题的研究数量明显较低。第二，关于环境犯罪立法研究是数量最多的，这也反映出我国当前环境犯罪法律比较滞后，不适应当前环境犯罪的态势。第三，环境刑事诉讼的研究比较少，显示出"重实体、轻程序"的倾向。第四，相较于环境犯罪资格刑、罚金刑研究数量不足，环境犯罪非刑罚问题研究数量有所上升，可以看出环境犯罪非刑罚问题得到关注。第五，环境犯罪构成要件研究比较深入，环境犯罪原因研究不多。第六，环境犯罪的具体行为形式如跨国环境犯罪、有组织环境犯罪以及企业环境犯罪研究较薄弱。第七，环境被害人以及环境刑事政策研究不足。

二、主要内容与创新之处

（一）主要内容

虽然环境刑法的研究数量和规模不断发展，并且新的理论和观点也根据生态保护的新形势不断提出，但是环境刑法自身所处的困境越来越明显，预防环境犯罪方面未能起到预期的效果。经过一系列治理，生态环境有所改善，但是与"美丽中国"建设还有一定差距。可见，应寻找新的视角去解决现实存在的问题，实现生态环境领域国家治理体系和治理能力现代化。

针对以上困境，刑事一体化或许能为我们打开一个新的视角。本研究尝试以刑事一体化为视角，探索环境犯罪治理之策。在刑事一体化理念下，前瞻绿色犯罪学，后望环境犯罪刑事执行，左顾环境行政法与环境刑法的衔接，右盼环境刑事诉讼程序，上接环境犯罪刑事政策，下对环境预防措施，以完善环境刑法，形成"绿色革命、政策调整、行刑衔接、规范刑法、司法革新、执行厘正、预防策略"的环境犯罪治理模式，实现环境犯罪研究的"瞻前顾后、左顾右盼、上下兼顾、内外兼修"的立体研究范式。

（二）创新之处

1.研究视角的创新

纵观当前的研究，目前我国学者大都从刑法学角度对环境犯罪展开刑事规范学的研究。这种仅偏重从规范学角度出发的研究，难免会带有视角上的不足与狭隘，也会带来观念上的偏差。从刑事一体化视角对环境犯罪现象进行深入研究，可以更好地掌握环境犯罪现象的特点，实现实体法与程序法的结合，衔接环境行政法与环境刑法，兼顾其他社会预防对策，从而有效地应对环境犯罪，最终实现建立人类和谐家园的根本目的。

2.研究内容的创新

第一，本研究首次引入西方绿色犯罪学理论，它作为西方犯罪学内部的一个新视角，其"绿色"视角散发出的学术活力惹人关注，在方法论上的意义不容小觑。借鉴绿色犯罪学的发展历程和先进研究理论，以跨学科的方法关注我国环境犯罪的变化，针对我国环境犯罪的不同行为类型寻找犯罪原因及防治对策。此外，还将生态正义观点引入环境犯罪，不仅拓宽了环境犯罪的研究范围，也更为关注环境被害人。在此借鉴的基础上提出我国绿色犯罪本土化的设想。

第二，环境安全属于非传统安全，本研究尝试将源于政治学、国际关系学领域的非传统安全的研究成果引入环境犯罪治理中。在此背景下可以将环境犯罪法益保护前置化，这一做法与刑法谦抑性、刑法工具性和刑法象征性并不冲突。

第三，多角度阐释环境犯罪的原因。理性选择理论、生产跑步机理论、合法性理论、紧张理论等犯罪学理论都能从一个侧面揭示环境犯罪的原因。系统论的犯罪原因论与因素理论这两种研究模式在犯罪原因应用中最为广泛。西方国家围绕当代资本主义的基本制度和结构运用系统论对环境犯罪的原因进行分析，课题组采用因素理论分析我国环境犯罪的原因，包括人口因素、科技因素、文化因素、经济因素和制度因素。从中看出其原因形成是多种因素综合作用的结果，如果仅靠严峻的环境刑事政策并不能解决根本问题。

第四，促进环境刑事实体法与程序法的融合。刑事一体化理念下的立法不仅包括实体法内容，也包含程序法内容。在此理念下，从环境犯罪认罪认罚从宽制度、环境犯罪量刑规范指南、环境犯罪刑事和解三个方面着手来实现环境刑事程序法与实体法的融合。

第五，以环境犯罪罪名类型化来扩充刑法规制范围，重视环境犯罪被害人。将环境犯罪的行为类型分为污染环境类行为、损害资源类行为、侵害动物类行为、危害生物多样性行为，以实现环境犯罪成立专章，扩大其处罚范围。同时，关注环境犯罪的被害研究。在生态法益视角下，环境犯罪被害人不限于个人、社会和国家，还应该包指动植物、环境和后代。

第六，环境犯罪治理要采取多种预防策略。除了刑罚预防外，也应注重社会预防和情景预防，将空间预防（以情景预防切入）、文化预防（以绿色文化犯罪学切入）、被害预防（以生态正义观切入）都纳入环境犯罪预防策略中。

3.研究方法的创新

本研究从多学科、多角度观察和分析问题，交叉使用了规范分析、比较分析、实证分析等多种研究方法，开辟了新的研究思路。

三、技术路线

刑事一体化下环境犯罪涉及的内容较多，章节结构的逻辑关系如下：第一章提出从刑事一体化视角对环境犯罪展开多角度研究。第二章以犯罪学研究为起点，通过环境犯罪的现象、成因分析为制定刑事政策提供科学依据。第三章定位环境刑事政策，为后续环境犯罪立法、司法、执法政策提供指导。因为环境刑法具有行政从属性，因此，第四章从前置法，即从环境行政法与环境刑法的衔接展开论述。第五章讲环境刑事司法的概念、价值和特征，提出促进环境犯罪实体法与程序法融合的建议，并以污染环境罪为例，窥视环境刑事司法适用中的实证状况。第六章以刑法解释论对污染环境罪展开法教义学研究。在穷尽刑法解释学之后，阐述环境犯罪的立法论。在检视了环境犯罪立法、司法论之后，第七章论述环境犯罪刑罚执行。最后，除了阐述刑罚预防之外，第八章在国家治理现代化理念下进行具有前瞻性、综合性的犯罪预防。

技术路线图如下（见图0-1）：

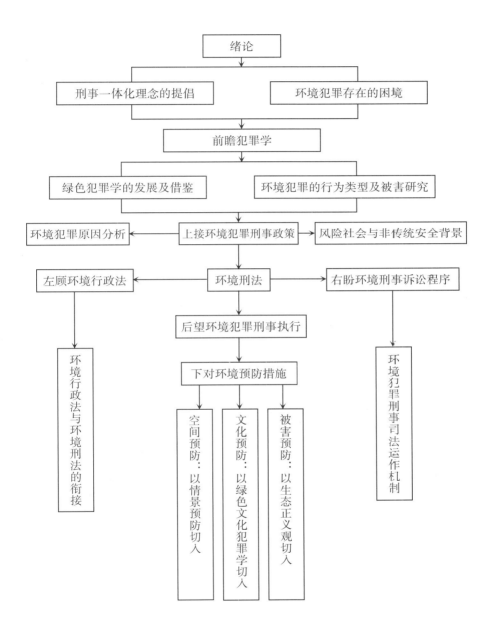

图 0-1　技术路线图

第一章　必要性论证:环境犯罪治理需要刑事一体化理念

第一节　刑事一体化理念的提倡

一、刑事一体化的发展进程

（一）国外刑事一体化的发展

德国刑法学大师弗兰茨·冯·李斯特（Franz von Liszt）于近百年前提出了"整体刑法学"的理念，其创办的《整体刑法学》杂志一直出刊至今，并且在整个大陆法系国家有着广泛而深刻的影响，一直享有极其崇高的学术声誉。李斯特整体刑法思想的框架是"犯罪—刑事政策—刑法"[①]。整体刑法学研究犯罪现象、犯罪行为、犯罪预防，并将刑事政策学、犯罪学、刑法学、刑罚执行学融入其中。

二战后，兴起了刑事政策人道化的潮流，社会防卫论的代表人物马克·安塞尔（Marc Ancel）拓展了刑事一体化的研究，提出要联合所有的人文社会科学对犯罪现象进行多学科的研究，反对刑法对犯罪现象研究的专有权，从而更好地保护社会免受犯罪侵害。德国著名刑法学家汉斯·海因里希·耶赛克（Hans Heinrich Jescheck）也致力于整体刑法学的研究，从他的名言——"没有犯罪学的刑法学是盲目的，没有刑法学的犯罪学是无边的"——提出了"一个屋檐下的刑法学与犯罪学"的理念[②]，他所在的马普刑法所内设刑法学和犯罪学两个研究部门，实行双所长制（刑法学所长和犯罪学所长），对外均可代表马普刑法所。克劳斯·罗克辛（Claus Roxin）教授提出"移除刑事政策与刑法体系两者中间的那堵墙"，将刑事政策导入刑法体系性建构的脉络，也是基于犯罪和刑罚有关的学科所做的一体化考量。

（二）国内刑事一体化的发展

刑事一体化在中国的发展最初称之为"全体刑法学"，由北京大学甘

[①] 储槐植:《刑事一体化论要》，北京大学出版社，2007，第25页。

[②] 刘仁文:《构建我国立体刑法学的思考》，《东方法学》2009年第5期，第3—12页。

雨沛教授在1984年出版的著作《外国刑法学》中提出。随后，1989年储槐植教授在其文章中初次提出刑事一体化思想。

刑事一体化的内涵是指刑法和刑法运行内外协调，即刑法内部结构合理（横向协调）与刑法运行前后制约（纵向协调）。具体而言，"刑事"是指治理犯罪的相关事项，其外延涵盖犯罪、刑法（包含实体和程序）、刑罚制度与执行等。"一体化"是指相关事项深度融通。刑事一体化的要义，即融通学科联系，运用哲学、政治学、社会学、经济学、犯罪学等学科的知识理念，解决现实问题。

1997年，陈兴良教授在《刑事法评论》创刊之际就指出应将刑事一体化确立为一种研究模式，引领刑事一体化研究的群体性实践。《刑事法评论》可以说是德国《整体刑法学》杂志在中国刑事法学界的影子[①]，不仅涵括规范了刑法学的研究范畴，也将警察权、检察权、辩护权以及社区矫正等刑事程序法与刑事执行法收入其中。2003年，刘仁文研究员提倡的立体刑法学同样也是强调整体性原则，他所称的"立体刑法学"是指：刑法学研究要瞻前顾后，左顾右盼，上下兼顾，内外结合。具体说就是：刑法学研究要前瞻犯罪学，后望刑罚执行学；左看刑事诉讼法，右盼其他部门法；上对宪法和国际公约，下对治安处罚和劳动教养；对内加强对刑法的解释，对外重视刑法的运作[②]。由此可见，立体刑法学与刑事一体化的精神同源，在突出刑法主体性的基础上拓展了"刑事一体化"[③]。

二、刑事一体化的研究现状

在专著方面，除了储槐植先生的《刑事一体化与关系刑法》（1997年，北京大学出版社出版）、《刑事一体化》（2004年，法律出版社出版）、《刑事一体化论要》（2007年，北京大学出版社出版）3部著作外，含有"刑事一体化"字样的图书还有13本。在中国知网，截至2023年8月20日，以"刑事一体化"为关键词搜索到337个结果，以"刑事一体化"为主题搜索到520个结果，以"刑事一体化"为参考文献搜索到5402个结果，从中可以看出，刑事一体化思想已经深入人心，影响也

---

① 蔡桂生：《刑事一体化的知识生产——〈刑事法评论〉前20卷之研究》，《刑事法评论》2008年第1辑，第29-89页。
② 刘仁文：《构建我国立体刑法学的思考》，《东方法学》2009年第5期，第3-12页。
③ 储槐植：《走在刑法脉动的前沿——读刘仁文〈刑法的结构与视野〉》，《人民法院报》2010年9月10日第7版。

很广泛。笔者梳理这些文献资料，从学者们的争议以及刑事一体化的具体适用中可以看出刑事一体化的研究动态情况。

（一）刑事一体化的本位问题

1. 刑法本位说

有学者提出在刑事一体化中要突出刑法学的主体地位，"要解决的是其他领域如何更好地为完善我们的刑法理论、刑事立法和刑事司法而提供有价值的智力支持"，"借助刑法学者之外的其他学科的力量固然重要，刑法学者必须具备立体刑法的视野和自觉"①。

2. 多本位说

有学者主张"刑事，出于不同的研习需要，相关事项中有不同的中心。若以犯罪为中心，即为关系犯罪观，犯罪在关系中存在和变动。若以刑法为中心，即为关系刑法观，刑法在关系中存在和发展。若以刑罚执行为中心，即为关系刑罚执行观"②。

3. 犯罪学本位说

有学者阐述"刑事科学的方法论应以刑事一体化理念为指导思想，以犯罪问题为中心，将所有涉及犯罪问题的研究都放入刑事科学的框架内进行整体思考……就是要有机协调关乎犯罪各学科的关系，再用互相协调的各学科所形成的理论合力共同服务于遏制犯罪、保护社会、保障人权的目标"③。

4. 无本位说

有学者尖锐地提出"刑事一体化作为一种全部刑事学科整合研究的价值理念和方法论体系，应当照顾全部刑事学科的特性，避免以某个具体的刑事学科为本位，否则将使其他学科成为刑法的附属和工具，这是狭隘的'大刑法观'的体现"④，"一体化并非必须以某学科为本位进行学科的累加，更主要的是研究方法的一体化，而各学科仍然保持各自的相对独立"⑤。

笔者赞同多本位说，将刑事一体化视为价值理念与实践理性于一体

---

① 刘仁文：《立体刑法学：回顾与展望》，《北京工业大学学报》（社会科学版）2017年第5期，第57-68页。

② 储槐植：《刑事一体化论要》，北京大学出版社，2007，第21页。

③ 张旭、单勇：《从方法到方法论——以刑事科学为场域的反思》，《法制与社会发展》2007年第1期，第59页。

④ 刘沛谞、陈幸欢：《论我国犯罪构成理论之重构——刑事一体化纬度的考量》，《重庆工商大学学报》（社会科学版）2007年第2期，第53-62页。

⑤ 高玥、王成玉：《刑事一体化视野中的犯罪学思考》，《理论界》2008年第2期，第94-96页。

的复合体，期许各刑事学科的利益最大化，跨学科的整合研究使得各学科共享研究资源。

（二）刑事一体化在学科关系上的运用

学界探讨了刑事一体化中各学科之间是整体还是部分，是重新整合还是各自独立。总体上说，刑事一体化思想并不能抹杀各刑事学科之间的差异与分工，恰恰力图通过各学科之间的融合构建内部协调的、分工明确的完善的刑事科学体系[①]。刑法学与犯罪学的关系是讨论比较多的[②]，刑事一体化中刑事政策的地位也是重要的研究问题[③]，刑事政策与犯罪学的关系也被深入探讨[④]，关于刑法与刑事诉讼法的学科关系也是一个不断被重复研究的问题[⑤]。

（三）刑事一体化在理论与实践中的具体运用

在犯罪论方面，运用刑事一体化进一步界定犯罪概念[⑥]、重构犯罪构成理论[⑦]。在刑罚论方面，从刑事一体化角度考察定罪以及认罪的动态司法活动[⑧]、没收所得制度的完善[⑨]、刑事和解的构建[⑩]、量刑因果关系的司

---

① 贾凌：《刑事一体化问题研究述评》，《刑法论丛》2009年第4期，第89-118页。

② 周光权：《犯罪学对于刑法学发展的意义——学习储槐植教授刑事一体化思想有感》，《中国检察官》2018年第1期，第15-17页。

③ 马永强：《刑事政策与刑法体系的关系——兼论刑事一体化的教义学进路与限度》，《苏州大学学报》（法学版）2020年第2期，第110-124页。

④ 张旭、单勇：《论刑事政策学与犯罪学的学科价值及其连接点》，《法商研究》2007年第05期，第77-84页。

⑤ 王建成、余净：《对刑法和刑事诉讼法关系的再认识——从刑事一体化角度观察》，《法学》2000年第7期，第19-23页；陈妍茹：《刑法与刑事诉讼法的关系研究——以定罪量刑中的交错适用为视角》，博士学位论文，中国社会科学院法学研究所，2017，第1-162页；李勇：《跨越实体与程序的鸿沟——刑事一体化走向深入的第一步》，《法治现代化研究》2020年第1期，第68-78页。

⑥ 张鑫：《犯罪概念的理性思考——以刑法的谦抑性与刑事一体化为视角》《郑州大学学报》（哲学社会科学版）2014年第01期，第64-67页。

⑦ 徐伟：《刑事一体化视野下的犯罪构成体系研究》，《重庆大学学报》（社会科学版）2018年第3期，第128-138页。

⑧ 程芳：《认罪概念的刑事一体化思考》，《刑法论丛》2014年第04期，第359-377页。

⑨ 王晓晓：《刑事一体化视野下违法所得没收制度的完善——以毒品犯罪为视角》，《中国政法大学学报》2021年第3期，第244-252页。

⑩ 张云鹏、路军：《论刑事和解制度在中国的构建——刑事一体化的分析进路》，《云南大学学报》（法学版）2009年第01期，第62-66页。

法证明①、社区矫正的体系建构②、死刑限制的刑事一体化③。结合近年来司法机关开展的审判制度改革，有学者把刑事一体化引入评析程序法中的繁简分流④，尤其对刑事一体化视野下认罪认罚从宽制度的研究比较繁荣⑤。近年来，不少学者也尝试将刑事一体化应用到具体罪名中（例如，恐怖主义犯罪、腐败犯罪、诈骗犯罪、危险驾驶罪、网络借贷刑事犯罪）进行研究，这也是刑事一体化作为一种研究方法的现实体现。

三、刑事一体化的功能及提倡

（一）刑事一体化的功能

储槐植先生指出刑事一体化包括观念的和方法的一体化两部分内容，作为观念的刑事一体化，实际上和刑事政策关系非常密切，刑事一体化作为方法，强调"化"（即深度融合），刑法学研究应当与有关刑事学科的知识相结合，疏通学科隔阂，彼此促进。有学者认为，作为方法的立体刑法学的意义要远远超出作为观点的立法刑法学。因为就后者而言，无论观点有多高妙，然而毕竟有限度，不可能就所有相关具体论题逐一讨论；但是，就前者而言，方法的运用却可以是无穷的，无论具体的论题如何广博，时间的跨度如何久远，这一方法总能给研究者以某种指导，成为刑法学研究内容更新的源头活水⑥。

刑法方法论问题关系到我国刑法学的研究方向，关系到刑法学作为一门社会科学的科学性，关系到学术研究结论的正确性和适用价值。为此，关注并探讨刑法方法论问题将是今后我国刑法学发展的一个重要方向。从方法论意义上去审视、反思、完善刑事一体化思想值得去努力探

---

① 杨继文：《论量刑因果关系的司法证明——刑事一体化的视角》，《证据科学》2016年第2期，第223-232页。
② 冯卫国、储槐植：《刑事一体化视野中的社区矫正》，《吉林大学社会科学学报》2005年第02期，第20-24页。
③ 张云鹏：《死刑限制的刑事一体化思考》，《社会科学辑刊》2005年第6期，第80-82页。
④ 邵新：《刑事一体化语境下的繁简分流》，《法治研究》2017年第6期，第117-127页。
⑤ 刘茵琪：《论认罪认罚量刑情节适用的均衡模式——基于"刑事一体化"视角的分析》，《河南财经政法大学学报》2021年第3期，第123-131页；陈实：《论认罪认罚案件量刑从宽的刑事一体化实现》，《法学家》2021年第5期，第128-142页，第195页；张威：《认罪认罚从宽制度运用与改进问题的刑事一体化考察》，《法学杂志》2022年第2期，第147-157页。
⑥ 焦旭鹏：《立体刑法学：观察与评析》，《北京工业大学学报》（社会科学版）2017年第6期，第75-82页。

讨。有学者提出刑事一体化兼具理论研究功能与法治实践功能[①]。作为理论研究工具，要形成刑事一体化的理论研究思想，为国家制定有效的刑事对策提供理论支撑。作为法治实践工具，促使刑事一体化从思想和意识上转化为刑事法治活动，也印证了刑法是动态和实践的论断。

（二）刑事一体化理念研究的不足

从目前来看，其研究也存在以下三个方面的不足：

第一，研究广度有待进一步深化。当前刑事一体化的研究主要还是以刑事实体法为主，在研究方法方面，法教义学、社科法学等研究在刑法领域比较热。

第二，作为方法论的功能发挥不足。有些学者把刑事一体化描绘成"大杂烩"，文章扣上"刑事一体化"的帽子，但读者读后不知所云，不能体现刑事一体化的方法论意义。

第三，与具体罪名的对接研究还需加强。将刑事一体化贯彻到具体罪名能够避免理论与实践的脱节，以发挥刑法的最大社会效益，但这方面的研究还有待加强。

（三）刑事一体化理念的提倡

1.提倡刑事一体化是坚定文化自信的表现

2017年12月14日，由国家检察官学院、中国犯罪学学会主办，《中国检察官》杂志社承办的"刑事一体化：理论与实践——纪念1997刑法刑事诉讼法颁布实施二十周年"研讨会在北京召开，与会人员大多赞同刑事一体化思想是我国学者提出的最具原创性的刑事法命题之一，是刑法学理论研究40年来取得的一个非常重要的理论成果。党的十九六报告指出，坚定文化自信，推动社会主义文化繁荣兴盛。刑事一体化是打造中国特色法学话语体系的一个重要抓手[②]，既服务于中国的刑事立法和刑事司法，推动我们的刑事法治不断走向良法善治，又面向世界发出中国刑法学的声音，使中国刑法学不致成为"无声的刑法学"。

2.提倡刑事一体化是新时代中国刑法发展的要求

在法教义学、法解释学的研究始终毫无争议地占据主流的情况下，有学者指出，刑法学的研究既要重视教义学的发展与完善，也要从刑事一体化的角度解读刑法规范和相关概念，在事物的相互联系中发现刑法

---

① 傅学良：《刑事一体化视野中的环境刑法研究》，中国政法大学出版社，2015，第24页。

② 刘仁文：《立体刑法学：回顾与展望》，《北京工业大学学报》（社会科学版）2017年第5期，第57-68页。

概念的真正本质，并在相互关联中穿透和解答网络时代、风险社会等现实语境给刑法带来的深刻变化①。当前中国处于社会转型期，各种复杂的状态频繁出现，同时我国刑事法的立法状况以及司法实践也都发生着日新月异的变化，这也构成了今天提倡"刑事一体化"这一命题的时代语境。由此，刑法学研究不能闭目塞听，要勇于打破学术藩篱、学科壁垒，积极借助其他学科的重要智识资源。正如有学者提到的"正是因为刑法学既有框架的局限，刑法学研究一直难以有大的突破，而刑事一体化的思想会使得我们认识问题、思考问题的视野豁然开朗，而且把犯罪原因、犯罪预防以及刑法的适用等问题结合在一起考虑，会使我们对犯罪问题有更透彻、更理性的理解。'一体化'思维应该是对刑事政策、刑法学、犯罪学三者关系梳理后最直接的回应"②。

第二节　环境犯罪概况及其研究困境

一、环境犯罪的概念

（一）环境与生态的辨析

在公众语境中，环境问题与生态问题混同使用。笔者认为，环境与生态既有联系也有差异，需要厘清两者之间的关系。

1.环境概念

中国的《辞海》将环境概括为周围的境况，如自然环境、社会环境③。2014年修订的《中华人民共和国环境保护法》第2条规定：本法所称环境，是指影响人类生存和发展的各种天然的和经过人工改造的自然因素的总体④。世界上其他国家对于环境的界定各有不同，如2002年《俄罗斯联邦环境保护法》，该法第1条规定：环境——自然环境要素、自然客体和自然人文客体以及人文客体的总和；1969年《美国国家环境政策法》规定：环境是指国家各种主要的自然环境、人为环境或改造过的环境的状态和情况。尽管各国或地区立法尚不存在一个统一的环境定

---

① 孙国祥：《刑法教义学与刑事一体化关系论要》，《法治现代化研究》2017年第4期，第7-18页。

② 张旭：《刑事政策、刑法学和犯罪学——三者关系的梳理与探究》，《国家检察官学报》2009年第2期，第153-160页。

③ 辞海编辑委员会：《辞海》，上海辞书出版社，1979，第2575页。

④ 包括大气、水、海洋、土地、矿藏、森林、草原、湿地、野生生物、自然遗迹、人文遗迹、自然保护区、风景名胜区、城市和乡村等。

义，但上述环境的法律定义还是表现出如下共同之处：其一，环境作为法律的保护对象，既包括自然环境因素，也包括社会环境因素；其二，环境作为法律的保护对象，并不是一成不变的，它将随着科学技术的发展而不断地变化；其三，多数定义承认人类在环境中的中心地位[①]。

2.生态概念

在中国现代汉语中，生态指生物在一定的自然环境下生存和发展的状态，也指生物的生理特性和生活习性[②]。《韦氏词典》认为，生态以及生态学就是研究生物住所的科学，强调的就是机体与栖息环境之间的关系。生态学中对生态的理解是指以种群、群落系统为中心，研究生物与环境、生物与生物之间的相互关系。

3.环境概念与生态概念关系辨析

生态概念的内涵中也包含了上述环境概念之中的核心要素，环境通常是大众化的概念，生态是一个学理性的概念，两者存在大致相通的情形，但是两者又是有区别的。有学者认为主要体现在各自调整范围的不同，"一般说来，主张生态法的学者提出，生态法既包括调整在自然资源利用及其保护方面所产生的社会关系的法律法规，又包括在保护自然人和法人的生态权及合法利益方面所产生社会关系的法律规范。主张环境法的学者倾向于认为环境法保护的范围仅限于影响人类生存和发展的各种天然的和经过人工改造的自然因素"[③]。也有学者认为：第一，"环境"强调"客观性"，"生态"强调"关联性"。环境是一种外部客观，而生态是外部客观生存状态的内在关联性，也可以说，环境是生态的外部表现之一。第二，"环境"强调"人本位"，"生态"强调"系统本位"。确定"环境"概念时，是以"人"或者"人群"为视角进行外部观察，而"生态"从一开始就不是一个功利主义的概念，它更接近科学，生态系统的整体性具有价值，系统中的各个要素是否具有价值取决于生态系统整体价值的存在，由此形成了"系统本位"的逻辑进路，这种逻辑方法有利于正确认识人与环境要素等之间真实而客观的关系，在生态遭到破坏时及时进行生态修复，从而保证整个生态系统的功能的发挥[④]。

上述观点反映出环境概念着眼于人类视野，基于人类自身的利益来

---

① 杨兴、谭涌涛：《环境犯罪专论》，知识产权出版社，2007，第7-8页。

② 中国社会科学院语言研究所词典编辑室：《现代汉语词典》，商务印书馆，2002，第576页。

③ 安柯颖：《生态刑法的基本问题》，法律出版社，2014，第28页。

④ 焦艳鹏：《刑法生态法益论》，中国政法大学出版社，2012，第34页。

观察外部，从而作出功利的选择，将影响人类生存和发展的客观环境要素予以保护，是一种本能的感性的视角。而生态概念以中立的立场进行研究，生态是一切生物的生存状态及其相互关系的科学分析，人类只是生态系统中的一个物种，由此看出，生态是一个理性的视角，超出了人类的局限。从关注环境到关注生态，表明了人类对自身性质以及在整个生态系统中的定位的反思，这也是当前生态文明建设和生态安全的需要。首先，党的十八大在报告中将生态文明建设放在突出位置，无疑向环境保护法律体系提出了更高要求，部门法的生态化对于保护生态是更为有效的选择，是人类必需的生存选择。其次，生态安全关系着人类的生存与发展，与国防安全、社会安全、金融安全等相比，它是"底座安全"，没有生态安全，其他安全便成为空中楼阁[①]。随着研究的深入，研究者对于"环境"与"生态"有了更为系统的科学认识，将会由研究环境到研究生态逐步转变。2018年，国务院机构改革方案将"环境保护部"变更为"生态环境部"，突出"生态"一词，意味着未来打好污染防治攻坚战，生态保护与环境保护两者缺一不可。目前阶段，大多学者并不严格区分两者，在研究对象与应对之策上相同对待。

就本研究来说，笔者采用环境的用语，主要是基于两点考虑：一是跟我国当前的司法实践用语衔接，我国的环境法庭一般称为"环境资源审判庭"。二是跟西方国家的环境犯罪研究对接，除了俄罗斯使用"生态犯罪"，其他大多国家使用的是"环境犯罪"或"绿色犯罪"，这从其著作、论文的题目也可看出。由此，本研究采用环境概念，但也贯彻生态主义的视角，强调生态本位。

（二）环境犯罪的概念

英文字典关于"犯罪"有着一般也是最常见的解释："故意或过失的行为被认为是有害于公共福利或道德或国家利益，这种行为是被法律禁止的。"但是字典也提供了可供选择的含义："任何犯罪，严重的不当行为或罪恶。"[②]由此可见，犯罪还包括道德感（最终是主观的），而不仅仅是法（它力求客观），从这个意义上讲，犯罪也可视为某种形式的不当行为而不仅是严格的触犯法律的行为。从狭义上来说，犯罪学采用一般的犯罪和罪犯的法律定义，专注于那些被国家定义为犯罪的有害行为和实

---

① 张霞：《生态犯罪研究》，山东人民出版社，2013，第1页。

② Gary Potter，"What is Green Criminology？" *Sociology Review* 20, no.2（2010）：8-12, accessed July 5, 2010, https://xueshu. baidu. com/usercenter/paper/show？ paperid= c67b5014c2f239cabf867d5acd0902f7.

施这种行为的罪犯。批判犯罪学家挑战这个狭义的犯罪定义，指出有些人实施的行为可以说是有害的，但刑法没有规定，或有些人因为他们逃避侦查而逃脱了他们的罪行，或因为他们没有被贴上"罪犯"的标签，或因为现有的社会结构最终决定谁可能贴上"罪犯"的标签或者什么行为被界定为犯罪行为。从人权的角度一直建议要建立比刑法更好的基准，犯罪学的发展要转而关注社会危害，危害行为也许也值得贴上"犯罪"的标签。犯罪有刑法学上的概念和犯罪学上的概念之分，前者又称之为"犯罪的法律概念"，是从刑事法律的角度对犯罪所下的定义，认为犯罪是违反刑法的行为，后者又称之为"犯罪的社会学"概念，认为犯罪是背离社会常规的不良行为①。这里，笔者采用后者。

因此，刑法学上的环境犯罪概念仅包括被法律定义为犯罪的环境危害行为，而犯罪学上的环境犯罪概念除了上述概念，还包括违反环境保护行政法的行为、违反治安管理处罚法的行为以及其他环境危害行为②。笔者在述及环境犯罪的现象、行为、被害人、原因以及社会对策等内容时，使用犯罪学上的环境犯罪概念，既研究环境犯罪行为，也研究环境危害行为，但在论及环境犯罪刑事立法、司法、执法时使用刑法学上的环境犯罪概念。

二、环境犯罪的分类

（一）国外环境犯罪的分类

最初，环境犯罪的分类很简单。皮卡（Pečar）把环境犯罪分为公司环境犯罪与个人生态犯罪。埃德温·萨瑟兰（Edwin Sutherland）把环境犯罪分为白领环境犯罪和公司环境犯罪。卡宾（Carrabine）把环境犯罪分为两组：一级环境犯罪（由人类直接导致的自然环境破坏和退化的犯罪，例如，空气污染、砍伐森林、危害物种和动物权利、水污染等）；二级环境犯罪（违反生态保护法规的犯罪，例如，破坏动植物自然栖息地和有组织环境犯罪等）。

进入21世纪后，环境犯罪的分类不断发展，更为详细。司徒（Situ）和埃蒙斯（Emmons）区分了环境犯罪的四种类型：一是公司环境犯罪（工业污染等）；二是有组织环境犯罪（转移有害废物和走私动植物物种的有组织犯罪等）；三是国家环境犯罪（核测试、军事危险废物处置、军事行动等）；四是个体环境犯罪（废弃物非法倾倒等）。从地理角度来划

---

① 王牧：《犯罪学》，吉林大学出版社，1992，第33页。
② 刘仁文：《环境资源保护与环境资源犯罪》，中信出版社，2004，第193页。

分，特兰特（Tranter）区分了对"建造"的环境（人类居住地）的犯罪和对"自然"的环境（荒野或非人类居住地）的犯罪。怀特结合其他学者的观点，把对环境的危害分为三种不同的类型：一是褐色问题，例如，空气污染、水污染、海洋污染、石油泄漏、危险废物处置等；二是绿色问题，如酸雨、栖息地的破坏、野生动物损失、森林采伐、臭氧层破坏、水体污染、物种入侵等；三是白色问题，如转基因生物、与环境有关的传染病等。

（二）国内学者的分类

国内对于环境犯罪的分类很多：

第一，有学者根据我国刑法的总体规定和具体犯罪的行为对象、行为特征等情况，将我国的环境犯罪大致分为污染型环境犯罪、破坏自然资源型环境犯罪、危害生态平衡型环境犯罪[①]。

第二，有学者将环境犯罪分为污染环境类、损害资源类、侵害动物类三大类[②]。

第三，有学者将环境犯罪分为侵害动物罪、毁坏植物罪、污染环境罪、破坏土地资源罪、破坏矿产资源罪、损害人文景观罪、妨碍环境管理罪[③]。

第四，有学者将环境犯罪分为污染型环境犯罪、破坏自然资源的环境犯罪、环境渎职的犯罪、抗拒环保命令、间接破坏环境的犯罪[④]。

第五，有学者依据客体之不同，将环境犯罪划分为危害国土、水体、环境、生物等客体安全的生态犯罪[⑤]。

（三）本研究的环境犯罪分类

从上述国内外对于环境犯罪的分类可以看出，我国对于环境犯罪的分类较为单一。环境犯罪分类对于行为类型化研究非常重要。笔者在上述国内外研究的基础上，依照本研究分析环境犯罪的需要，按照两个不同的标准将环境犯罪分为不同的类型。

第一，按照环境犯罪侵害的法益对象的不同，分为污染环境类、破坏资源类、侵害动物类、危害生物多样性类。污染环境类包括大气、水体、土壤、废物、噪声等污染行为；破坏资源类包括破坏矿产、森林、草原、

---

① 李希慧、董文辉、李冠煜：《环境犯罪研究》，知识产权出版社，2013，第15–16页。
② 焦艳鹏：《刑法生态法益论》，中国政法大学出版社，2012，第147页。
③ 郭建安、张桂荣：《环境犯罪与环境刑法》，群众出版社，2006，第3页。
④ 蒋兰香：《环境犯罪基本理论研究》，知识产权出版社，2008，第31页。
⑤ 刘晓莉：《生态犯罪立法研究》，博士学位论文，吉林大学法学院，2006，第154页。

湿地、自然保护区等资源的行为；侵害动物类包括非法猎捕野生动物、非法狩猎、非法捕捞、虐待动物等行为。前三种分类较为常见，最后一种危害生物多样性类，基于当前生态多样化遭受严重破坏的背景，将其单独分类有其现实意义，主要包括生物剽窃、生物安全、生物入侵等行为。

第二，按照环境犯罪实施主体的不同，分为个体环境犯罪、公司环境犯罪、有组织环境犯罪、国家环境犯罪。个体环境犯罪、公司环境犯罪是常见的环境犯罪类型，尤其公司环境犯罪是最为典型的类型。有组织环境犯罪一般多发于跨国环境犯罪中，主要涉及破坏臭氧层物质、有害垃圾以及濒危物种的非法交易。国家能否作为环境犯罪的主体还存在争议，随着跨界污染以及转移有毒废物的行为日益增多，国家在特定的条件下也可以成为环境犯罪的主体。

三、环境犯罪的发展演进规律

（一）环境犯罪案件呈现波浪式状态

为了更好地把握当今环境犯罪的发展趋势，笔者搜索了2012—2022年全国法院审理环境犯罪案件情况（表1-1、表1-2），并选取西部、中部、东部、南部4个代表性省份2018—2022年的环境犯罪案件审理情况（表1-3、表1-4、表1-5、表1-6），以此为参照来归纳环境犯罪的发展规律。

表1-1　2012—2022年全国法院审理环境犯罪案件情况

年份	2012年	2013年	2014年	2015年	2016年	2017年	2018年	2019年	2020年	2021年	2022年
数量（件）	1550	2570	13886	17822	20298	22689	24802	29038	27537	11396	2799

表1-2　2012—2022年全国环境犯罪案件总量前10名的省份[1]统计

省份	广西	云南	河南	广东	吉林	浙江	福建	湖南	江西	江苏
数量（件）	14750	13053	12252	10270	9763	9092	8350	8099	7715	7538
占比	8.46%	7.49%	7.03%	5.89%	5.6%	5.22%	4.79%	4.65%	4.43%	4.32%

注：这里选取的仅是排名前10名的省份，而不是仅统计了这10个省份来排名，其他未达到前10名的省份的占比未显示。

---

[1] 严格来说，应为"省级行政区"，在我国，包括省、自治区、直辖市。全书为行文及表内简洁表达，统称为"省份"。

表1-3　2018—2022年广西壮族自治区人民法院受理环境犯罪案件情况

单位:件

案由	数量					小计
	2018年	2019年	2020年	2021年	2022年	
污染环境	12	29	28	11	3	83
非法捕捞水产品	54	134	247	78	22	535
盗伐林木	152	197	0	57	21	427
非法占用农用地	105	145	144	36	8	438
非法采矿	24	94	117	74	0	309
非法收购、运输、出售珍贵、濒危野生动物、珍贵、濒危野生动物制品（已变更）	49	128	72	25	0	274
滥伐林木	1297	1628	1152	649	184	4910
非法采伐、毁坏国家重点保护植物（已变更）	33	40	36	17	1	127
非法狩猎	29	27	27	9	0	92
非法收购、运输、加工、出售国家重点保护植物、国家重点保护植物制品（已变更）	9	13	5	11	0	38
非法猎捕、杀害珍贵、濒危野生动物（已变更）	11	22	17	4	0	54
非法收购、运输盗伐、滥伐的林木	13	15	10	4	0	42

表1-4　2018—2022年河南省人民法院受理环境犯罪案件情况

单位:件

案由	数量					小计
	2018年	2019年	2020年	2021年	2022年	
污染环境	127	193	189	80	13	602
非法捕捞水产品	16	69	510	184	33	812
盗伐林木	80	79	67	25	8	259
非法占用农用地	207	251	199	63	11	731
非法采矿	99	224	271	108	28	730
非法收购、运输、出售珍贵、濒危野生动物、珍贵、濒危野生动物制品（已变更）	39	70	86	24	16	235

案由	数量					小计
	2018年	2019年	2020年	2021年	2022年	
滥伐林木	797	201	449	151	28	1626
非法采伐、毁坏国家重点保护植物（已变更）	3	5	5	0	0	13
非法狩猎	220	263	399	147	0	1029
非法收购、运输、加工、出售国家重点保护植物、国家重点保护植物制品（已变更）	0	2	1	0	0	3
非法猎捕、杀害珍贵、濒危野生动物（已变更）	18	21	39	12	1	91
非法收购、运输盗伐、滥伐的林木	0	16	17	4	2	39

表1-5　2018—2022年浙江省人民法院受理环境犯罪案件情况

单位:件

案由	数量					小计
	2018年	2019年	2020年	2021年	2022年	
污染环境	296	260	206	58	6	826
非法捕捞水产品	339	368	392	78	9	1186
盗伐林木	32	28	25	10	0	95
非法占用农用地	18	41	46	8	5	118
非法采矿	83	136	186	74	0	479
非法收购、运输、出售珍贵、濒危野生动物、珍贵、濒危野生动物制品（已变更）	35	66	147	11	0	259
滥伐林木	60	78	70	19	1	228
非法采伐、毁坏国家重点保护植物（已变更）	3	4	0	0	0	7
非法狩猎	108	0	195	28	1	332
非法收购、运输、加工、出售国家重点保护植物、国家重点保护植物制品（已变更）	2	2	3	0	0	7

案由	数量					小计
	2018年	2019年	2020年	2021年	2022年	
非法猎捕、杀害珍贵、濒危野生动物（已变更）	0	35	30	4	0	69
非法收购、运输盗伐、滥伐的林木	1	6	11	3	1	22

表1-6　2018—2022年广东省人民法院受理环境犯罪案件情况

单位：件

案由	数量					小计
	2018年	2019年	2020年	2021年	2022年	
污染环境	450	488	439	175	53	1605
非法捕捞水产品	139	141	193	66	7	546
盗伐林木	81	70	45	32	0	228
非法占用农用地	153	204	127	38	8	530
非法采矿	162	211	233	129	105	840
非法收购、运输、出售珍贵、濒危野生动物、珍贵、濒危野生动物制品（已变更）	98	132	254	74	23	581
滥伐林木	318	240	252	101	49	960
非法采伐、毁坏国家重点保护植物（已变更）	18	18	10	5	0	51
非法狩猎	17	36	123	47	7	230
非法收购、运输、加工、出售国家重点保护植物、国家重点保护植物制品（已变更）	3	3	1	1	14	22
非法猎捕、杀害珍贵、濒危野生动物（已变更）	21	36	61	21	8	147
非法收购、运输盗伐、滥伐的林木	8	13	16	9	0	46

　　2012年、2013年环境犯罪总体来说比较少，2014年达到13886件，比起2013年，出现5倍几何式增长，出现递增趋势的主要原因可能在于2013年6月"两高"（最高人民法院、最高人民检察院）出台的司法解释降低了污染环境罪的入罪门槛，导致污染环境罪案件出现大幅上升态势。2016年达到了2万余件，2019年达到峰值29038件，2020年数量也

相当可观（27537件），2021年开始逐渐递减（11396件），2022年出现急剧递减（仅2799件），接近于2013年的数量（2570件）（见表1-1）。从中可以看出，全国环境犯罪案件呈现波浪式状态。这个结论与选取的4个地区的环境犯罪案件数量也相吻合，4个省份中，2019年、2020年两个年度的发案数量相对较多。

（二）环境犯罪案件分布情况

全国除香港、澳门特别行政区及台湾地区外，根据统计（表1-2），环境犯罪案件数量前10名的省份分别是广西、云南、河南、广东、吉林、浙江、福建、湖南、江西、江苏，第1名广西的数量是第10名江苏的近2倍。从占比来看，10个省份之间跨度不大，占比分别是8.46%、7.49%、7.03%、5.89%、5.6%、5.22%、4.79%、4.65%、4.43%、4.32%。

再从2012—2022年各年排名前10名的省份统计来看（表1-7），广西、河南、广东分别出现11次，云南、吉林分别出现9次，湖南、浙江、江西分别出现7次，福建出现6次，四川出现5次，江苏、湖北、河北、贵州分别出现4次，陕西出现2次。以污染环境罪为例，"污染环境罪的发案率与经济发展程度呈现高度相关性。虽然2021年度法院宣结的污染环境犯罪案件数量急剧下降，但山东、江苏、广东、河北、河南等经济大省的污染环境犯罪案件数量仍居于前列。值得注意的是，近年来，安徽、湖南、山西等中部省份案件数量增长较快，与其经济结构和发展阶段呈现正相关"[①]。

表1-7 2012—2022年各年度前10名省份统计

年份	第1名	第2名	第3名	第4名	第5名	第6名	第7名	第8名	第9名	第10名
2012年	河南	广西	湖南	江西	浙江	四川	上海	甘肃	河北	广东
2013年	广西	河南	浙江	陕西	吉林	湖南	河北	福建	广东	湖北
2014年	云南	广西	福建	河南	浙江	吉林	广东	湖北	湖南	贵州
2015年	云南	广西	浙江	广东	贵州	河南	福建	吉林	内蒙古	河北
2016年	广西	云南	浙江	吉林	广东	福建	河南	贵州	江西	四川
2017年	云南	广西	广东	江苏	吉林	浙江	河南	福建	江西	贵州
2018年	云南	广西	河南	吉林	广东	江苏	江西	内蒙古	福建	四川

[①] 吕忠梅：《中国环境司法发展报告（2021）》，法律出版社，2022。

年份	第1名	第2名	第3名	第4名	第5名	第6名	第7名	第8名	第9名	第10名
2019年	广西	云南	河南	吉林	广东	江西	江苏	湖南	湖北	河北
2020年	河南	广西	云南	广东	湖南	江西	重庆	四川	浙江	湖北
2021年	广西	河南	湖南	广东	吉林	云南	江苏	辽宁	四川	山东
2022年	湖南	广西	广东	辽宁	河南	陕西	山东	江西	吉林	云南

（三）环境犯罪罪名类型分布相对集中

从上述数据可以看出，环境犯罪的罪名相对集中。从广西的数据来看（表1-3），案件数量分布较多的五个罪名是滥伐林木罪、非法捕捞水产品罪、非法占用农用地罪、盗伐林木罪、非法采矿罪。从河南的数据来看（表1-4），案件数量分布较多的五个罪名是滥伐林木罪、非法狩猎罪、非法捕捞水产品罪、非法占用农用地罪、非法采矿罪。从浙江的数据来看（表1-5），案件数量分布较多的五个罪名是非法捕捞水产品罪，污染环境罪，非法采矿罪，非法狩猎罪，非法收购、运输、出售珍贵、濒危野生动物、珍贵、濒危野生动物制品罪。从广东的数据来看（表1-6），案件数量分布较多的五个罪名是污染环境罪，滥伐林木罪，非法采矿罪，非法收购、运输、出售珍贵、濒危野生动物、珍贵、濒危野生动物制品罪、非法捕捞水产品罪。可以看出，罪名相对集中在非法捕捞水产品罪、滥伐林木罪、非法占用农用地罪、非法狩猎罪、非法采矿罪、污染环境罪、盗伐林木罪这几个罪名上，犯罪多集中于与生产生活密切相关的资源领域。

（四）环境犯罪案件地域分布与案件类型关联性强

第一，污染环境罪案件查处数量多的是工业发达地区。污染环境罪数量按照从多到少次序排列，依次是广东1605件、浙江1186件、河南602件、广西83件。第二，西部地区破坏资源类犯罪较多。以盗伐林木罪为例，尽管三个地区都办理此类案件，但数量悬殊，按照从多到少次序排列，依次是广西438件、河南259件、广东228件、浙江95件。这可能与西部原生自然环境好、森林资源丰富有关。第三，环境犯罪跟资源的地理分布也有关，以非法采矿罪为例，按照从多到少次序排列，依次是广东840件、河南730件、浙江479件、广西309件。这四个地区均属于我国矿产资源较为丰富的地区，非法采矿类案件相对较多。根据《中国环境司法发展报告（2021）》公布，广西、湖南、云南、江西等生态环境要素富集省份的生态环境犯罪刑事案件数量居于前列。

四、环境犯罪存在的困境

总体来说，无论是生态环境损害的成因、演变或结果的某个阶段，还是这一整体化过程，都体现着复杂性特点。具体来说，其呈现出损害的潜伏性、损害的衍生性、损害的广泛性、成因的交错性、治理的综合性、修复的技术性、恢复的长期性等特征[①]。环境污染重、生态受损大、环境风险高，以及环境问题的复杂性、紧迫性和长期性没有改变。当前我国环境犯罪在发展以及研究中也均存在困境。

（一）环境犯罪惩治中的困境

1.环境刑法难以控制环境犯罪

当前环境犯罪立法中存在以下问题：以人本主义为立法理念，有些环境要素还未纳入刑法保护圈；犯罪的客观行为以结果犯为主，缺失危险犯；罪名覆盖面不广、罪名系统性不强、罪名规定不严密；法定刑相对轻缓、罚金刑的作用没有充分发挥、缺乏资格刑的配合适用、刑事辅助措施在环境犯罪刑罚体系中缺位等。由于我国的环境刑法自身存在的不合理和不完善之处，导致环境犯罪没有能够被全面防控，甚至为部分实施严重破坏环境行为的主体提供了逃避刑事制裁的借口。

2.环境犯罪司法适用难以追诉环境犯罪

首先，环境刑事司法系统本应确保违法者得到适当的、严厉的、确定的惩罚，然而，漏报环境犯罪使得环境罪犯没有受到刑事追究，破坏了惩罚的确定性。其次，环境犯罪还存在取证难、鉴定难、起诉难问题。再次，环境犯罪审理中存在不足，因为环境法庭案件数量较少，且环境犯罪涉及面广，涉及的专业知识较多，办案法官没有积累环境刑事案件的经验。另一方面，法官缺乏环境科学和环境法学的相关知识，而立法不可能涵盖环境犯罪所有可能出现的情况，法官认定案件事实时对已有的法律制度理解不透，可能把本该受理的案件作无罪处理，或者不能准确把握环境犯罪案件的法律适用而导致量刑过轻。

3.环境犯罪刑罚执行难以达到预期效果

造成生态损害后，法院比较重视制裁行为人或者补偿第三方，不太重视修复。很多时候，环境犯罪被看作"无被害人"犯罪，但不同于大多数其他类型的犯罪，它损害的不只是个别的受害者，而是整个社会。

---

① 李景豹：《论恢复性司法在环境资源案件中的应用》，博士学位论文，吉林大学法学院，2022，第18页。

如果对生态造成破坏的同时损害了某人的财产，某人自己将最有可能采取行动，以捍卫他的利益和恢复被破坏的生态。然而，在所有者不能被识别（例如，空气污染）时，情况要复杂得多。污染对动植物、人类以及环境都有害，而要证明事件和特定的损害之间的因果关系却是一个非常复杂的任务。因此，环境罪犯逃脱了他们本应支付的环境犯罪成本，却没有人对生态进行适当修复。

4.环境渎职犯罪难以监管

环境犯罪行为具有隐蔽性、长期性、复杂性的特点，加上环保监管部门环境执法能力欠缺，使得环境犯罪行为难发现、难界定。此外，当环境监管机构对于决定刑事程序的启动有较高的酌情权，而环境刑事执法过程缺乏流程控制和公开透明的情况下，污染企业会试图通过不正当途径来规避法律制裁，个别环境监察机构的工作人员也可能因为追求个人私利而忽视其作为环境保护守护者的职责，甚至可能滥用职权，对应当受到刑事惩罚的生态犯罪案件不予依法移送，从而破坏了国家的环境刑事司法系统的效能。

（二）环境犯罪研究中的困境

总体上说，我国环境犯罪问题研究在这短短的二三十年取得了很大的进步，这些研究成果主要通过介绍国外环境犯罪立法，努力构建我国环境犯罪的立法体系，探讨环境犯罪的基本构成和刑罚设定，对我国环境犯罪的设立进行了应然性研究。近年来，环境犯罪的研究逐步细化，环境犯罪理论研究日渐成熟，但是还存在一定的问题，呈现出如下特点：

1.研究视角单一

大多学者都是从刑法学角度出发，以罪刑法定原则为指导，立足于预防环境犯罪立法的视角进行探究。往往比较注重环境犯罪的规范性特征的研究，强调环境犯罪在刑事司法上的运作意义，追求如何对环境犯罪行为予以定罪和惩治，无视环境犯罪现象更深刻的社会现象本质。这一点，应借鉴英美法系国家重视法律的实用性，加强犯罪学意义上的研究。

2.研究方法单一

我国学界过去在对生态犯罪问题的研究上过多地倚重了刑法学的规范分析方法，注重了对实然问题的法律规制，而忽视了对生态系统的应然价值的判断。环境问题是非常复杂的，而传统的刑法学研究的方法是非常有限的，以有限的方法对待复杂的研究客体，短期内是很难有触及本质及系统化的研究成果的。因此，在对环境问题进行法学研究的过程中，除了要应用刑法学的研究方法之外，还要吸收其他学科的研究方法。

3.缺乏对相关学科理论的跟进

环境犯罪问题涉及多个学科，而我国环境犯罪研究没有将其他相关环境自然与社会科学的理念以及最新理论应用于环境犯罪的研究中。属于环境自然科学方面的有环境地理学、环境生物学、环境化学、环境物理学、环境医学、环境工程学、环境水力学、环境毒理学；属于环境社会科学方面的有环境管理学、环境经济学、环境法学、环境社会学、环境伦理学、环境心理学等。这些学科都在不断发展变化，如果不对这些理念与知识进行系统学习，还只是按照传统的刑法学知识对环境犯罪问题进行研究的话，容易导致学科的闭塞①，不利于环境犯罪的预防及保护。此外，气候变化、碳排放、生物安全、环境正义也要引起学者的关注。

总之，虽然环境犯罪的研究数量和规模不断发展，并且新的理论和观点也根据环境保护的新形势不断地提出，但是环境犯罪自身所处的困境越来越明显，预防环境犯罪方面未能起到预期的效果，严重的环境犯罪非但没有减少，甚至还出现加重的倾向。可见，应寻找新的视角去解决现实存在的问题。针对以上困境，刑事一体化或许为我们打开了一个新的视角。

第三节　刑事一体化理念在环境犯罪治理中的展开

一、刑事一体化理念下环境犯罪的观念转型

（一）确立生态的人类中心主义法益观

人类在中心主义和非人类中心主义理念上一直争论不休。生态中心主义的立法价值主张环境犯罪侵害的保护法益，包括生态学上的独立环境法益，水、土壤、空气、植物、动物等应作为刑法的保护对象，应将这些内容归纳为环境刑法的保护法益。近年来，《中华人民共和国刑法修正案（八）》（简称《刑法修正案（八）》）将重大环境污染事故罪调整为污染环境罪，将严重污染环境作为入罪门槛，逐渐凸显了环境法益的独立地位。但是，这并不意味着人与其他生物的利益平等，虽然我们不

---

① 例如，《人民检察》的记者在当时的民法总则出台后，想制作一期"民法总则对刑法的影响"的笔谈，曾先约过几位民法学者，结果都被对方婉拒了；她们同时也准备制作一期"治安处罚法与刑法的衔接"的笔谈，也是苦于很难找到对这两者都有研究的人。参见刘仁文：《构建我国立体刑法学的思考》，《东方法学》2009年第5期。

能坚持人类中心主义，也应该将有利于人类发展的生态利益予以保护，不过主张人类本体的生态法益观，并不意味着人在生态环境领域可以为所欲为，因为这必将会危害整个人类的环境利益，是应当禁止的行为。

有学者提议可以"采取'以人的法益为核心，以人与自然的和谐发展为目标，以其他生态主体法益保护为拓展方向的既有重点，又不失全面的生态法益保护格局，实施全面但有差别的刑法保护"①。目前，大多数学者赞同生态的人类中心主义法益观，这种观点既承认环境法益的独立性，又强调人类利益的重要性，认为环境刑法保护的法益具有双重性，在认同生态与人类双重法益的前提下，强调环境法益的中介性与人类法益的终极性。

（二）坚持综合的动态的环境犯罪治理观念

1.综合的环境犯罪治理观念

环境法的法律调整方法包括行政、民事、刑事等多种手段，这也跟生态系统的属性有关。生态系统任何一个因素的改变都会引起生态质量的变化，可能造成环境损害，由此，环境法与其他部门法的一个显著区别是它的综合性，需要采取综合性手段解决环境问题。环境犯罪的刑法保护作为环境保护的一个防线也是最严厉的手段，也应该遵循综合性的理念。为此，环境刑法应进一步加强刑法与其他学科的沟通、交流和协作，要做好刑法规范法学研究，还要有博采众长、海纳百川、合作共赢的眼量、气度和胸怀，吸收其他学科的先进成果。环境刑法研究既要坚守符合环境科学规律与法则的专门学问与专门技术，又要善于和其他相关法学学科、环境学科沟通、交流和协作，不能非理性地固守"门户之见"。在未来发展当中，我们应该学会用更开放的态度，来和其他法学相关学科进行良好的沟通、交流和协作，从而为学科的发展创造更加良好的学术环境。

2.动态的环境犯罪治理观念

环境法学是应用性、实践性很强的学科，必须将理论与实践紧密结合，不能脱离丰富的社会实践而闭门造车。刑法本身也是在运作中存在和发展的，刑法的本性是动态的和实践的，动态刑法就成为刑法本身和社会的需要②。我们面临的生态环境问题，提供给了我们最大的实验和实践场所，需要刑法学人深入实践中去，要进一步加强与实务部门的合作，关注环境刑法在司法中的适用状况以及刑罚执行中存在的

---

① 焦艳鹏：《刑法生态法益论》，中国政法大学出版社，2012，第197页。
② 刘仁文：《关注刑法运作》，《人民检察》2007年第17期，第21-24页。

问题。

（三）环境犯罪治理注重本土化的常规型治理模式

犯罪治理模式可以分为运动型治理模式和常规型治理模式。运动型治理模式以专项治理、集中整治等集中司法投入为主要表现形式。常规型治理模式是指以法律的制定与实施为正式治理方式，综合运用多种控制手段而进行的价值取向中立、治理手段稳定、治理程序规范的常态治理模式。面对社会转型期环境犯罪的新形势，必须从根本上转换环境犯罪治理模式，我国环境犯罪治理模式应当由运动型治理模式向常规型治理模式转变①。同时，要遵循法学学科规律并立足中国国情开展环境犯罪治理模式研究，实现环境犯罪研究的中国化。我们固然需要学习国外有益的先进东西，但环境问题在我们这样的大国有很多特异性的问题，在很多情况下照搬照抄域外理论、制度肯定是行不通的，一定要从中国的实际出发。

二、刑事一体化理念下环境犯罪的研究进路

对于治理环境犯罪的研究进路问题，有学者提出"环境刑法研究应突出强调整体思维，兼顾环境刑法在环保制度体系中的合理定位、环境刑法与环境行政法的关联、国家的基本刑事政策背景以及环境刑法的犯罪学视野"②。也有学者提出构建环境安全刑法：基于风险预防理念，提高环境刑法的规制能力；基于整体保护理念，构建严密的环境刑法体系；基于差别治理理念，调整环境刑法的规制层次；基于国际趋同理念，构筑外向型的环境刑法③。为此，笔者认为在刑事一体化理念下环境犯罪的研究进路如下：

第一，重视犯罪学角度的研究，弥补现行环境犯罪过于注重规范研究的不足。有学者提出犯罪学的研究范式，"以犯罪学的范畴探析为核心，强调被害应同犯罪、犯罪原因和犯罪预防一样作为犯罪学的中心范畴，而犯罪预防应为四个中心范畴中的基石范畴，并围绕犯罪预防建构犯罪学的研究体系"④。当然，犯罪学的研究方法不能脱离刑法学研究方法，例如，本研究在后面章节将环境犯罪行为分为法定犯罪行为和准犯

---

① 侯艳芳：《环境资源犯罪常规性治理研究》，北京大学出版社，2017，第5页。
② 刘之雄：《环境刑法的整体思维与制度设计》，《法学论坛》2009年第5期，第50~55页。
③ 钱小平：《环境刑法立法的西方经验与中国借鉴》，《政治与法律》2014年第3期，第130~141页。
④ 张旭、单勇：《犯罪学研究范式论纲》，《法学评论》2005年第4期，第17~24页。

罪行为，就是依据刑法的明文规定。

第二，比较研究的思路。借鉴西方环境犯罪理论可丰富我国环境犯罪的研究。我国犯罪学研究不发达，需要借助比较研究方法来借鉴西方绿色犯罪学的研究成果。环境犯罪是跨国性犯罪，都是伴随着工业化的发展而出现的，加上英美国家实证研究做得比较深入，利用比较研究，将国外的研究成果拿来为我们所用，也可弥补我国实证研究的不足，但是要结合我国国情加以鉴别后再使用。

第三，采用多学科结合的研究思路，除了运用刑法学、犯罪学等学科知识外，也要重视生态学、伦理学、哲学、社会学、心理学、经济学、化学、生物学、毒理学、管理学等自然人文学科的应用，并从大法学的视角对行政法学、环境法学、刑事政策学、刑事诉讼法学、国际法学等学科的理论与知识方面进行多角度的参照，以保证研究成果在整个法治体系中的协调与共生。

第四，在刑事一体化理念下，以环境刑法为参照[①]，立体地在刑法之前后、上下、左右研究环境犯罪（见图1-1）。具体来说，在刑法之前研究绿色犯罪学，犯罪学是一门经验科学，为环境刑事立法进行实践论证，作为事实基础而存在；在刑法之上研究环境刑事政策，环境刑事政策是科学制定环境刑事法律法规的前提，还包括对这些法规的合法性进行评价，因此，在环境犯罪立法、适用以及刑罚执行中要更多地动态贯彻环境刑事政策；在刑法之左研究环境行政法，环境刑法有行政从属性，应实现环境刑法与环境行政法的协调与衔接；在刑法之右研究环境刑事诉讼法，实现实体法与程序法的统一，立法与适用的刑法运作应一体化；在刑法之后研究环境刑罚执行学，保证环境刑法最终目的的实现；在刑法之下研究环境预防学，除了传统的司法预防，还要将情景预防、文化预防、被害预防、技术预防、企业预防应用到环境犯罪对策之中。

虽然环境刑法的研究数量和规模不断发展，并且新的理论和观点也根据生态环境保护的新形势不断地提出，但是，预防环境犯罪方面未能起到预期的效果。经过一系列治理，2021年生态环境质量明显改善，但是与美丽中国建设还有一定差距。可见，应寻找新的视角去解决现实存在的问题，以实现生态环境领域国家治理体系和治理能力现代化，向美丽中国建设迈出坚实步伐。针对以上困境，刑事一体化或许为我们打开了一个新的视角。本研究尝试以刑事一体化为视角，探索环境犯罪治理之策。

---

① 笔者仍然坚持多本位说，这里的环境刑法只是作为一个参照物便于研究，不是表达"以环境刑法"为主体。

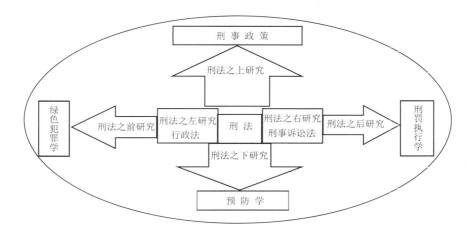

图1-1 刑事一体化内外运行关系图

三、刑事一体化理念在环境犯罪治理中的具体展开

第一章必要性论证：环境犯罪治理需要刑事一体化理念。我国学界以往对环境犯罪问题的研究大多局限于刑法学的规范分析方法，环境问题较为复杂，刑法学内部的研究方法不可避免地出现内部视角的局限。在刑事一体化理念下研究环境犯罪治理可以使环境犯罪现象研究回归到环境刑事法学，突破规范刑法学的藩篱，实现环境犯罪治理的效益最大化。具体来说，前瞻绿色犯罪学，后望环境犯罪刑事执行，左顾环境行政法与环境刑法的衔接，右盼环境刑事诉讼程序，上接环境犯罪刑事政策，下对环境预防措施，完善环境刑法，实现环境犯罪研究的"瞻前顾后、左顾右盼、上下兼顾、内外兼修"的立体研究范式。

第二章前瞻绿色革命：犯罪学的绿色视角。西方发达国家研究环境治理的时间久远，他们倡导绿色犯罪学，主张以宽广的视角、跨学科的研究方法及时关注环境犯罪的新变化，值得我们借鉴，由此可构建我国的绿色犯罪本土化。在此背景下，首先考察环境犯罪的行为类型。具体类型包括污染环境类行为、损害资源类行为、侵害动物类行为、危害生物多样性行为。其次关注环境犯罪的被害研究。在生态法益视角下，环境犯罪被害人不限于个人、社会和国家，还应该包括动植物、环境和后代。再次分析环境犯罪的原因。理性选择理论、生产跑步机理论、合法性理论、紧张理论都能从一个侧面揭示环境犯罪的原因。西方国家围绕当代资本主义的基本制度和结构，运用系统论对环境犯罪的原因进行分析，对于我国环境犯罪的原因采用因素理论分析，包括人口因素、科技因素、文化因素、经济因素和制度因素。

第三章上接政策调整：环境刑事政策的定位。一是风险社会背景下的环境刑事政策。在风险社会中，刑法应以社会秩序和公众安全为指引，发挥预防性功能。加强生态环境犯罪的预防是国家治理现代化的客观需要，生态环境犯罪的发生机制决定了必须坚持预防导向的治理思路。二是非传统安全语境下的环境刑事政策。非传统安全作为一种新的视角，刑法的整体机制将对这一新政策作出相应的调整和变化。在非传统安全的综合治理理念下，环境刑事政策要复合化、多元化，侧重于构建体系性预防和常态性治理。三是环境政策影响下的环境刑事政策应坚持宽严相济、适度从严。首先，环境刑事立法政策上可以将环境犯罪法益保护前置化，这一做法与刑法谦抑性、刑法工具性和刑法象征性并不冲突。其次，提高惩处概率，压缩侥幸心理空间应成为环境刑事司法的主导政策。在环境犯罪刑罚适用中既要关注量刑标准的调整，也要强调宽严程度的变化。再次，确立以恢复正义、预防和恢复为核心的环境犯罪执法观，环境犯罪执法政策要贯彻宽严相济的政策。

第四章左顾行刑衔接：环境刑法与环境行政法的协调。环境犯罪存在自然犯与法定犯之争以及行政从属性与独立性之争。从"大学生掏鸟案"可以看到环境犯罪从法定犯转化到自然犯还有很长一段路要走，并且环境刑法的行政从属性也将长期存在，但随着独立的环境法益的凸显，对于环境行政法没有规定为违法但危害特别严重的行为也可以用环境刑法进行处罚。当前，要做好环境行政法与环境刑法的立法衔接，做好环境行政执法与环境刑事司法的协调，要建立环境行政执法与刑事司法常态化治理机制。

第五章右盼司法革新：优化环境刑事司法效能。一是环境刑事司法概述，阐述环境刑事司法的概念、价值、特征。二是促进环境刑事实体法和程序法的融合，从刑事一体化视角研究环境犯罪认罪认罚从宽制度、环境犯罪量刑规范指南、环境犯罪刑事和解来实现环境刑事程序法与实体法的融合。三是环境犯罪刑事司法惩治实证研究。为了解环境犯罪案件在司法实践中的惩治情况，选择在司法实践中备受关注的污染环境罪为例进行实证研究。

第六章完善规范刑法：环境犯罪解释论与立法论。一方面，刑法解释学能够架起规范立法与司法实践之间的桥梁，通过刑法解释学厘清法益、犯罪形态、主观罪过，以达到污染环境罪争议问题的正本清源。以刑法解释论对污染环境罪展开研究，遵循"法律不是被嘲笑的对象"，可以指导司法机关准确认定和惩治犯罪。另一方面，环境犯罪立法要确立生态的人类中心主义法益观、预防性立法理念、环境修复理念。立法模式上应建立"刑法典专章模式+独立型附属刑法模式"。在罪名体系完善方面，实现环境犯罪类型化分类、增设危险犯、修改原有罪名、补充新的罪名。在刑罚体系方面，合理配置法定刑幅度、完善罚金刑、拓展资格刑、重视刑罚辅助措施。

第七章后望执行厘正：环境犯罪执行要注重恢复。环境犯罪刑罚执行的理念要从报应刑走向教育刑和恢复性司法，从刑罚执行封闭化走向刑罚执行社会化，从刑罚执行分散化走向刑罚执行一体化。首先，环境犯罪引入恢复性司法具有可行性，恢复性司法在环境犯罪领域有广泛的适用空间，环境犯罪刑罚执行要注重恢复性司法的适用，探索环境犯罪恢复性司法的责任形式。其次，要不断创新环境犯罪缓刑制度，对于环境犯罪缓刑要加强听证程序，并扩大环境犯罪缓刑禁止令的运用。再次，要完善环境罪犯社区矫治，在做好常规工作的同时，要积极实施社区矫正生态修复机制。

第八章下对预防措施：环境犯罪防控策略。一是空间预防。论证情境预防理论应用于环境犯罪预防的必要性与可行性。根据不同类型环境犯罪生成的机理及情境因素特征，分类设计相应的情境预防措施。二是文化预防。应用文化犯罪学视角，可从以下三个方面进行环境犯罪的探究：其一，造成生态恶化的消费文化；其二，媒体如何建构环境犯罪问题；其三，日常生活中抵制环境危害行为的方式。三是被害预防。生态正义观拓宽了环境被害的研究范围，针对环境被害的特征，对现有保护的不足之处提出完善建议。

第二章　前瞻绿色革命：
犯罪学的绿色视角

　　尽管环境犯罪的形式与影响越发多样化，对全球生态系统的可持续发展提出了挑战，但是传统犯罪学仍旧主要关注街头犯罪等个体犯罪行为，对绿色犯罪学（Green Criminology）并未足够重视。西方犯罪学学者呼吁要进行一场绿色犯罪学革命，要把环境危害行为列为重要研究领域，从绿色犯罪学的视角来解决当下面临的环境问题。当前我国犯罪学领域关于绿色犯罪学的研究很少，这与现今日益严重的环境危害不相协调。通过对西方绿色犯罪学的起源背景、发展历程以及未来发展进行梳理，从中可借鉴有益经验。

第一节　西方绿色犯罪学的发展及启示

一、绿色犯罪学的发展历程

（一）绿色犯罪学的起源

　　绿色犯罪学的发展有三个来源。第一个来自批判犯罪学，随着时间的推移形成了生态批判犯罪学（Eco-Critical Criminology），现在生态批判犯罪学归入并成为绿色犯罪学的一部分。第二个来自社会学以及后来形成的环境社会学（Environmental Sociology），当时环境立法是法社会学的一部分，后来随着绿色犯罪学作为一门独立学科，环境社会学不再研究环境犯罪行为。第三个来自环境哲学（Environmental Philosophy）。这三个方向结合形成了现在所称的"绿色犯罪学"。

　　1.生态批判犯罪学

　　回顾历史，1960年，批判犯罪学家发现了环境越轨行为的迹象，他们首先将环境越轨行为定义为环境犯罪。批判犯罪学不局限于传统犯罪学的定义，将犯罪看作一种社会危害或是对人权的漠视。批判犯罪学认为犯罪是社会冲突和压迫的产物，那些占据政治、经济主导地位的优势阶层通过其控制的立法机关制定符合其利益的法律，通过执法机关有选择地执行法律，并通过矫治机关来惩戒弱势阶层的反抗①。

从批判犯罪学的角度来看，众多与权力相关的"危险的"现象仍保持无罪化。例如，结构性暴力（尊卑等级、贫富差别、经济和政治权力的不平等关系）、经济犯罪、政治犯罪和环境犯罪等。在批判犯罪学看来，基本的人类利益，比如生命、健康、生存条件（空气、水、肥沃的土壤等）非常重要，很明显，这是人类的基本权利。因此，当这些权利被侵犯时，批判犯罪学主张进行激进的社会变革。

由此，批判犯罪学的一个分支形成，被称作"生态批判犯罪学"。其研究目标是将人类和环境看作一个整体，环境犯罪行为的受害者不仅是人类，也包括环境。与批判犯罪学把人作为主体相比，生态批判犯罪学还包括对非人类主体的分析。生态批判犯罪学从个体的政治文化生活出发寻找环境问题的原因，它后来被合并到绿色犯罪学学科之中。

2. 环境社会学

1970年，西方社会学出现了研究当代社会环境问题的分支学科——环境社会学。1905年，美国社会学学会建立；1959年，更名为美国社会学协会，吸引了大批对环境社会学有兴趣的成员。1978年，卡顿（Kartun）和邓拉普（Dunlap）发表了《环境社会学：一个新范式》一文，文章随后扩展到加拿大、欧洲，在欧洲，也形成了"绿党"②这样的政治力量，环境社会学在西方国家蓬勃兴起。然而1980年以后，办会的会员急剧减少，直到20世纪90年代，环境问题以及环境运动出现新特点，环境问题的国际化交流合作加强，环境社会学又获得了加强学科建设的好机会；此时，也拓宽了研究领域，开展了环境种族主义、环境正义等问题的研究。环境社会学在21世纪有了蓬勃发展，理论日渐成熟，在欧洲，环境社会学成为社会学的一个专业。环境社会学课程已遍及欧洲、北美洲和澳洲的大学校园。

环境社会学作为绿色犯罪学的来源，与埃德温·萨瑟兰把法社会学作为犯罪学的一部分有关。社会学与犯罪学之间有紧密的联系，从19世纪30年代起，就有学者用社会学的理论和方法来分析犯罪现象。1884年，意大利犯罪学家费里（Ferry）出版了《犯罪社会学》一书，标志着犯罪社会学的形成。20世纪以来，犯罪社会学有了进一步发展，成为综

---

① 张鸿巍：《当代西方批判主义犯罪学研究》，《犯罪研究》2005年第2期，第75-80页。

② "绿党"是由提出保护环境的非政府组织发展而来的政党，绿党提出"生态优先"、非暴力、基层民主、反核原则等政治主张，积极参政议政，开展环境保护活动，对全球的环境保护运动具有积极的推动作用。

合犯罪学、社会学、心理学、生物学等多种学科知识的一个活跃的跨学科研究领域。埃德温·萨瑟兰是美国犯罪学家，也是社会学家，他于1949年提出的白领犯罪的概念具有革命性意义，为犯罪学和社会学作出了重大贡献。《白领犯罪》一书是他在对美国70家大型公司以及15家公共事业法人违法犯罪情况调查统计的基础上写成的，系统阐述了美国的白领犯罪现象。传统犯罪学关注街头犯罪，认为犯罪多存在于经济地位低下的下层阶级中，上层社会的体面人士基本不存在犯罪问题，白领犯罪的提出拓宽了犯罪学的研究范围。也有学者把环境犯罪看作白领犯罪的一部分。有些国家很难给环境社会学和绿色犯罪学画一条清晰的界线，因为绿色犯罪学的发展一直与环境社会学领域交织在一起，从20世纪70年代到90年代，与社会学对环境问题的兴趣一样，犯罪学对环境问题的研究热情也日益高涨，绿色犯罪学能否成为犯罪学的分支学科一度被激烈争论。

3.环境哲学

多种环境思想的争论，以及环境运动的推动，促使学者开始从哲学视角重新审视人与自然的关系，学术界探讨环境哲学问题有不同的名称，如西默曼（Simmerman）的"环境哲学"、罗尔斯顿（Rolston）的"环境伦理学"、阿伦·奈斯（Arne Naess）的"深层生态学"、泰勒·米勒（Tyler Miller）的"绿色哲学"、萨克塞（Saxer）的"生态哲学"等等。环境哲学大体分为人类中心主义和非人类中心主义。人类中心主义认为只有人类是道德评价的主体。非人类中心主义又分为生物中心主义和生态中心主义。美国学者保尔·泰勒（Paul Taylor）在《尊重自然》一书中提出了生物中心论思想：人是地球生物共同体的成员，自然界是一个相互依赖的系统，有机个体是生命的目的中心，人类在本质上并不比其他的生物优越。生态中心主义包括"大地伦理学""深层生态学"等理论。美国"环境伦理学之父"利奥波德（Leopold）提出的"大地伦理学"是把人类看作大地共同体中的公民，与其他成员是平等的。挪威学者阿伦·奈斯提出的"深层生态学"是相对于提倡依靠技术进步和经济发展来改良环境现状的浅层生态学而提出的，认为环境问题的成因在于人的行为模式和价值观念，应把人与自然作为整体来看待才能解决现有的生态危机。生态中心主义论认为，必须从道德上关心无生命的生态系统、自然过程以及其他自然存在物，要把物种和生态系统这类生态"整体"视为拥有直接的道德地位的道德顾客。

澳大利亚学者怀特试图引入哲学视角以扩大绿色犯罪学的研究范围。

他确信人们对于人类与环境之间关系的理解很大程度上影响环境犯罪的研究。当定义环境犯罪时，不能忽视人与环境之间的关系，从生态主义理解环境犯罪行为及其控制是很重要的。绿色犯罪学要立足于三个占据主导地位的理论方向：环境正义、生态正义和物种正义[①]。由于在人类和环境的关系上采取人类中心主义，我们现在面临严峻的环境问题。然而，生物中心主义和生态中心主义使得绿色犯罪学进一步发展。环境哲学的三个发展方向对于绿色犯罪学发展有其重要影响。

总之，生态批判犯罪学的激进理论、环境社会学的蓬勃兴起以及环境哲学的不断发展使得犯罪学家更为关注环境问题，绿色犯罪学作为研究环境问题的犯罪学的分支学科也得以快速发展。

（二）绿色犯罪学的发展

1.绿色犯罪学的定义

绿色犯罪学是从犯罪学的角度分析环境危害和应对环境问题。这意味着要考虑犯罪（对生态造成什么样的危害以及如何实施的）、罪犯（谁实施环境犯罪和为什么实施）和受害者（谁遭受了生态破坏的后果），并对环境危害行为作出治安管理、惩罚和预防犯罪的反应。在理论层面上，绿色犯罪学关注引起环境犯罪的社会、经济和政治条件；在哲学层面上，绿色犯罪学认为危害应该被看作是"犯罪"。绿色犯罪学是犯罪学与环境问题的交汇点。从狭义上说，绿色犯罪学关注违反保护环境和动物的法律的行为（如限制污染或禁止狩猎的法律）。从广义上说，绿色犯罪学关注故意或过失造成的危害。在其最广泛的意义上说，绿色犯罪学研究所有类型的环境危害行为，这种危害行为由人类活动造成，不管是否有明显的受害者。

2.绿色犯罪学与相关概念的区别

（1）绿色犯罪学与环境犯罪学

环境犯罪学（Environmental Criminiology）又称"情景预防"，起源于20世纪30年代美国芝加哥大学社会学家的开创性研究，通过控制环境，进而增加犯罪难度，减少犯罪回报，达到预防犯罪的目的。传统犯罪学关注犯罪原因，重视犯罪危险性及其预防，但也未能达到令人满意的防治效果。环境犯罪学认为不需要探究犯罪背后的原因，只要改善犯罪发生的时间、场所等微观环境也能够预防犯罪，它研究犯罪现象与空间、地理因素之间的关系。我国翻译过来的书籍是理查德·沃特利（Richard

---

[①] Rob White, "Environmental Harm and Crime Prevention," *Trends and Issues in Crime and Criminal Justice* 360（2008）：1-6.

Whatley）的《环境犯罪学与犯罪分析》，该书从三个部分分别介绍了环境视角下犯罪发生的原因和机制、犯罪分析的基本模式以及如何有效地开展和进行犯罪预防；而绿色犯罪学是研究环境问题的，两者完全不同。值得一提的是，澳大利亚著名犯罪学学者怀特在2008年出版的《侵犯自然犯罪：环境犯罪学和生态正义》（*Crimes Against Nature：Environmental Criminology and Ecological Justice*）一书中认为环境犯罪学与绿色犯罪学研究范围相同，但仍然沿用环境犯罪学来研究侵犯自然的犯罪；但他在2014年出版的《绿色犯罪学：介绍环境危害》（*Green Criminology：An Introduction to the Study of Environmental Harm*）一书中放弃了"环境犯罪学"的叫法，改用"绿色犯罪学"进行环境危害的研究。可见学界基本上达成了共识，用"绿色犯罪学"这一概念来表述对环境问题的研究。

（2）绿色犯罪学与生态犯罪学

生态犯罪学有两个不同层面的使用含义。第一，有的学者认为生态犯罪学是生态学理论和实践在犯罪学方面的运用，它着重从社会生态、群体生态和个体生态之间的社会关系来解释犯罪与社会生态环境之间的相互关联和相互作用，并努力遵循其生态关联规律来对犯罪现象进行生态调控，以便提高社会、群体和个体自身犯罪的免疫力和抵抗力[①]。这个层面的含义与环境犯罪学的研究范围相同。第二，还有学者认为生态犯罪学应是一个关于如何保护生态环境、预防和惩治生态犯罪的知识体系[②]。这个层面的含义与绿色犯罪学的研究比较接近。

3.绿色犯罪学的发展

（1）绿色犯罪学的研究情况

1990年，林奇在《批判犯罪学家》杂志发表了《绿色犯罪学：二十世纪九十年代的视角》一文，描述了绿色犯罪学的范围和目标，这被视作第一次定义绿色犯罪学。但他的影响是有限的，没有在其他国家引起更多的关注，更不用说像现在这么多的引用和转发。直到1998年，皮尔斯·伯尼（Piers Beirne）和奈杰尔·索思出版了有关"绿色犯罪学"问题的专著，绿色犯罪学才开始广泛传播。奈杰尔·索思提出警告：21世纪的犯罪学必须重视绿色犯罪学的意义。他把绿色犯罪学的研究与贝克（Baker）的风险社会理论相联系，提出犯罪学要调整自身的理论以应对

---

① 肖剑鸣、吴晖：《传统犯罪学"三段论"体系的生态学观——犯罪生态学的新视角》，《政法学刊》2006年第3期，第8-11页。

② 冯树梁：《生态犯罪学论纲》，《河南公安高等专科学校学报》2007年第5期，第18-22页。

风险社会带来的进步和变化。他强调绿色犯罪学在犯罪学议垒中的重要位置，采取社会科学与自然科学相结合的跨学科的研究，并强调犯罪学家要与经济学家、地理学家、生物学家、健康专家、人权工作者、律师合作开展研究[1]。

近些年来，绿色犯罪学越来越普及，一些教科书中能看到有关绿色犯罪学的标题，尤其是欧洲一些大学出现了绿色犯罪学的课程。2009年，鉴于对绿色犯罪学越来越浓厚的兴趣，全世界的绿色犯罪学家组成了国际犯罪学工作小组，以便于绿色犯罪学家相互分享和交流。2012年，IGCWG建立了专门的网站提供研究链接、成员信息、每月出版、会议信息，当前已发布的会员页面有41个成员，有上百人订阅该网站。此外，绿色犯罪学方面的文章、专著的出版数量也反映了犯罪学家对绿色犯罪学兴趣的一个转折。2006年，资利（Zilney）和他的同事统计犯罪学领域中环境出现的频率[2]。他们首先与犯罪学领域的专家合作，选择了9个关键词[3]进行统计，覆盖了1725个杂志和50个社会学科，也检索了社会科学索引库。结果显示，从1970年到2003年，环境犯罪领域的出版物只有10个，可见犯罪学领域缺乏对环境犯罪的研究。然而，从2004年到2012年，绿色犯罪学领域的出版物数量猛增，学者对环境的研究兴趣日渐浓厚。

（2）绿色犯罪学的未来发展

奈杰尔·索思提出了绿色犯罪学的未来发展，包括维度有[4]：环境受害、生态灭绝、全球联系、代际挑战。从时间上说，是从现在的日常生活消费行为到将来下一代面临的环境挑战。从空间上看，是从个体环境受害者到国家公共健康再到全球跨国犯罪。

1）环境受害者

越来越多的犯罪学家感兴趣于20世纪70年代后期出现的环境正义运动，因为社会弱势群体开始依据社会公正问题看待环境灾害，绿色犯罪学因此也需要研究环境受害者，迫切需要更广泛地理解环境侵害者和环境受害者，由此在正义标准和人类安全的冲突需求的关系上形成一个共识，这

---

[1] Nigel South, "A Green Field for Criminology? A Proposal for a Perspective," *Theoretical Criminology* 2, no.2（1998）：211-233.

[2] Lisa Anne Zilney, Danielle McGurrin and Sammy Zahran, "Environmental Justice and the Role of Criminology: An Analytical Review of 33 Years of Environmental Justice Research," *Criminal Justice Review* 31, no.1（2006）：47-62.

[3] 9个关键词分别是：环境种族主义、环境正义、环境不公正、环境平等、环境不平等、绿色犯罪学、生态犯罪学、环境犯罪、环境罪犯。

[4] Nigel South, "Green Criminology: Reflections, Corrections, Horizons," *International Journal for Crime, Justice and Social Democracy* 3, no.2（2014）：5-20.

仍然是绿色犯罪学与被害人学需要承担的一个重要项目。

2）生态灭绝

由于过度消费以及废物的产生和处置，将产生越来越多的废弃物，进而破坏人类基本生存环境，如人类到处乱扔垃圾，从公园、街道到陆地、海洋，再到太空。有些废物和垃圾是可生物降解的，但大量的废物和垃圾无法降解；有些废物和垃圾是相对无害的，而有一些不但现在以至将来都是危险的。生态灭绝是需要特别关注的问题。

3）国际联系

正如波特（Potter）所说："生态科学表明人类和自然系统既不独立也不分离，尤其是在我们全球化的后现代社会。"①然而，人类越来越依赖于生态环境，我们正在进入一个过度依赖导致过度开发的时代。在这一时期，社会出现前所未有的国际接轨。对于国际或国家法律能否提供环境保护，在过去的几十年里，已经不断有人或组织呼吁法律系统要有革命性的飞跃，要认识到不只人类具有法律上可强制执行的权利，自然也应具有法律上可强制执行的权利。贝瑞（Berry）认为："我们需要一个法律哲学，将为和人类一样作为地球一部分的生态系统提供合法权益。仅仅专门针对人类的法律体系是不现实的。"然而，什么是"现实的"又一直在被讨论。

4.代际挑战

无论是法律制度的改革还是更为激进的修正，应建立在承认与尊重生态系统和代际公平原则的相互依存的基础上。2010年4月，英国律师波莉·希金斯（Polly Higgins）女士曾向联合国呼吁通过有关惩罚灭绝生态罪的国际法，使灭绝生态罪成为国际社会关注的第五个反和平罪状。其目的旨在保护现在的地球，为了继承者有一个可持续和健康的生活条件，但面临的挑战是如何找到方法来实现正义和法律这样的愿景。

二、绿色犯罪学的理论创新

（一）从人类参考框架到环境参考框架②

1.传统的人类社会参考框架（Social Frame of Reference）

首先来看传统犯罪学学者怎样看待社会、经济和环境参考框架的相

---

① Gary Potter, "Justifying 'Green' Criminology: Values and 'Takingsides' in an Ecologically Informed Social Science," in Cowburn M, Duggan M, Robinson A and Senior P (eds.), The Value(s) of Criminology and Criminal Justice (Bristol: Policy Press, 2013), pp.125-141.

② Michael J. Lynch and Paul B. Stretesky, *Exploring Green Criminology: Toward a Green Criminological Revolution* (Farnham: Ashgate Publishing, 2014), pp.37-41.

互关系。在图2-1中，描述了各自独立的社会、经济、环境参考框架，在图中暗含社会框架高于其他参考框架。在图2-2中，经济与环境被描述为子参考框架，这里经济和环境作为子参考框架对社会参考框架的影响逐步递减。在图2-3中，经济和环境框架被看作包含于社会参考框架的子参考框架。这里，经济和环境子框架不被看作独立的，其重要性远远小于社会参考框架，社会参考框架成为最重要的参考框架。这些图都传递了一个信息：环境的从属性和人类中心主义主导下的环境框架非常明显，环境被看作次要的。

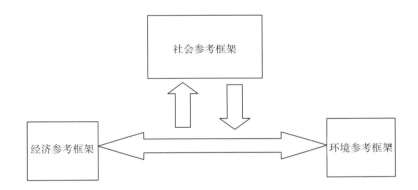

图2-1　隐藏的层次化格式下社会参考框架与其他参考框架的相互作用

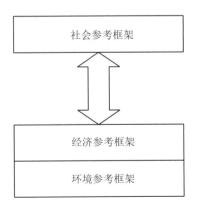

图2-2　明显的分层格式下社会参考框架与其他参考框架的相互作用

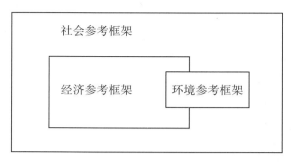

图2-3　明显的分层格式下重叠的参考框架

2.环境参考框架（Environmental Frame of Reference①）

生态中心主义促使我们认识到人类中心主义的局限性和生态的重要性。当采取生态中心主义定位时，人们对待生态环境的方式都会改变。处于优势的参考框架应该是环境，人类参考框架（包括社会和经济）是环境框架的子框架，环境参考框架大于人类参考框架，人类参考框架依赖环境参考框架，因此，人类社会的所有方面必须重新考虑环境（见图2-4）。事实上，所有人类关系、发展、结构都被环境限制，从这一点来说，环境是最大的参考框架并且约束其他参考框架。

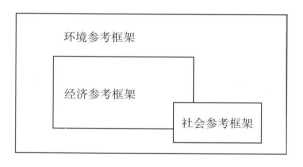

图2-4　环境参考框架

为什么要建构环境参考框架？第一，因为环境限制人类可能活动的最大范围。作为人类，虽然不喜欢这种选择，但是不能没有东西来创造事物，必须从自然界提供的原料中开始创造活动。人类可以改变环境，

---

① 此处与国外对应的"绿色参考框架"（Green Frame of Reference）实则为一个概念。笔者在此采用"环境参考框架"，因在国内学术、专业领域及日常交流中，"环境"一词在描述与自然、生态、资源等相关概念和事物时使用更为广泛和频繁，更符合表达习惯，易于理解和接受，能更准确地传达其在特定领域中的意义和作用。

但是不能跳出它的界限。第二，必须认识到，人类社会的组织形式受限于环境，我们不能使用超出自然界的材料。通过考量人与环境的关系，我们要承认人类的能力是有限的。

（二）从社会学想象力到绿色想象力

1.社会学想象力

1959年，美国社会学家米尔斯（Mills）出版《社会学的想象力》一书，他指出普通人缺乏对自身生活模式与历史潮流之间联系的认知，由于受个人生活轨道限定，他们不能领会人与社会之间的相互作用。由此，米尔斯认为普通人战胜不了自己的困扰是由于他们缺乏一种看清世事的品质。这种品质就是社会学的想象力。具有社会学想象力的人能够看清更广阔的世界舞台，才能理解他自己的经历并把握自身的命运，他只有变得知晓他所身处的环境中所有人的生活际遇，才能明了他自己的生活际遇①。米尔斯的观点对于社会学有重要影响，尤其他提出的"将人类行为放置于社会背景下"的观点被广泛引用。

2.绿色想象力

同理，西方绿色犯罪学学者认为也需要把人类行为放置于环境框架下进行背景分析。他们认为，米尔斯提出社会学想象力的年代（1959年），环境问题还没有达到如今的严重程度，现在需要扩展增加环境问题。米尔斯将个体与历史、社会、文化、经济结构联系起来，但是没有明确把环境参考框架作为人类背景和社会结构的重要维度。绿色犯罪学学者主张任何不将人类与环境相联系的研究方法都是片面地、孤立地看待人类。超出自然环境之外，人类根本不能存在。借鉴米尔斯的理论，绿色想象力探究人类、非人类、当地生态之间的关系并且举例说明这种相互关系，由于生态关系复杂，举例子比抽象的理论解释能更好表达清楚。

例如，对于环境污染问题，特别是水污染，通常的表述如下：公司在生产产品的过程中，一天产生10000加仑废水，工业废水被倒入环礁湖，这些废物在高温下被晒干、燃烧。许多年后，当地居民抱怨环礁湖废物污染了当地的地下水并渗入饮用水供应系统。此外，燃烧过程产生的诸如重金属和二噁英之类的有毒污染物使当地居民身体出现各种问题，包括呼吸急促、哮喘、眼睛灼痛、皮肤发痒，这可能是有毒化学污染物导致的后果，大量居民生病，孩子尤其被严重感染。以上

---

① Wright Mills, *The Sociological Imagination* (New York: Oxford University Press, 1959), pp.5.

情节表述了生产、污染和当地居民健康的关系，就这一点来看，仅仅采用了人类中心主义视角。

如果采用绿色参考框架，还需要描述以下情况：污染问题不仅仅限于当地，比如空气污染能跨越国界。重金属污染物广泛分布在世界各地，大多数微量金属污染的来源是工业废料。与环境中重金属的自然来源相比，工业排放的重金属更多。很明显，绿色想象力拓展了人类中心主义视角，关注的"受害者"是大自然本身。污染物被倾倒于陆地上，渗入水体，散发到空气中，生态系统的性质都改变了。一旦空气、陆地、水体被污染，直接通过污染的环境媒介或间接通过食物链影响所有的生命存在。不仅人类成为受害者，所有的非人类物种，包括动物群、植物群都将成为被害链的一部分。

（三）从行为主义理论到绿色行为主义理论

1.行为主义理论

从18世纪后期到19世纪初期，行为主义有了很长的发展历史。不像其他心理学观点，行为主义作为行为科学而不是心理科学，后者与行为主义方法论相关。激进行为主义认为没有心理过程也可以解释行为，这种行为是由外部刺激的反应驱动的[1]。既然行为是外部刺激的反应，行为主义必须抛弃存在先天的或固有的关于学习过程规则的假设。例如，斯金纳（Skinner）认为生物学习并不是建立一个明确的学习规则的前提，他用行为的外部关系来阐明行为的自身规律，把行为作为一个自足的主体，不是作为内部心理事件的反射来理解，并且认为行为是可以用不同的强化程序加以控制的，是可以预测的[2]。在行为主义看来，心理动作无法从行为功能分离。为了说明这一点，行为主义者把心理活动看作行为而不是心理状态。总之，行为主义解释行为的参考点不是作为行为过程的一部分的心理活动，而是一个可以脱离行为反应过程的外部刺激。

2.绿色行为主义

行为主义对于研究绿色犯罪学最大的贡献是提出个体行为是外部刺激的反应。进一步来说，在环境毒物的情况下，外部刺激很大程度上是看不到、摸不着的毒物暴露。犯罪学学者不能解释毒物暴露与环境健康之间的关系。然而，医学和生物学的重要文献显示暴露于生态毒物也能改变行为。这个结论有助于犯罪学学者解释产生犯罪的原因，也将影响

---

① Arthur W. Staats，"Psychological Behaviorism and Behaviorizing Psychology?" *Behavioral Analysis* 17，no.1（1994）：93–114.

② 张厚粲：《行为主义心理学》，浙江教育出版社，2003，第339页。

生态毒物的分配。学界把研究生态毒物暴露与犯罪行为之间关系的问题称作"绿色行为主义"。心理学行为主义与绿色行为主义最重要的区别之一是绿色行为主义的外部刺激仅限于暴露在生态污染和有害毒物中。在绿色行为主义的情况下，生态毒物作用于暴露者的生理状态可以影响其行为反应（也就是犯罪）。从这个意义上讲，绿色行为主义不引用特定的心理状态或过程（如操作条件、学习），而认为这些干预过程（也即暴露于生态污染）改变生理状态和最终的结果——犯罪行为的结果。

基于科学研究的结果，足以断言暴露于生态毒物导致行为人的生物过程紊乱可以改变行为。这可能发生在以下情况：环境毒物暴露破坏学习过程或导致同源感官的中断，或影响生物化学过程，或导致兴奋、沮丧等精神状态的抑制，或可能导致犯罪的进攻行为。最典型的例子就是铅暴露[①]与犯罪率的关系。

（四）从社会解组理论到生态解组理论

1.社会解组理论

19世纪后期开始的工商业的发展和移民人口的增加，使芝加哥都市化进程加速。人口的剧增，造成社会迅速变迁，也带来了各种社会问题，犯罪成为重要的社会问题之一。芝加哥大学的一批社会学家面对当时的芝加哥社会状况，开始研究城市社区的犯罪问题，他们把芝加哥当作一种有生命的社会机体加以系统研究。帕克（Parker）主张把社会环境作为研究的基础，运用生态学的观点来研究急剧都市化的社会中的人类行动[②]。

帕克、伯吉斯（Burgess）、麦肯齐（Mackenzie）详细描述了城市生态单元，信息量很大，理论很丰富。然而，他们的理论缺乏对在城市的生态边界以外的城市环境的描绘。也就是说，他们对生态系统的设想中排除了自然生态，尽管认识到自然生态并且从生态自然科学借用概念，帕克、伯吉斯、麦肯齐没有更广泛地发展生态学，分析仅限于人类建立和居住的世界，忽视了自然生态以及自然生态与人类生态的关联。总之，帕克、伯吉斯和麦肯齐的观点受到了人类中心主义的限制。

1881年，芝加哥成为第一个通过空气污染法律的美国城市，然而，尽管城市污染呈现出不少问题，当时芝加哥学派仍忽略了污染和污染对居民的影响，忽视了城市生态解组存在的普遍问题。那么，为什么犯罪

---

① 人类与铅接触的机会越来越多，致使一部分铅尘侵入机体，使我们的血液、组织中或多或少含有了铅，学界将这一病理过程称为"铅暴露"或"铅接触"。

② 周东平：《犯罪学新论》，厦门大学出版社，2006，第159页。

学社会解组方法忽略了有害有毒的废物和污染的生产和分布，原因就是人类中心主义取向导致他们忽视了污染、有毒废物及其对自然生态和人类的影响。但是，这不是唯一的答案。另一方面，引起研究者关注的社会解组形式主要是下层阶级的犯罪和越轨行为，这意味着一种阶级偏见，对于作为上层阶级白领犯罪的环境犯罪没有关注。

2.生态解组理论

从生态角度看，城市不仅被视为"独立"或由人类建造的单独的生态单元，而且从与自然生态学的相互联系中，他们也被看作生命系统。简而言之，城市包含在自然生态的组织网络中，否则不会成为城市。城市由各种各样的自然形式和结构（如水道、山脉）以及自然资源形成。在设计城市时，人类运用城市生态学并利用自然资源构建城市，但忽视了自然结构的影响。举例来说，一个城市可以沿着河流的两岸建设，但在设计城市时，不能忽视河流的自然结构对城市建设所带来的限制。可以肯定的是，居住在城市地区的大量人口不仅是生态压力的来源，也导致全球生态系统和局部生态系统的解组。这些生态效应通过污染当地的城市环境而显现，污染的结果影响了数以百万计的居民。

在城市，被忽视的生态解组之一是有毒废物和污染的生产和分布，它们直接影响环境质量，间接影响人类健康、生活方式和组织结构。例如，在美国的大城市可能产生数千万吨的有毒废物。一些废物排放到空气中，一些注入地下，一些送到垃圾填埋场，一些倒进下水道，其他部分废物存储在安全废物设施中或被焚烧。这些活动有些是合法的，有些是违法的，但是在这种情况下，环境中这种分散的有毒废物影响和改变了当地的自然生态，危害着当地居民的健康，并且有毒废物排放间接危害了居住在排放地点附近的那些物种，有时这些排放可以引起跨区域后果。例如，远离产生工业污染源的地方也已经发现污染的存在——西伯利亚、南北两极和世界各地的海洋中——包括污染热点，如太平洋垃圾带。

在如今的城市环境中，毒素无处不在，渗透到土地、水和空气中。因此，居民每天可能通过不同的环境媒介接触到各种各样的生态污染。有些地方毒素高度集中形成污染的热点地区，于是污染热点受到关注，因为他们在多个方面可以改变城市地区的生态环境。首先，官方查明并确认的污染热点地区，负责公共卫生的机构可以禁止人们居住在热点区域甚至附近的位置。当发现一个污染热点后，政府可能使人们从居住点迁移，迁移到远离该位置的其他地方，造成社区解组。按照社会解组理论，这种迁移可以使得当地社区联系和社会控制的下降。也就是说，污染热点可能会引起与犯罪有关的解体过程。在一个地区成为污染热点前，它的负面特征，如恶臭、大量的烟雾、工业的扩张、恶化的整体外观，将驱使居民远离这些地点。在一些居民区，高浓度的有毒废物迫使居民和企业迁走。这种迁移引起社区居住的不稳定性，并且降低了居民对社区的评价，从而加速了社区解组。

（五）从生命历程理论到化学污染轨迹

1.生命历程理论

犯罪生命历程理论研究个人在整个生命过程中犯罪行为的持续性和变迁。人类的生命历程包含形成犯罪的特定时刻或转折点。这个形成过程包括犯罪发生的特定年龄、犯罪停止的特定年龄、早期开始和停止犯罪的轨迹、晚期开始和停止犯罪的轨迹。它有五个分析框架，分别是生命事件、年龄级角色、轨迹、变迁、转折点。

犯罪生命历程理论的研究意义在于：一是研究方法的创新。在犯罪学研究中，从横向研究方法转变为纵向研究方法，以动态的观角把社会历史和社会结构与人类的生命演变联系起来，纳入评估那些重大事件的发生时间和先后顺序，依次解释对个人犯罪起作用的各种因素。二是犯罪原因研究的启示。首先，犯罪原因不仅包含静态的分析，还要有动态的观察。其次，犯罪原因具有时空性，从时间上看，特定的犯罪存在于生命历程的某一时期；从空间上看，受生命事件的先后顺序和转换过程的影响。再次，犯罪原因具有社会性。个体的生命发展轨迹受到一系列社会因素的制约。三是犯罪对策的思考。制定科学的犯罪对策要考虑个体生命发展的阶段性以及在特定阶段个体的认知程度和发展需要的不同。重视早期干预项目，强化家庭、学校、社区、职业等非正式社会控制。

2.化学污染轨迹

绿色犯罪学学者从犯罪生命历程理论的转折点和轨迹的概念与视角出发，探讨环境中化学污染物的生命历程。从环境毒理学很明显可以得出结论，化学污染物一旦释放到环境中，则具有生命历程。如果污染物增加、积累、腐烂或在环境中的化学污染物浓度水平达到了一定界限，可能会危害环境。化学污染物具有生命历程，反映出人类不仅要关注环境中的化学物质的积累，而且要认识到这些关系到化学污染物在环境中的命运，比如它们发生衰变或组合成更严重的化学污染物。通过生命历程的转折点可以影响它们在环境中的浓度，以致形成污染轨迹，对环境造成严重的、长期的后果，为此，用污染物的生命历程理论可以讨论污染物的生命历程如何影响人类和非人类物种、环境或生态系统[①]。例如，当不同年龄的人类个体接触化学物质时情况会不一样，当个体在他们早期的生命历程或发展阶段接触到污染物，对其的不良影响可能是更大的。

化学生命历程阶段可分为：第一，低容量化学排放，包括环境生产或消费过程排放的不显著积聚的化学物质。第二，储存的化学品或潜在的化学污染物。潜在的化学污染物是在生产过程中产生的有害化学物质，因为它们不直接释放到环境中，所以不造成即时有害的后果。第三，即时有害的污染排放。有害化学污染物释放到空气、土地、水中造成即时危害。第四，长期积累的化学污染物，包括定期排放到环境中的污染物，经过很长时间后可在环境中沉积。

三、西方绿色犯罪学的启示思考

21世纪初的环境问题仍是犯罪学领域的一个新视角，传统犯罪学需要认识到生态系统、非人类物种与人类一样都面临严重的威胁。与贝克的"风险社会理论"相关联，现今需要改变或调整犯罪学理论来迎接当前的挑战和问题。跨国环境犯罪以及生态全球犯罪的发展使得我国犯罪学领域也要开展绿色犯罪学研究，以更好地实现国际刑事司法合作，绿色犯罪学的研究成果无疑给我们很多经验和借鉴。

（一）在新文科建设背景下，运用多学科合作的方法研究环境犯罪

在全面推进新文科建设背景下，深度交叉融合的新文科发展理念渗透于法学学科建设之中，突破了法学知识固有的局限，打破了学科壁垒，从刑法学学科内各部门法之间的"小交叉"向法学学科与其他学科之间的"大交叉"转型升级[②]。由于环境领域的犯罪事实相当宽泛，环境犯罪领域的科学研究需要继续和扩大。与自然科学学科相比，社会科学学科较晚才意识到保护环境问题的重要性。如果想要有效应对环境问题，科学之间的合作是必要的，采用跨学科和多学科的方法解决环境问题也是很重要的。绿色犯罪学是自然科学和社会科学学科之间合作的可能途径之一。

---

① Nelson Gouveia and Tony Fletcher，"Time Series Analysis of Air Pollution Mortality: Effects by Cause, Age and Socioeconomic Status，" *Journal of Epidemiology and Community Health* 54，no.10（2000）：750–755.

② 刘艳红：《从学科交叉到交叉学科：法学教育的新文科发展之路》，《中国高教研究》2022年第10期，第8–13页。

例如，东南欧国家①启动对环境犯罪的研究项目调查就涵盖八大领域：犯罪学、犯罪调查、预防犯罪、被害人学、心理学、法律、国家安全和危机管理。威慑和预防环境犯罪需要对环境犯罪及其造成的后果有更深层次的见解，以便提出适当的解决方案。问题是犯罪学学者如何利用科学知识扩大自己对环境危害及其解决方案的理解，并使环境危害成为犯罪学的核心工作。例如，通过了解生态毒物的科学研究，犯罪学学者可以参与生态解决政策、法律补救措施与环境危害的规制。科学如何被纳入法规，旨在控制生态污染和有毒废物暴露？通过行政法规、刑法？或通过其他非法律的社会反应？如果法律救济是最好的，哪些类型的规定是最好的？这些都是绿色犯罪学可以解决的问题。当涉及犯罪行为时，犯罪学学者还需要考虑自然科学知识是否与犯罪行为背后的原因有关。毒物科学可以应用于研究犯罪行为吗？这样做可能会得到或者失去什么？为了回答这些问题，犯罪学家必须将自然科学知识融合到他们所研究的学科中去。

（二）犯罪学要积极应对绿色革命，加快绿色犯罪学本土化研究

作为一门学科，犯罪学的历史是致力于控制街头犯罪的历史。在比较环境破坏对我们周围世界的影响来说，街头犯罪及其后果较小。的确，与人类末日比较，个人受到的那是较小的伤害。在这样的背景下，为什么犯罪学学者会忽视环境问题？第一，由于犯罪学的传统定义是刑法规定的对人类的危害，其他形式的危害往往被排除在犯罪学之外，除非非正统的方法，如激进犯罪学。第二，企业和环境违法者通常不被视为与街头罪犯从事相同行为的主体，他们也不会像街头犯罪那样要对其罪行承担那种惩罚或可谴责性，他们被排斥在犯罪学之外。第三，因为传统犯罪学的参考框架是人类参考框架，只有人类成为受害者时才视为危害。与传统犯罪学相反，绿色犯罪学研究参考另一个框架，一个基于自然、环境或自然生态的框架。通过选择一个自然环境参考框架，绿色犯罪学是一场革命，一种旨在取代人类作为研究的唯一对象的革命。

在我国目前的犯罪学教材中，很少有单列的对于环境犯罪的研究，仅有的研究也往往出现在对于经济犯罪研究中附带出现的寥寥数语中。整体而言，我国犯罪学界没有高度重视研究环境犯罪，这与当前日益严

---

① "东南欧国家"的提法出自《理解和管理东南欧的环境威胁》一书，参见：Meško G., Bančič K., Eman, K. and Fields C. B. Situational crime-prevention measures to environmental threats. In G. Meško, D. Dimitrijević and C. B. Fields（Eds.），*Understanding and managing threats to the environment in South Eastern Europe*. Dord-recht:Springer.2011.

峻的社会现实存在脱节，我国犯罪学研究要积极应对绿色革命，加强对绿色犯罪学本土化研究。明确犯罪学中环境犯罪研究的方向，有利于弥补环境犯罪研究的空缺，使我国犯罪学研究的知识谱系更加完整。

绿色犯罪学的本土化研究应包括：第一，界定绿色犯罪的类型，包括污染环境类、破坏资源类、侵害动物类、危害生物多样性类。第二，我国环境犯罪的现状及发展规律。第三，环境犯罪的被害者研究，包括人、非人类物种以及环境本身。第四，环境犯罪的防控对策，既包括我国环境法律法规、规章和司法对策的改进，也包括其他社会对策的优化。

（三）塑造犯罪学比较研究视野，促进国际绿色犯罪交流

不容置疑的事实是，环境问题已经成为世界各国面临的共同难题。为了更为有效地预防环境犯罪，地区性的研究显然是不够的，需要国际学术交流共享。我国绿色犯罪学研究不发达，需要借助比较犯罪学研究方法来借鉴绿色犯罪学的研究成果。

比较犯罪学是指两个或两个以上国家系统地比较犯罪行为和犯罪趋势。比较研究的目标之一是扩展学者对于其他国家的知识和文化的了解。这样，研究人员可以更好地理解他们生活的社会状况，进而找到改进的方法。比较犯罪学的目标就是研究文化差异是否影响犯罪因果关系，它的研究范围广泛，包括跨国犯罪的研究、犯罪控制模型运用到其他国家产生的问题以及犯罪学学者解释犯罪时受到他们自己文化的影响。比较犯罪学研究也影响公共政策，意图对与公众相关的犯罪问题作出正确的决定。同时，比较犯罪学受到理论和实践不同步的困扰。为了汇总适当的数据来评估不同观点并审查各个国家内犯罪发生的具体过程，必须以深入的历史研究作为补充。

比较犯罪研究的目的是了解文化、政治、经济等对犯罪和犯罪行为的影响，例如，对犯罪的态度的差异，执法部门对违反法律行为的反应，公众对侵权行为和肇事者的反应等。为了达到上述目的，在提供行为解释之前必须了解犯罪率的变化，必须谨慎进行数据转变。任何犯罪的比较分析必须面对犯罪率和受害者的可靠信息，这一点在环境犯罪领域是非常具有挑战性的。没有一个社会可以在自己的体制内完全容纳另一种文化体制，没有一个社会能不考虑文化差异不作修改而期望它能成功地运作。

像所有的跨文化分析一样，比较犯罪学也受到比较什么、如何比较和比较目标这类问题的困扰。当比较犯罪率和解释犯罪行为的原因时，技术上和概念上的障碍比较严重，新问题不断出现，则如，在不同的法

律体系和文化下，犯罪行为的意义是不变的吗？重视比较犯罪学研究对于环境犯罪领域进一步发展和绿色犯罪学成为主流社会科学是非常重要的。比较犯罪学的研究促使国家之间在环境犯罪及其相关现象方面进行比较，它有助于识别环境犯罪模式的异同，根据自己国家的具体情况解释环境犯罪的原因和后果。通过比较犯罪学研究，能够提升绿色犯罪学发展相对滞后的国家或地区的研究水平，增强所制定的防控政策的有效性。

第二节　我国环境犯罪的行为类型

本节论述环境犯罪的行为类型，包括污染环境类、损害资源类、侵害动物类、危害生物多样性类以及气候变化与犯罪行为。以环境犯罪的刑法规定为限，但也包括一些严重危害环境需要犯罪化的行为。由此，在每一类别中，应区分法定犯罪行为和准犯罪行为进行全面阐述。"只有把法定犯罪行为和法外准犯罪行为放在一起研究，才能发现它们在社会危害性上的异同以及发生原因上的同源性。"[1]

目前我国环境犯罪罪名覆盖面还不够广，环境保护力度不够，故不存在除犯罪化的问题。对于刑法已经规定的犯罪行为，分析其缺陷便于在立法司法行为中加以完善，对于刑法未规定但严重危害环境的准犯罪行为可增设新的罪名。

一、环境污染类行为

（一）法定犯罪行为

1.大气污染

目前我国没有独立的大气污染罪名，刑法典将大气污染行为纳入第338条，即为"污染环境罪"。现行大气污染行为以《中华人民共和国大气污染防治法》为前置性规定，自然人和单位均可构成本罪。

（1）提高了大气污染犯罪构成污染环境罪的入罪标准

2023年8月8日，最高人民法院、最高人民检察院发布了新的《关于办理环境污染刑事案件适用法律若干问题的解释》，这次新司法解释吸取或借鉴了《关于办理环境污染刑事案件有关问题座谈会纪要》（简称2019年《纪要》）中关于大气污染犯罪行为的规定。会议纪要认为行为

---

[1] 高晓莹：《知识产权犯罪研究——主要从犯罪学视角》，博士学位论文，中国政法大学刑事司法学院，2009，第35页。

人只要在重污染天气预警期间违反国家规定，超标排放二氧化硫、氮氧化物，受过行政处罚后又实施上述行为的，即构成污染环境罪；新司法解释则规定行为人在两年内曾因在重污染天气预警期间违反国家规定，超标排放二氧化硫、氮氧化物等实行排放总量控制的大气污染物且受过两次以上行政处罚，又实施此类行为的，才构成污染环境罪。

（2）缺失危险犯的规定

大气污染问题不容忽视，一些依靠行政处罚的危害大气污染的行为也应纳入刑法范畴。国外一些国家的刑法将大气污染罪规定为危险犯，如《苏俄刑法》第223条的规定："用不清洁和未消毒的污水、垃圾或工业企业、农业企业、公用企业和其他企业、机关的废物污染江河、湖泊及其他水域和水源，足以损害或可能造成损害人的健康、农业生产或鱼类资源；或用工业生产上对人的健康有害的废品污染空气的，处1年以下的劳动改造，或300卢布以下的罚金。实施前款规定的行为，造成对人的健康或农业生产重大损害或使鱼类大量死亡的，处5年以下的剥夺自由。"[①]污染大气的危险犯是易为人们忽视的犯罪，这种污染大气行为的本身在客观上已经造成了一种危险状态，即具有现实的社会危害性，如果不借助刑法的威力及时惩治，其社会危害性必将进一步扩大或恶化。

2. 水污染

我国刑法没有专门的水污染罪。《中华人民共和国水污染防治法》也有刑事条款，但规定比较模糊，不具有实际操作性，主要还是依靠刑法典中的规定。与大气污染一样，对水污染的处罚也是参照《刑法》第338条污染环境罪。2023年新司法解释将污染对象由原先的饮用水水源一级保护区扩大到饮用水水源保护区，包括了一级保护区、二级保护区。目前的水污染法律规定存在以下缺陷：

（1）缺乏危险犯的规定

目前，刑法对水污染的规制依然是针对已经造成危害结果的危害行为，缺乏处罚危险犯的规定。而除了直接造成实际危害的水污染行为（例如，已经造成水体成分发生重大改变，大量生物无法生存，或者导致大量生物死亡等情况）外，危险犯（例如，超标排污、在水中清洗含污染物的容器等）和举动犯（例如，不使用排污设施，不维修应定期维修的污水处理等）也会给人类的水环境带来危害。

---

① 付立忠：《环境刑法学》，中国方正出版社，2001，第291页。

国外以危险犯的模式规定了水资源污染行为的，也有相关立法，例如，《日本水质污染防治法》对违反行政发布命令、拒不申报或虚假申报等举动犯规定了刑事责任；原西德《水法》对污染造成危险的危险犯、未遂犯也规定了刑事责任；澳大利亚新南威尔士州《环境犯罪与惩治法》也规定了大量的举动犯、危险犯应负刑事责任的内容[1]。

（2）缺乏专门的水污染罪名

1937年，《瑞士联邦刑法典》第234条（污染饮水）规定：故意以有害健康之物质污染人畜之饮水者，处5年以下重惩役或1个月以上轻惩役；过失犯前项之罪者，处轻惩役或罚金。

1974年，《奥地利联邦共和国刑法典》第180条（故意污染水源或空气之危害行为）规定：①污染水源或空气，危害于他人身体或生命，或对他人之家畜导致重大危险者，处3年以下刑或360日额以下罚金；②第181条（过失污染水源或空气之危害行为）规定：因过失而实施第180条所列犯罪行为者，处1年以下自由刑或360日额以下罚金[2]。我国也应考虑设置专门的水污染犯罪以应对水污染。

3.废物污染

涉及废物污染的罪名有：一是污染环境罪。近年来，随着电动车的普及，非法处置废旧电瓶，将属于危险废物的铅酸蓄电池进行拆解炼铝的污染环境案越来越多。二是走私废物罪。三是非法处置进口的固体废物罪。四是擅自进口固体废物罪，仅限于进口的固体废物。实际上，我国废物污染法律规定存在行为对象不统一的缺陷。非法处置进口的固体废物罪和擅自进口固体废物罪的行为对象仅仅限于固体废物，而走私废物罪的行为对象包括固体、液态和气态废物。污染环境罪中，废物的行为对象包括固体废物（如医疗废物），也包括液态废物，如2014年最高人民检察院发布15起生态环境领域犯罪典型案例，在徐某等3人污染环境案中，新沂市环境保护局将倾倒的化工废水认定为是具有腐蚀性的危险废物，这里就将化工废水认定为了液体废物。这种认定的不统一使得保护废物犯罪的法条缺失科学性。此外，液态废物和气态废物对环境的危害性有时还大于固体废物的危害性，这样的规定使一些犯罪分子逃脱了刑事制裁。由此，我国应将废物污染的行为对象统一规定为涵盖三种形态的废物。

---

① 付立忠：《环境刑法学》，中国方正出版社，2001，第319-320页。
② 付立忠：《环境刑法学》，中国方正出版社，2001，第318页。

4.土壤污染

土壤污染是通过有毒、有害或危险废物而发生危害的，污染物极易发生化学变化，危害结果的出现比较缓慢。目前，我国污染土壤行为包含在《刑法》第338条污染环境罪的罪名中。然而，土壤污染相关法律规定存在以下缺陷：

（1）缺乏专门的污染土壤罪名

土壤是人类最基本的物质生活需要的基础，然而，土壤污染没有像大气污染、水污染一样引起广泛的关注，因此，有必要将土壤污染犯罪作为一个独立罪名加以规定。

国外也有污染土壤犯罪的立法。《德国刑法典》中就规定了污染土地罪及其刑事责任，即第324a条规定："第一，行为人在违反行政法规定的义务之下使物质进入、渗入或者泄入土壤，并且通过①足以危害他人的健康，危害动物、植物，损害贵重物品或者水源的方式，或者②在相当的范围内造成污染或者造成其他有害的变化，处5年以下监禁或者罚金。第二，本罪的未遂应当处罚。第三，过失行为的，处3年以下监禁或者罚金。"①

（2）缺乏处罚危险犯的规定

土壤污染主要是伴随大气沉降、污水、固体废弃物以及农药、化肥进入土壤的重金属污染，污染范围广、程度深，并且危害结果的出现具有隐蔽性、间接性、长期性、严重性的特点，而且土壤的再生需要很长时间，有的根本无法恢复。由此，对于土壤污染应进行更为严格的刑法防治，不仅仅以土壤受到实害结果作为犯罪构成的要件，还要将刑法保护予以前置，也要处罚足以对土壤造成严重破坏的危险行为，以期达到刑罚的预防功能。

（二）准犯罪行为

1.噪声污染

《中华人民共和国环境噪声污染防治法》对工业噪声、建筑施工噪声、交通运输噪声、社会生活噪声等的污染防治规定了民事责任和行政责任，只对环境噪声污染防治渎职行为规定了刑事责任。目前我国尚无对噪声污染的刑事立法。

国外已有关于噪声污染罪的刑事立法。《德国刑法典》第325条规定了空气污染犯罪和噪声污染犯罪及其刑事责任的内容，其中噪声污染犯

---

① 《德国刑法典》，徐久生、庄敬华译，中国法制出版社，2000，第221-222页。

罪构成与空气污染犯罪构成非常类似。1980年法国内阁会议通过的《法国反噪声法》规定了噪声污染的刑事责任，即对制造、销售和进口不合标准的排气消声器或超过许可限度的警报器等要追究法律责任，轻者罚款，重者拘留，罚款最高可罚至20万法郎。对不完备的器材则予以没收。命令那些进行噪声过大的安装工程者加速完工，并限制时间，每天罚款20～2000法郎。拒不执行上述条款者，监禁2～6个月，罚款5000～50万法郎。1995年，《日本噪声控制法》第3条和第29条都涉及违反相关噪声的规定，对噪声行为处以自由刑与罚金。1989年，《奥地利联邦共和国刑法典》也增加了"施放噪声危害环境罪"。

近年来，我国学者建议规定"释放噪音罪"[1]，也有委员提案建议增设"噪声污染案"。如今，城市化的脚步还在前进，人类生活的空间逐渐密集，生存的压力逐日上升，并且噪声所造成的新型污染已经较为严重地影响了公民的人身权益，因此，我国应对违反有关噪声污染防治法规、长期超标排放、发射噪声，拒不采取防污治理措施，造成严重噪声污染危害后果的行为纳入刑法规制范围。

2. 光污染

光污染可分为三类：一是白亮污染，主要指玻璃幕墙之类的反射光线。二是人工白昼，主要指各种广告灯、霓虹灯。三是彩光污染，主要指旋转灯、荧光灯等。

我国对于造成光污染是否追究刑事责任没有相关规定，有学者撰文论述了光污染入刑的必要性[2]。笔者认为，在一些情况下光污染行为可以构成犯罪：第一，幕墙玻璃光污染对司机造成眩光，导致短暂"失明"，容易引起交通事故，造成人身伤亡和重大公私财产损失，对于光污染的负责人就应承担刑事责任。第二，在刑法中还应当具体规定环境监督缺失的罪名，当有关机构的主管人员出现责任缺失的情况下，所引起的光环境污染事故的发生如果造成了人员伤亡和财产损失，应当积极予以刑事处罚。

① 苏永生：《环境犯罪的独立性和体系性建构》，《中国地质大学学报》（社会科学版）2018年第5期，第23-33页。
② 钟玮：《空间污染行为刑法规制研究》，硕士学位论文，江西理工大学法学院，2020，第20页。

二、损害资源类行为

（一）法定犯罪行为

1.破坏森林资源行为

（1）盗伐林木罪的实证调研情况

从笔者调研的 HN 省 NY 市近 10 年的数据来看，盗伐林木罪的 266 起案件，发现有以下特征：

1）犯罪主体特征存在共性

犯罪主体的年龄集中在 40～66 岁，90% 以上为男性，而且文化程度普遍较低，大部分为小学文化或文盲，多为农民或无业。没有人愿意违反法律，该现象背后的原因可能是家庭贫困带来的经济压力，也有可能是不知道申请伐木许可证的程序，也有可能是主观上认为滥伐林木不构成犯罪。

2）雇佣犯罪的数量增加

从抽取的 50 份盗伐林木案件分析，雇主或主要组织人员在实施盗伐林木的过程中，大部分不会亲自到现场，不会直接参与到具体砍伐中，且雇的都是一些短期闲散人员，即临时工。这些临时工只负责操作形式上的、表面上的"砍伐动作"，不清楚具体的树木种类、数量等等细节，也不了解组织者的相关信息，给公安人员破获案件带来很大困难，不能及时地对盗伐林木案件的相关组织者进行打击和惩处。

3）隐蔽性比较高

从盗伐地点的选择情况来看，盗伐分子通常选择人员活动较少的边缘林区砍伐林木，或进入偏远地带进行砍伐，因此，边缘林区的案发率较高，时间也多选择在凌晨或傍晚，而且盗伐林木常以放牧、砍柴、挖药材、采摘山野菜等活动为掩饰进行。此外，盗伐者也会选择人们不太注意的交通工具伪装运输，如面包车、大巴车等，或用伪装物矿石、废品等遮掩运输。

4）犯罪现场勘验难、调查取证难

盗伐者多是随到随伐，伐后随即离开，案件侦破查处本身难度较大，盗伐林木资源犯罪案件现场地点多通信不便，护林人员或公安人员不能及时发现犯罪、制止犯罪。而且从犯罪损害后果来看，盗伐林木案件对地表、林木资源的破坏十分严重，呈现出现场勘验难、调查取证难的特点。

（2）缺乏加重处罚情节且处罚范围不够宽泛

案例：2014 年，杨某成私自采挖江西省铜鼓县某林场的国家重点保护植物南方红豆杉2株移栽至自家门前。被判有期徒刑1年6个月，缓刑3年，并处罚金5000元。（2014年最高人民检察院发布15个涉生态环境领域犯罪案例之一）

虽然只是选择森林里的部分树木进行砍伐，但砍伐者为了牟利，往往选择珍稀树种或具有优良材质的树种采伐，因而它的破坏性也非常大，甚至可能导致某些珍贵树种绝种。我国台湾地区2016年就对相关环境保护规范中"窃取森林主、副产物罪"的条款进行修订，增设了盗窃珍贵林木加重刑罚的情节。我国危害国家重点保护植物罪案件逐年上升，其中一个原因是涉及国家重点保护植物案件的处刑较轻，打击效果和震慑效果有待加强。此外，我国台湾地区还将寄藏、故买①、媒介、占用、加工、烧毁、毁坏等行为纳入犯罪圈。为此，我国对森林资源的保护范围除了禁止砍伐行为外，对其他危害林木资源的行为也应一并重视。

2.破坏土地资源行为

（1）破坏农用地和其他土地行为

课题组调研了HN省NY市近10年来279个非法占用农用地罪案件，9个案件为单位犯罪，其余270个案件为自然人犯罪，16个为共同犯罪，单位犯罪占比4%。案件当事人多以务农为生、无业。农民随意占用土地，对自己的房屋宅基地进行改造，或者将土地随意卖给工厂主，让其建立工厂仓储等等，这些都是违法利用土地的情形。

具体来说表现为以下三种方式：一是将农用地、林地另作他用，改变土地用途，造成土地大量破坏；二是就个人所承包的土地而言，没有得到行政部门的允许，就私下将自己名下的土地转卖出去，用作其他用途；三是没有办理许可证或已办理但尚未取得证书，就私自开矿非法开采。该市非法占用农用地罪案件呈现犯罪动机受经济利益驱动、单位犯罪认定较少且处罚较轻（仅有9个案件为单位犯罪）、一半以上的被告人被取保候审的特点。

我国刑法规定的保护土地资源的罪名有非法占用农用地罪、非法转让倒卖土地使用权罪、非法批准征用、占用土地罪和非法低价出让国有土地使用权罪。

目前，我国破坏土地资源的法律规定存在以下缺陷：第一，犯罪对象范围较窄。典型的就是非法占用耕地罪，只保护了农用地，对于荒地、滩涂、山沟等其他类型的土地的破坏没有纳入刑法加以保护。第二，仅

---

① "故买"是个日语中的概念，指买赃物的行为。其中"故"表示"知情的"，即购买者知道所购买的物品是偷来的或非法获得的。

规定了非法占用，对于其他破坏行为没有包括进去。例如，在耕地上建房、建窑，在耕地上进行取土、挖沙、采石、采矿等毁坏耕地种植条件的行为，人为挖损、塌陷、压占耕地造成无法耕种的行为，硬化耕地或压实耕地导致耕地毁坏的行为等。为此，笔者建议设立破坏土地罪。

（2）破坏自然保护地行为

1）自然保护地体系

在自然保护地体系中，国家公园处于"金字塔"的顶端，其次是自然保护区，再次是各类自然公园，共同构成有机联系的自然保护地系统。

2）应扩大破坏自然保护地罪的适用范围

近年来，一些地区不合理地开发建设削弱了自然保护区的保护功能，降低了保护区的生态价值。这些破坏行为，与我国当前保护生物多样性、保护自然遗产、改善生态环境和维护国家生态安全背道而驰，需要立法保护。

《刑法修正案〔十一〕》将违反自然保护地管理法规，在国家公园、国家级自然保护区进行开垦、开发活动或修建建筑物，情节严重的行为规定为犯罪。这里可以看出，国家公园和国家级自然保护区这类自然保护地被纳入刑法保护范围，地方自然保护区和自然公园不在其中。而设置破坏自然保护地罪将扩大其范围。

（二）准犯罪行为

1.刑法应设置破坏草原罪

2002年，《中华人民共和国草原法》规定了一些危害草原的犯罪行为，主要有草原监管失职罪，截留、挪用草种、资金或草原植被恢复费罪，非法批准征用、使用草原罪，非法转让草原罪，非法使用草原罪，非法开垦草原罪。但是，该种犯罪行为在刑法分则中没有相关规定或很难找到与之相适应的刑法条文，这就导致单独适用刑法典或将刑法典与《中华人民共和国草原法》二者结合均不能制裁草原犯罪。这就需要对刑法进行及时修订，增加危害草原的犯罪行为，完善对草原资源的保护。

2.刑法应设置破坏湿地罪

刑法应增设破坏湿地罪，对于擅自占用湿地或垦荒的，如果构成犯罪可追究其刑事责任。具体行为包括：①破坏、移动湿地保护警示标志和界标的，在湿地取水或拦截湿地水源截断湿地水系与外围水系联系的。②擅自占用湿地的。③在湿地保护范围内垦荒、采石、采砂、采土、放牧、破坏鸟类繁育行为的。④未经批准在湿地保护范围内从事种植养殖、开展生态旅游等生产经营活动的。⑤建设单位未落实经费批准的湿地保护方案的。如果达到了破坏数额较大，或存在严重的其他情节的，应依法追究刑事责任。

三、侵害动物类行为

（一）法定犯罪行为

破坏野生动物资源犯罪涉及走私珍贵动物、珍贵动物制品罪，非法捕捞水产品罪，危害珍贵、濒危野生动物罪，非法狩猎罪，非法猎捕、收购、运输、出售陆生野生动物罪等罪名。2022年4月7日，最高人民法院、最高人民检察院联合发布《关于办理破坏野生动物资源刑事案件适用法律若干问题的解释》（以下简称2022年《野生动物解释》），从司法环节发力，调整破坏野生动物资源犯罪的定罪量刑标准，全链条惩治破坏野生动物资源犯罪，明确了人工繁育野生动物案件的处理规则，依法惩治破坏野生动物资源犯罪，为推进生态文明建设提供了有力的司法保障。

1.走私国家禁止进出口的珍贵动物及其制品行为

该行为的犯罪对象为两类：未经批准擅自进出口列入经国家濒危物种进出口管理机构公布的《濒危野生动植物种国际贸易公约》附录一、附录二的野生动物及其制品；未经批准擅自出口列入《国家重点保护野生动物名录》（简称《名录》）的野生动物及其制品。第一类要求"经国家濒危物种进出口管理机构公布"，第二类限定为"走私出境"的情形。定罪量刑标准由数量标准改为价值标准：价值2万～20万元的，认定为"情节较轻"；价值20万～200万元的，认定为"情节严重"；价值200万元以上的，认定为"情节特别严重"。

2.危害珍贵、濒危野生动物行为

《刑法修正案（十一）》将第341条第1款"非法猎捕、杀害珍贵、濒危野生动物罪和非法收购、运输、出售珍贵、濒危野生动物、珍贵、濒危野生动物制品罪"修改为"危害珍贵、濒危野生动物罪"。但这种保护还存在一定缺陷：

（1）动物保护的范围太窄

珍贵、濒危野生动物范畴的划定标准为"列入《名录》的国家一级、二级保护野生动物和经国务院野生动物保护主管部门核准按照国家重点保护的野生动物管理的野生动物"，简称"名录＋核准"双重标准。

疫情使人们更加关注野生动物对传染病的影响。目前受保护的动物范围太少，仅包括珍贵、濒危的野生动物，对于一些能够维持生态而不是珍贵的野生动物没有列入刑法保护范围之内，这些动物却有可能是病毒的宿主。因此，持续扩大刑法保护的范围对生物安全保护发挥着关键作用。

相对于外国刑法保护"家庭饲养动物或其他各种动物"而言，我国刑法保护的动物范围还有待扩大[①]。就目前来说，应将保护范围扩大到一般野生动物，至于其他类动物则不宜列入。

（2）动物保护的深度不够

不应仅限于非法猎捕、杀害、收购、运输、出售珍贵、濒危野生动物行为，对于虽然通过合法途径[②]取得珍贵、濒危野生动物资源却不合理使用[③]而导致严重后果的行为，也应追究相应的刑事责任。

3.非法狩猎行为

（1）非法狩猎罪的调研情况

课题组调研的LY市是中部H省非法狩猎罪案件较为集中的地区，近10年非法狩猎犯罪有147件，诉讼主体的当事人均为自然人，单位犯罪的案件目前没有，其中有30起是共同犯罪，其余案件均为单独作案。非法狩猎案件中，被告人多为男性，女性只占极少数，并且年龄为37～65岁。遭受狩猎的野生动物中，无蹼壁虎、黑斑蛙、中华蟾蜍（俗称"癞蛤蟆"）、麻雀最多。从147起案件随机抽取的30份案件中发现以下特征：

1）犯罪对象较为集中，非法猎捕数量较大

在这30件非法狩猎犯罪案件中，7件是以野生壁虎为对象，数量达到599只；5件是以中华蟾蜍为对象，数量达到1600余只；3件是以麻雀、喜鹊、鹌鹑、长耳鸮等鸟类为对象，数量达到70只。

2）流窜作案居多，且有共犯作案趋势

在30件39人的犯罪中，有8件13人是流窜作案，其中4件5人是外地人员流窜到本地作案，3件7人是本地人员从某一乡镇流窜到其他乡镇作案。2018年审结的17件非法狩猎犯罪案件中，就有6件为共犯作案；而2019年审结的4起犯罪案件中，有1件是共犯作案，2件犯罪对象均为

---

① 周冲：《论刑法中受保护动物的范围——从生态利益的独立性角度》，载中国法学会环境资源法学研究会、昆明理工大学编《生态文明与环境资源法——2009年全国环境资源法学研讨会（年会）论文集》，2009年4月。

② "合法途径"主要指的是经过许可用于实验或展览等途径而获得动物资源。

③ 例如，把这些合法获得的动物资源用于贩卖或制造食品、药品或其他用品的行为。

野生鸟类。

3）犯罪时间大部分在夜间，犯罪工具比较传统

被告人作案时间段为每年的7月至10月，基本选择在夜间实施犯罪行为。对野生蟾蜍、壁虎作案，均是利用夜间照明工具，对野生鸟类作案是利用照明灯、弹弓、钢珠等工具。

4）处罚力度不够，量刑偏轻

在30件39人的非法狩猎犯罪中，在公安机关侦查期间取保候审的有19件21人，在检察院审查起诉阶段取保候审的有3件3人。在法院判决中，有17件17人被单处罚金刑，5件5人适用的是管制。

（2）捕杀"三有"动物获刑的考察

野生动物包括国家重点保护野生动物、地方重点保护野生动物和"三有动物"①。近年来，因违法捕杀"三有动物"被判刑的案例时有发生。对于"三有动物"入罪争议很大，反对者认为，"三有动物"种类多达1700余种，但地方林业机构在禁猎区等方面的规定常常模糊不清，也不及时向民众告知，甚至有人捕捉到的怪异动物连专家都不认识，如果没有动物知识的普及，要普通百姓区分"三有动物"，显然是强人所难。

笔者认为，"三有动物"的数量越来越少，加大对"三有动物"的刑法保护力度是正确的，因为动物链如果破坏了，可能比植物链更难恢复。各地政府部门有必要做好宣传工作，有针对性地加强宣传教育，让群众知道本地"三有动物"的分布情况，并知道哪些动物属于受国家保护的"三有动物"。

4.非法猎捕、收购、运输、出售陆生野生动物行为

该罪名为《刑法修正案（十一）》所新增，其犯罪对象为除了第1款规定的珍贵、濒危野生动物外的所有陆生野生动物，包括："三有动物"、地方重点保护的陆生野生动物和其他陆生野生动物。"三有动物"入罪标准为1万元，陆生野生动物入罪标准为5万元。

从法条竞合的角度而言，由于本罪的犯罪对象包括"三有动物"和地方重点保护的陆生野生动物，因此，本罪的犯罪对象与非法狩猎罪存在重合，行为人若以食用为目的在禁猎期、禁猎区或使用禁用的工具、方法对陆生野生动物进行猎捕，就可能既触犯本罪，又触犯非法狩猎罪，成立两罪的法条竞合。一般来说，法条竞合的处理原则为特殊法优于一般法，重法优于轻法。而在本罪与非法狩猎罪之间，并无特殊法与一般

---

① "三有动物"是指有益的、有重要生态和有科学研究价值的陆生野生动物。

法的关系，而且两罪刑罚量刑幅度是相同的，应统一以非法猎捕陆生野生动物罪定罪处罚。

5.非法捕捞行为

（1）"情节严重"情形的认定

在《中华人民共和国长江保护法》《中华人民共和国黄河保护法》颁布之后，我国加大了对长江流域和黄河流域非法捕捞的打击力度。2022年《野生动物解释》将非法捕捞水产品罪的"情节严重"情形规定为五种。这里采取的入罪标准是数量标准（500千克、50千克）和价值标准（10000元、1000元）择一。水产资源与陆地野生动物资源存在差异，部分水产品虽数量丰富但价值较低，若仅以价值为评判标准，可能减弱对水产资源及生态环境的保护力度。

（2）"水产品"宜改为"水生动植物"

笔者认为，将"非法捕捞水产品罪"改为"非法捕捞水生动植物罪"较为适宜。"产品"一词具有社会和经济属性，与"人"相对应，含有强烈的人本主义中心法益观，也偏向于强调水产品的经济价值，而非其生态环境价值。但是从生态学的人类中心主义出发，我们也应该保护那些对人类毫无经济价值但对水域生态环境有着重要影响的水生动植物。因此，适用"非法捕捞水生动植物罪"更符合生态文明建设的需要。从域外来看，《俄罗斯联邦刑法典》也规定了"非法捕捞水生动植物罪"来确保所有水生动植物都受到法律的保护。

（二）准犯罪行为

1.国外对虐待动物的处罚

就国外来说，很多国家都有对虐待动物的处罚。例如，美国不同的州对虐待动物的罪行定罪细节也不尽相同，如果是轻微虐待动物没有致死的情况，一般是按照轻罪来量刑，可处1万美金罚款，虐待动物致死最高可判10年监禁；南非虐待动物将处以3年监禁或高额罚款；2007年5月，加拿大动物保护法被重新修订，法案规定，故意虐待动物者的处罚从最长监禁6个月提高到5年；日本虐杀动物者可处1年徒刑或百万罚金；在韩国，虐待动物将面临坐牢1年或6万元罚金；意大利虐待以及遗弃宠物者可被判入狱1年或罚款1万欧元；英国虐待动物者将判处监禁，10年禁止养宠物；澳大利亚虐杀动物最高可判处16个月的监禁；根据挪威法律，针对虐待动物的行为，最高可以判处3年有期徒刑。

2.我国刑法也应处罚虐待动物行为

立法防止虐待动物，是反暴力立法体系的一个必要组成部分。从社会治理角度看，把虐待动物罪写入刑法，有利于提升社会治理水平，具有可行性，是顺应世界文明潮流、体现善治的有效方法。此外，这也是出于传染病防疫的需要。

因此，我国立法应将"情节恶劣"的虐待动物行为入罪。"情节恶劣"的客观标准可以根据是否造成动物伤亡，虐待手段是否残忍，虐待发生的时间、地点等等而定，除了考虑对动物本身的伤害，还要考虑对社会的恶劣影响。客观行为方面包括故意虐待动物、开展虐待动物的表演或者活动、不作区分扑杀已经防疫的动物，或采用非人道的方式扑杀动物，或以商业为目的从活体动物身上摘取器官及衍生物，贩卖动物器官。

此外，近年来屡次在互联网上传播虐待猫狗等动物的图片或视频的行为，有媒体披露背后有利益链，一些视频被制成碟片卖到国外牟取暴利；同时，也应禁止在未成年人面前扑杀动物。因此，在公众中传播虐待动物的图片或视频以及在未成年人面前虐待动物的行为应作为法定加重的量刑情节。

四、危害生物多样性行为

生物多样性包括遗传多样性、物种多样性和生态系统多样性三个层次[①]。生物多样性有经济价值和生态价值。生物多样性保护具有广泛的领域，所涉问题纷繁复杂，包括生态补偿、濒危野生动植物物种及其制品非法贸易、遗传资源获取与惠益分享、生物安全、生物多样性的保育以及外来物种入侵防治[②]。这里重点探讨遗传资源获取（生物剽窃）、生物安全、生物入侵。

（一）法定犯罪行为

1.非法采集人类遗传资源、走私人类遗传资源材料罪

尽管我国《人类遗传资源管理暂行办法》出台已有20年，人类遗传资源流失目前仍是我国在该领域面临的一大风险。

2018年，科技部对6家企业[③]处以罚款，原因是存在违反《人类遗传资源管理暂行办法》中的若干规定，具体涉及在人类遗传资源样本保存、

[①] 克里斯蒂昂·莱韦克：《生物多样性》，邱举良译，科学出版社，2005，第2页。

[②] 秦天宝：《生物多样性国际法原理》，中国政法大学出版社，2014，第18页。

[③] 这6家企业分别是：深圳华大基因科技服务有限公司、复旦大学附属华山医院、苏州药明康德新药开发股份有限公司、厦门艾德生物医药科技股份有限公司、阿斯利康投资（中国）有限公司、昆皓睿诚医药研发（北京）有限公司。

运输以及人类遗传资源信息的网上传递等。

2021年4月15日起实施的《中华人民共和国生物安全法》中，37次提及"人类遗传资源"。人类遗传资源被称为"生命说明书"。《刑法修正案（十一）》新增了非法采集人类遗传资源、走私人类遗传资源材料罪。在构成此罪的主体方面，本罪目前规定是只能由个人构成，但由于本罪存在一定复杂性并且成本高，更多是由单位构成。故本研究认为只将主体设定为自然人显示不出科学性。

2.非法植入基因编辑、克隆胚胎罪

2019年12月30日上午，基因编辑婴儿事件经深圳市南山区人民法院一审公开宣判，贺某奎本人因非法行医罪而被判处有期徒刑3年，并处罚金300万元。由此引发人们对基因编辑的伦理热议。

从国外立法来看：以法国、德国、澳大利亚为代表，用刑事处罚的方式明确禁止以生殖为目的的基因编辑行为；以日本为例，以生殖为目的的基因编辑行为在行政法上予以禁止；以美国、英国为例，政府以监督管理的方式来规制人类基因编辑的风险。

如今，《刑法修正案（十一）》明确规定非法植入基因编辑、克隆胚胎罪，一方面是我国对于基因技术被滥用的风险的积极回应，另一方面，该罪名更加明确，避免了使用非法行医罪可能不能涵括基因编辑的情况。

3.非法引进、释放、丢弃外来入侵物种罪

《刑法修正案（十一）》规定："违反国家规定，非法引进、释放或者丢弃外来入侵物种，情节严重的，处3年以下有期徒刑或者拘役，并处或者单处罚金。"外来入侵物种不仅包括入侵物种名单中物种的活体，还包括植物物种的种子、苗木等其他具有繁殖潜力的材料。作为构成要件行为的引进是指有意引进，即基于生产、食用、观赏等目的的引进。释放包括随意放生，可能带来生物安全隐患。丢弃，是指行为人随意抛弃外来入侵物种，放任其进入外部环境。情节严重是区分行政处罚与刑事处罚的界限，还应综合考虑达到相应的数量、次数或者种类标准，造成经济损失的数额，是否处于自然保护区、国家公园等自然保护地，是否引起传染病传播情节等。

（二）准犯罪行为

1.生物剽窃行为

随着现代生物技术的发展，生物遗传资源被无偿使用的现象越来越严重，一些新的术语逐渐被使用，包括"生物勘探""生物掠夺""生物海盗"及"生物剽窃"等，其中"生物剽窃"使用较为广泛。具体来说，就是发达国家通过各种手段（如合作研究、出资购买、偷窃等方式）从发展中国家掠取大量的遗传资源，利用先进技术开发出新的产品再申请专利，并将成果高价向发展中国家出售以获得巨额利润。

（1）国外对生物剽窃行为的处罚

国外对遗传资源的刑事处罚措施有：印度《生物多样性法》中有对于侵犯生物资源与有关传统知识犯罪的刑法罪名，如非法获取或教唆他人非法获取生物资源罪、非法获取或教唆他人非法获取与生物资源有关的传统知识罪、非法转让或教唆他人非法转让生物资源研究成果罪、非法申请或教唆他人非法申请知识产权罪、非法或试图非法获取生物资源罪。圭亚那《生物开发条例》也涉及违反生物开发的刑法条款，如非法从事生物开发活动罪[1]、擅自从事生物开发活动罪[2]、签订或试图签订研究协定罪、违约利用研究信息罪。

（2）我国遗传资源保护也应纳入刑事保护

目前，我国仅规定了非法采集人类遗传资源、走私人类遗传资源材料罪。借鉴国外经验，结合我国国情，应将生物资源相关的各环节用来确立有关犯罪行为。例如，非法获取、转让、开发、出口生物资源及其研究成果，非法进行生物资源专利申请以及相关管理部门在生物资源管理过程中的渎职行为等，都应在刑法中设置相应罪名。

2.生物安全行为

（1）转基因生物安全的争议

将转基因技术商业化，以及将基因被人为改变的作物释放到生态环境中，是极不安全的，且人类目前完全不掌握应对、管理、消除基因污染的任何手段。本着风险预防的原则，应使用最严厉的手段最大可能地防范转基因生物技术应用产生的危害，将其扼杀在萌芽状态。

有学者按照客观犯罪形态将转基因食品犯罪分为走私型犯罪、非法研发型犯罪、非法生产型犯罪、非法销售型犯罪、监管失职型犯罪[3]。在当前世界人口急速增长而资源不足的情况下，不能完全排斥转基因技术，但是对于阻碍转基因技术健康发展以及滥用转基因生物技术的行为需要严厉打击，确保将转基因生物技术负面应用的危害降到最低以引导其自

---

[1] 非法从事生物开发活动罪是指不遵守《生物开发条例》规定进行的生物开发行为。

[2] 擅自从事生物开发活动罪是指开发者未向圭亚那政府环保部门申请并签订研究协定而擅自从事生物开发活动或相关活动的行为。

[3] 冯殿美、储陈城：《论转基因食品的刑法规制》，《山东大学学报》（哲学社会科学版）2013年第1期，第50-57页。

身良性发展及合理应用。

（2）我国应考虑增加相关罪名

鉴于我国目前生物安全保护的刑法规制不够完善和严密，不能完全应对目前出现的或正在发生的生物安全风险，需进一步增加新的相关罪名。

具体言之，立法机关要着眼于近年来所暴露的突出问题进行相关立法：一是可以增设侵犯个人生物信息罪，对大量获取个人生物信息进行违法犯罪的行为进行打击，防止对个人生物信息资源的滥用。二是增设传染病数据造假罪，对今后任何疫情防控期间的传染病数据造假行为进行刑法规制。三是可以在刑法中增设违规开展实验罪，对非法人造病毒的行为进行提前预防并进行精准打击。四是增设非法研制生物武器罪，因为本罪关系社会发展甚至国家前进的安危，影响重大，所以此罪应当规定为行为犯。有非法研制行为就该动用刑法打击，以将有可能发生的危害降至最低程度。五是增设瞒报传染病疾病罪，为制止将一个小事件演变成影响某个区域甚至整个社会的大问题，传染病防治相关领域负责人再次遇见突发病毒传染病时，应第一时间传达上级部门，综合研判危险系数，从而进行科学防控。

增设以上罪名将能极大地完善生物安全刑法的规制并完善生物安全体系。

第三节　环境犯罪的被害研究

一、环境犯罪的伦理基础

（一）环境犯罪的哲学立场

界定环境危害意味着如何从哲学立场看待人与自然的特定关系，这在很大程度上取决于定义这种关系所代表的价值和利益。生态哲学对犯罪学家如何界定犯罪和理解人类以及具体环境和非人类的动物所遭受的损害有重大影响。不同生态哲学导致不同的结果。因此，如何认识人与自然的关系对现实世界的环境政治有重要影响。有学者[1]从哲学视角收集人类中心主义、非人类中心主义（包括生物中心主义和生态中心主义）的主要特征，分类并进行比较。

---

[1]　Mark Halsey and Rob White, "Crime, Ecophilosophy and Environmental Harm," *Theoretical Criminology* 2, no.3（1998）：348.

人类中心主义的观点强调人类比其他生物和非生物体具有生物、心理和道德优势。生物中心主义认为人类作为简单的"另一个物种"要归于生物体，共享同一个道德价值。生态中心主义拒绝把人类视作高于自然的其他组成部分。然而，人类具有的开发大自然的独特能力意味着人类也有明确的责任以确保这种生产方式不超过地球的限制①。人类中心主义、生物中心主义和生态中心主义以不同的方式看待人类与环境之间的关系，从而影响如何应对环境危害。举例来说，对于老龄林的砍伐，以下三种不同哲学理念有着不同的处理方式②：

1. 人类中心主义

人类中心主义把老龄林作为工具性手段来满足人类的需求，森林被看作商业潜力，而且生产商采用的生产方式使其承担最小的成本，却对环境危害极大。虽然立法也禁止过度使用或过度开采特定的资源（如对采伐或捕捞实行配额），或者禁止某些行业之间的冲突处理（如农业和采矿之间的冲突），或者禁止某些行业和特定人群之间的冲突处理（如采矿公司和土著人民），但是人类中心主义理念下立法的目的是方便地提取和加工特定的资源。

2. 生物中心主义

生物中心主义认为老龄林具有其内在价值，这种森林有独立于人类强加的任何价值的重要意义。生物中心主义者认为老龄林很重要，因为从结构和树龄看，它们能为依赖森林生存的物种提供栖息地。生物中心主义要求人类不要砍伐老龄林，因为生态系统很脆弱，一旦毁坏不好修复。立法应首先着眼于维护自然环境，特别是那些标识为"荒野"③的地点，以便保护生物的多样性和物种的完整性。

3. 生态中心主义

生态中心主义认为老龄林对于人类和非人类长期的生存具有重要意义。生态中心主义试图平衡开发资源，既满足人类生存的需要，又满足生态圈良性发展的需要。从生态中心主义视角看，确保生态价值得以保

---

① Rob White, "Green Criminology and the Pursuit of Social and Ecological Justice," in *Issues in Green Criminology: Confronting Harms Against Environments, Humanity and Other Animals*, ed. Piers Beirne and Nigel South（London：Willan，2007），pp.23.

② Rob White，*Green Criminology：An Introduction to the Study of Environmental Harm*（London：Routledge，2014），pp.77–79.

③ "荒野"在我国环境伦理学研究中是一个比较陌生的词汇，但是在西方特别是在美国环境伦理学研究过程中，已经成为讨论的热点之一。就美国大多数环境主义者而言，荒野保存是非常重要的。荒野不仅仅为多样的非人类生命形式提供避难所，而且有潜力转变人们的生活，提供通常所描述的神圣和庄严的体验。

存（例如，在森林区域内提供尽可能多的物种群）对于维持长期的人类需求来说是必需的（例如，清新的空气、未受污染的河流和肥沃的土壤）。生态中心主义主张采用有利于生态系统长期可持续发展的生产方法。理想的立法框架是依据生态学（人类是生态系统的组成部分），而不能成为经济增长和积累财富的工具性目标。

（二）环境犯罪的生态正义立场

人类中心主义和非人类中心主义的争论由来已久，到了20世纪后期，随着环境运动的日益高涨，对于环境争议的研究越来越多。不同于人类中心主义和非人类中心主义的抽象理论，西方绿色犯罪学学者将正义视角引入环境问题分析，生态正义强调现实性与实践性，正视现实生活中不同人群之间、不同物种之间、生态系统相互之间在利益和权利上的不平等。因此，要把环境问题与现实的生态正义问题联系起来，只有实现生态正义才有可能带来人与自然的和谐。

生态正义观的三个方向包括环境正义、物种正义、生态正义。

其一，环境正义。

环境正义是指人们之间在有限的地理区域获取和使用自然资源方面的环境分配，以及特定的社会实践产生的环境危害对特定人群的影响。研究重点是人类以及受特定类型的生产和消费影响下的人类的健康和福利。在环境正义的框架内，关注的是人类。

其二，物种正义。

物种正义重视动物福利和动物权利。研究重点是其他物种免受酷刑、虐待和破坏栖息地的权利（特别是动物），也反对物种歧视（主要是指非人类动物被认为逊色于人类而受到歧视）。在物种正义框架内，关注的是动物。

其三，生态正义。

生态正义是指人类与自然世界的其余部分的关系，生物圈包括植物和动物，人类是生物圈的一部分。生态正义主要关注的是地球生态质量，研究重点是人类与环境的互动方式对于特定生物和特定地区的潜在危害和风险。在生态正义的框架下，关注的是环境和特定的生态系统。

这三个不同但又有联系的正义方向一起构成了生态正义观，它们以不同的方式可能相互重合，但各自又有独特的关注点。

二、环境犯罪被害范围界定

西方学者较早开展了环境被害学研究，有学者定义环境被害是指

"过去、现在或未来几代人由于化学、物理、微生物或社会环境的变化而受到伤害，这种变化可能由故意或过失，个人或集体，人类作为或不作为而引起"[①]。这里的环境被害采用了犯罪学的界定方法，即从行为的性质上进行定义，不考虑行为所造成的危害程度。这种研究方法的现实意义是十分明显的，尤其对被害人而言，用意在于尽可能将因环境污染和破坏而受害的对象都纳入保护和救济的范围之内。

澳大利亚学者怀特将生态正义引入环境被害学的研究中，从绿色犯罪学角度认为环境被害与正义相关，在广义的生态正义框架下把被害者扩展到非人类。这意味着在某些情况下，动物和生态系统也可以被认为是受害者。在绿色犯罪学和其他学科内，对非人类被害研究的文献越来越多，"被害"的定义扩展到包括非人类物群和生态系统在内的范围。

生态正义观的三个方向各自对应了不同的被害者：环境正义视角下被害者是人类，物种正义视角下被害者是动植物，生态正义观视角下被害者是整个生态系统。随着环境危害认知的增加，环境被害者的权利应该得到持续分析和战略干预[②]。这不是一个简单的任务，当我们将非人类也作为受害者的时候，这个问题的复杂性进一步加剧了。

（一）环境正义与人类被害

工商业活动、全球变暖、生物多样性的丧失、过度浪费和污染导致的环境退化，使环境问题涉及人类共同的生存空间，全人类成为被害，为此，对于被害人应有整体的视野。但是，现实案例和研究报告表明，遭遇被害的人类往往会烙上种族、贫困与性别群体的印记。例如，从全球来看，大部分的受害者是穷人。环境正义呼吁也应关注局部人群（低收入人群、有色人种、年龄差异人群、不同性别人群）因为虽然同样受到生态灾难的威胁，但在毒物暴露后对伤害和痛苦的恢复能力的可能性上，不同的人有不同的社会差异。对于那些现在较多承担生态退化和毒物暴露的人来说，当健康问题出现时，怎么补偿他们以弥补将来可能承受的痛苦则成为重点。

（二）物种正义与非人类物种被害

几个世纪以来，动物作为人类的财产，按照法律，人类可以用任何

[①] Christopher Williams, "An Environmental Victimology," *Social Justice* 23, no.4（1996）: 16-40.

[②] Matthew Hall, *Victims of Environmental Harm: Rights, Recognition and Redress Under National and International Law*（London: Routledge, 2013）.

方式对待他们。人类可以饲养它们、出售它们、杀死它们，甚至折磨它们，却没有违反任何法律[①]。动物权利和动物福利研究将引导人们关注动物法律的性质变化，"动物作为财产"受到"动物也有人权"的观点的挑战。从物种正义的角度来看，每一种动物都应该被给予尽可能多的机会去实现它的潜力。

环境被害学一直不太关注非人类物群的利益，更关注在特定情况下人类作为作恶者和受害者的动态关系。举例来说，哪些物种受到保护，哪些物种不受保护，是由人类选择的。

星河鱼就是一个例子。这一种类的鱼在澳大利亚的塔斯马尼亚州岛是独一无二的，然而，由于栖息地的破坏和非本地物种的引进，星河鱼受到严重威胁。问题的关键是引入了鲑鱼物种，鲑鱼在20世纪中叶传入塔斯马尼亚，主要用于人们休闲垂钓。星河鱼不仅被迫与鲑鱼争夺食物，也受鲑鱼的捕食。政府一直致力于保护鲑鱼，不管星河鱼的后果。因为鲑鱼被认为是珍贵物种，从而忽视了星河鱼的困境，因为它没有经济价值。同时，还有相关法律规定来保护鲑鱼。虽然星河鱼也被列为相关"保护"之列，但事实是，它的主要捕食者因更多地受到保护而蓬勃发展，政府并未顾及对星河鱼物种未来生存的影响。

星河鱼作为被害者的故事，其意义在于提醒我们了解事实上并不是所有的物种都被以同样的方式来对待，有些物种不被重视，要认识到它们也可以成为"受害者"。因此，特定动物物种和普通动物物种的地位和价值，随着生态趋势的发展变化较大[②]。如何把非人类物种视为受害者，在绿色犯罪学领域内是一个相对较新的调查领域，而环境被害学要进一步发展就不能忽略这一新领域。

（三）生态正义与环境被害

与刑事司法中的"常规"受害者一样，环境被害也存在承认、参与、补救、赔偿和恢复等问题。如果"生态系统"被认为是"受害者"，那么，生态系统必须能够以某种方式表达他们的伤害情况。换句话说，它们需要人类代理对它们所遭受的伤害和后果进行发言，这意味着人类要为不能表达声音的事物（如树木、蜜蜂、兰花、河流）来代理表达它们遭受的伤害。人类应该积极聆听自然的非语言线索，从自然世界和它的

① Peter Sankoff and Steven White（eds.），*Animal Law in Australasia: A new dialogue*（Sydney: Federation Press，2009），pp.1.

② Rob White and D. Heckenberg，"Key Issues in the Policing of Hazardous Waste Disposal," *Australian Environmental Review* 28，no.5（2013）：604-608.

居民发出的信号来预测将要发生的事情，如气候变化的影响①。

在实务层面，澳大利亚新南威尔士州土地与环境法院首席大法官布莱恩·普雷斯顿（Brian J. Preston）是这样来描述子孙后代或者非人类生物群可能会被认为是受害者的："环境危害可能需要一代又一代的补救，因此，这一负担和整治的费用转移到了子孙后代。受污染土地的修复，物种、种群和生态群落栖息地的恢复是代际负担，从当前一代传给下一代。代际不平等是由环境犯罪造成的，受害者包括后代……生物圈和非人类生物有内在价值。当环境犯罪发生时，生物圈和非人类的生物群也是受害者。危害是可以从生态的角度评估的，它不需要人类中心主义。"②

一些国家的法律已经允许像保护人类一样保护非人类。例如，2017年，英国广播公司BBC报道，新西兰的旺格努伊河（Whanganui River）成为世界上第一条和人一样拥有合法权利的河流。新西兰政府的条约谈判部长克里斯·芬利森（Chris Finlayson）曾说："我知道一些人可能会觉得，将法律人格赋予自然资源是一件非常奇怪的事情。但这和家庭信托基金、公司或法人团体一样，并没有什么奇怪的。"③河流的基本权利是流动。如果一个水体不能流动，它就不可能是一条河流。因此，流动的能力是一条河流存在的本质。从这条河流的角度来看，修建这么多水坝，并从中提取这么多水，使它不再流入大海，是对其权利的践踏。

（四）小结

温茨（Wentz）在《环境正义论》中提出了同心圆理论（如图2-5）：我们与某人或某物的关系越亲近，我们在此关系中所承担的义务就越多，并且我们在其中所承担的义务就越重。义务的数量与亲密程度息息相关。因此，人类将是生态正义关注的第一个核心圆区，动物将是同心圆向外扩展的第二个圆区，无知觉的环境则是处于距同心圆圆心相对较远的第三圆区。距离圆区越远，人类所负的义务越是呈递减的。在当前情况下，环境正义下的被害人受到了关注，物种正义下的动物被害也受到少许关

---

① Fred H. Besthorn, "Speaking Earth: Environmental Restoration and Restorative Justice," in *Restorative Justice Today: Practical applications*, ed. Katherine Stuart van Wormer and Lorenn Walker（Los Angeles: Sage, 2013）, pp.233.

② Brian J. Preston, "The Use of Restorative Justice for Environmental Crime," *Criminal Law Journal* 35, no.3（2011）: 135-153.

③ 赵文庆：《全球首例！160多年后新西兰土著人"母亲河"获得法定人权》，据界面新闻，https://www.jiemian.com/article/1177032.html，访问时间为2017年3月16日。

注，生态正义下的生态系统则还没有展开研究。

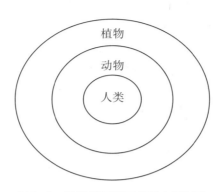

图2-5　温茨的环境正义同心圆理论

第四节　环境犯罪的原因分析

一、基本理论：环境犯罪原因的犯罪学阐释

（一）理性选择理论与环境犯罪

理性选择理论最初被引入犯罪经济学理论，它与威慑理论一样都是以功利主义为理论基础。理性选择理论假设犯罪是一个理性的行为，因此，罪犯决定冒险违法时通常考虑以下两个因素：一是他或她的个人情况；二是外部环境因素。外部环境因素主要是指国家如何做好"目标"被保护。然而，只有严格的立法却没有强制执行的效力对遵守法律的影响不大，这是因为潜在的违法者必须察觉到实施犯罪不但在法律规定中的处罚后果很严重，而且在实践中的"成本"也很高，才会放弃犯罪。

由于公司运用了理性的经济手段，其之所以违反环境立法继续污染，因为被执行的罚款比环保的生产成本低，这被犯罪学家称为"理性污染模型"，这里强调最简单的办法是提高罚款额度及其深入实施[1]。理性污染模型来源于经济理论。潜在的犯罪者从污染造成的环境破坏中权衡边际效益与边际成本（包括罚款或监禁）。如果企业遵循边际原则并希望最大限度地提高利润或以任何其他方式实现边际成本的边际利润，他们也可以是理性的污染者。如果污染导致成本高于利润时，环境才能得到保

---

[1]　Richard A. Posner, *Economic Analysis of Law* （New York, Aspen: Law and Business, 1998）.

护①。通过对理性污染者的数学模型的计算，理性选择理论得出结论：最有效也是最便宜的解决方案是增加罚款并确保得以实现。

（二）生产跑步机理论与环境犯罪

1980年，施耐伯格（Schneberg）第一次提出生产跑步机理论，是指超出生态系统的"承载能力"追求经济增长，持续创造对新产品的消费需求来追逐利润②。生产跑步机理论特别关注资本主义引发的不利生态影响。资本主义固有的扩张性倾向使它需要不断扩大原材料的消费来扩张生产和积累利润，迫使资本主义和自然处于敌对的关系，资本主义通过消耗自然来扩大生产。施耐伯格把生产跑步机描绘成一种复杂的自我强化机制。在此机制中，政客们对资本密集型经济增长所导致的环境衰退的反应是通过制定政策进一步鼓励经济扩张的做法。例如，他们并不是通过缩减消费或采用更为适度的生活方式来处理资源短缺问题，而是开放一个新的追逐利润的领域③。简而言之，生产跑步机理论认为，资本主义努力组织符合资本主义价值观的社会和经济生活方式驱动生态解组。

由于环境保护已经在政府的政策议程中作为一个重要项目出现，国家就必须日益平衡其双重角色，一方面作为经济发展的推动者，另一方面也作为环境保护的促进者，国家要在经济发展的同时考虑环境的可承受程度，有时国家就陷入双重身份的矛盾之中。在环境管理的过程中，政府也通过立法限制经济发展从而保护环境，但这种保护是有限的，某种程度上，仅仅为了应付公民的批评，实质上政府更怕保护环境会引起经济的停滞。为此，政府通过立法制定模糊的环境保护政策，同时放任资本积累下进行的经济开发活动④。

生产跑步机理论采用的政治经济解释的优势在于它从人类自身建构的政治经济体制的不公正角度，而不是从人类生态学家们所偏好的抽象的功能冲突角度来研究目前的环境问题，它是带有新马克思主义色彩的政治经济学。基于"环境破坏的扩大与资本主义发展有关系"这一论断上，另外一些更为尖锐的左翼批评甚至更加不留情面。马克思主义地理学家哈维（Harvey）谴责资本主义巨头们有意制造资源匮乏以便保持某

① Anthony Emery and Michael Watson, "Organizations and Environmental Crime: Legal and Economic Perspectives," *Managerial Auditing Journal* 19, no.6 (2004): 741-759.

② Allan Schnaiberg, "Reflections on My 25 Years Before the Mast of the Environment and Technology Section," *Organization and Environment* 15, no.1 (2002): 30-41.

③ 约翰·汉尼根：《环境社会学》，洪大用译，中国人民大学出版社，2009，第20页。

④ John A. Hannigan, *Environmental Sociology: A Social Constructionist Perspective* (London: Routledge, 1995), pp.21.

些产品的高价格。费伯（Ferber）和奥康纳（O'Connor）则指责，20世纪80年代和90年代，资本重组的目标就是扩大对工人和自然的剥削，这种重组包括资本在地理上的重新布局、工厂关闭和缩减规模等，目的是减少成本，如在污染控制设备上的花费等。

（三）合法性理论与环境犯罪

合法性，其词源学含义为："证明为有效""被授予权威"。统治者的统治地位使其理所当然地具有政治合法性，只要统治者有能力能够维持民众对政权的基本理念，就能获得民众对合法性的认同。因此，政府担负起了管理公共事务的职责，这是西方"现代性"在公共领域内充分彰显的后果。

这种方法提供了一个重要的解释，为什么一个企业要在立法框架内行动。合法性理论认为，企业要与社会认同相一致才能得以生存，如果违反了社会契约，生存维艰不说而且要受到"惩罚"。如果这个企业想要运作和存在，它需要社会的认可。因此，该企业面临四个潜在的可能性①：其一，该企业保持现状——它的运作符合规定，让公众了解到公司经营现状可以保持或提高公司的合法性。其二，该企业不能改变社会认同，它可以尝试以改变的方式获得社会认同，可以结合自己的运作情况选择对自己有利的方式来尝试改变以获得合法性。其三，该企业通过教育和告知，试图通过改变环境来获得合法性，这种做法实施难度大，不易被理解，但一旦成功将获取更多的资源。其四，该企业改变其经营方式，使其与社会认同相一致。

有学者提出企业为什么尝试按照合法性进行操作的几个基本原因有：其一，企业获得国家认同，获得公众信任，这是企业生存发展的基础。其二，合法性关联到企业的社会认同，也依赖社会支持和政治支持。其三，合法性是一个地位认可，当企业不具有合法性，很容易被社会公众识别。在世界各地有很多例子，公众舆论或社会团体（民间环保组织）的反应会影响环境污染企业的违规行为，甚至会阻止这些项目的启动。

例如，厦门、大连、宁波等地的PX项目事件。在厦门PX事件中，数千名激愤的厦门市民以"散步"的名义上街游行，表达反对在厦门建设PX化工项目的抗议。宁波镇海区引进PX项目导致近200名村民集体上访，与警方发生冲突，场面失控，后来陆续又出现人群聚集抗议活动。

① Katja eman M.A., Crimes against the Environment-Comparative Criminology and Criminal Justice Perspectives（Michigan:ProQuest LLC，2012），p.87.

（四）紧张理论与环境犯罪

默顿（Merton）的紧张理论似乎更适用于该国下层人群，因为他们实现梦想受到个人能力和社会结构本身的双重限制。尽管紧张理论主要关注下层阶级的犯罪行为，但默顿也承认白领犯罪的创新模式。默顿认为，在价值崩溃的状况下，人们有五种缓解紧张的行为适应形态（见表2-1）。

表2-1　价值崩溃状况与个人缓解压力、紧张的五种行为适应模式

适应模式	内容	文化目标	制度性手段
遵从（conformity）	采用制度性手段达成文化目标	＋	＋
创新（innovation）	不采用合法手段达成文化目标	＋	－
形式主义（ritualism）	放弃文化目标，克制自己的欲望（紧张状态）以谨守合法的手段	－	＋
退却主义（mistreat）	既放弃文化目标，也不遵从合法的手段，是两者的同时放弃。	－	－
反抗（rebellion）	放弃文化目标与合法手段，并用新的方法去达到新的目标。	－/＋	－/＋

注："＋"代表接受，"－"代表拒绝，"－/＋"代表拒绝和代替。

默顿认为他的方案是个人适应的类型学，具体表现为：一是遵从模式，即人们不仅可以通过经济上的成功，而且可以通过适度调节他们在生命的某个时段对生活的期望，使目标和方式之间更趋于现实化，由此获得非刑事的遵从。例如，延缓对需求的短期满足以追求长期的收益。二是创新模式，可以说这是犯罪人对压力最普遍的适应模式。当人们持续拥有经济成功的目标，但通过不法途径实现该目标时，就会产生创新。这样的个体遵循"不惜一切代价"或"以任何代价获得成功"的文化道德观念。三是形式主义模式，它是一种非犯罪人的适应模式，即永久缩减或者放弃不可能实现的成功目标，以及过度强调制度化手段。例如，官员总是遵章办事，而无论这些规则多么荒谬。四是退却主义模式，指集体逃避对合法成功目标的追求，而不论是采取合法手段还是不合法手段。例如，酗酒和吸毒。五是反叛模式，是对合法目标和方式的拒绝，并以新的目标和方式代替。例如，青少年罪犯的适应性被描述为"非功

利主义的、恶毒的和消极的"。

紧张理论中的某些观点可以用来解释环境犯罪的原因。企业以营利为目的，追求最小成本换取最大收益的利益最大化。合法获取利润要有相应合法的手段，才能实现企业的效益化目标，否则，会出现紧张状态。而市场经济竞争激烈，降低生产成本无疑是增大收益的重要因素，而购置先进排污装置等措施，无疑会增大生产成本，便使生产企业产生了紧张压力。为了缓解压力，有的生产、加工主体不愿对防污、排污设施的投资进行改进，或者在办理生产、排污许可时，虚构本不存在的事实或者夸大事实真相，以欺骗手段获取各种许可证件，导致非法、超标排污的产生，形成危害环境的犯罪。这与默顿紧张理论适应模式中的创新模式相一致，说明企业在从事生产、经营中，通过合法手段达不到所追求的文化目标，从而在紧张理论中寻找各种手段来进行行为适应模式，甚至以污染环境犯罪的方式达到目的。

二、系统原因：基于国外环境犯罪的宏观考察

所谓犯罪原因，是指引起犯罪现象产生的综合因素。这一综合因素包括特定的社会结构和社会背景环境、经济因素、文化因素、政策因素、习俗因素、气候因素、地理因素、区域因素、特定的社会矛盾与纠纷、个人心理和人格因素等等[①]。

在犯罪学研究史中，不同的学派和众多的学者运用不同方法和模式对犯罪原因展开了丰富多彩的研讨。其中，系统论的犯罪原因论与因素理论这两种研究模式应用最为广泛。

根据致罪因素在引发犯罪过程中所起作用的大小，将犯罪原因分为犯罪根源、犯罪动因、犯罪条件及犯罪相关因素，这也称为"系统论的犯罪原因论"[②]。在各种因素作用和影响犯罪的过程中，其对犯罪的影响力是有区别、分层次的，这种区别既有质量上的差别，也有联系远近的不同。犯罪根源是指引起犯罪产生的最深层的终极原因；犯罪动因是指直接引起犯罪行为的因素；犯罪条件是指影响犯罪发生和变化的外部因素，它包括时间因素、空间因素、犯罪对象因素及社会控制机制弱化因素。犯罪相关因素是对犯罪的发生具有一定影响作用的现象，其对犯罪发生所起的作用比犯罪动因和犯罪条件要小一些。

西方学者运用系统论的犯罪原因理论从六个方面对环境犯罪进行了

---

① 张旭主编《犯罪学》，厦门大学出版社，2012，第181页。
② 王牧：《犯罪学》，吉林大学出版社，1992，第273页。

分析①，这六个方面包括：一是阶级和企业；二是资本、人口和技术；三是可持续发展和商品生产；四是资源殖民和开创新市场；五是私有化、商品化和消费化；六是合法与非法市场。

外国环境犯罪产生的原因与我国不同，但在经济全球化进程中也有相似之处，因此，外国理论对环境犯罪产生原因的研究有助于开阔我国学界研究的视野。由于环境犯罪是全球性犯罪，我国经济发展也逐渐与国际接轨，环境污染也不可避免地重复西方发达国家的老路，分析西方发达国家环境犯罪的原因有利于我们进行比较研究。当然由于我国与西方国家社会制度形态不同，也要注意区分其差异所在。

（一）阶级与企业

有些学者认为在全球资本主义政治经济背景下，环境危害的大多数犯罪行为是资产阶级国家在跨国公司的背景下实施的②。这是因为它在社会中是最强大的群体，有能力造成最大的伤害。它与当代统治阶级联系在一起的权力和财富来源于对自然和人类的剥削，而全球经济是由某些核心阶层所掌控的。

此外，有权阶级（涉及企业和国家）犯罪的复杂性使得调查更为复杂。有权阶级追逐利益不但产生了很大的危害，而且他们掩盖了危害的本质。一般来说，他们也最能抵制使其行为入罪。阶级状况与犯罪的具体类型相关，因此，你处于哪个阶级结构将影响你从事的犯罪活动种类。确定资本主义内部犯罪的首要困难是国家法律反映了资本主义统治阶级的利益，因此，许多类型的社会危害性可能不被纳入犯罪。

企业通过广泛的企业广告和积极游说来宣传"企业的每一个行为都是对国家有利的"，以表明其生产是为了与国家的共同利益。任何阻碍经营的事情被认为是不合理的、不完善的，对经济不利且破坏私有财产的权利，等等。换言之，政府和企业普遍认为，在预防或阻止危害及潜在危害方面，市场应扮演最佳的裁判角色；而在监督和干预强大的商业利益时，则应以谨慎和节制的方式进行，避免过度干预。

因此，国家不应该在调控企业活动中发挥重要作用。经济精英和政治领导人之间密切联系、共通思想，体现在巩固反环境议程的政府平台方面，乔治·W.布什（George W. Bush）在任时的美国尤为明显。通过企

---

① Rob White, *Crimes Against Nature: Environmental Criminology and Ecological Justice* (London: Willan Publishing, 2008), pp.136–164.

② Michael J. Lynch and Paul B. Stretesky, "The Meaning of Green: Contrasting Criminological Perspectives," *Theoretical Criminology* 7, no.2 (2003): 217–238.

业的游说、智囊团的支持、企业友好的科研经费以及高层官员通过"旋转门"在政府与企业之间的流动，各国政府受企业的影响很大，该公司的私人利益转化为大规模的环境退化。

（二）资本、人口和技术

1.资本

要充分认识到环境犯罪的原因，非常必要的是把这些危害放置在世界范围内生产的主导模式上。资本主义生产方式被定义为特定的所有权模式和控制生产手段（如工厂私有制）、生产的特殊关系（如雇佣劳动而不是自给自足地生产）和生产的特定力量（如使用现代的方法和技术而不是传统的方法和技术）。对利润的追求使得资本家在生产中剥削工人，开发使用自然资源和追求新的消费市场。它也包括形成某种类型的人性——贪婪、占有欲、个人主义、自私自利——最适合资本主义生产消费周期。通过不断的宣传活动（如广告）来影响人类的情感生活，主要依据资本主义消费的特定类型划定社会生活。

2.人口

有学者指出"把大量的生态环境问题简化为一个简单的人口问题，通常会导致世界上的穷人成为替罪羊"[1]。托马斯·马尔萨斯（Thomas Malthus）关注"过剩人口"，他归纳出的人口自然法则定理对于我们今天依然适用。马尔萨斯认为平等制度不符合自然法规，而不平等状态则易于刺激人类克服好逸恶劳的毛病，在消费资料不能满足人类增长的情况下，一部分人必然遭到优胜劣汰。这种不言自明的"真理"一直被用来解决人口过剩问题，直指世界人类的弱势群体和边缘阶层，使制度和富人对环境问题不承担任何责任。然而，环境难民的到来——从南太平洋的岛国人民开始并迅速扩展到孟加拉国和其他处于危险区域的低地人民——将导致再次采用更加严厉的遏制方法来限制人口。

3.技术

控制人口不能解决起源于资本主义生产方式的问题，技术也一样。戴维森（Davison）认为，技术是一种社会实践，即产品和生产商的社会秩序和文化意义。对于商业利益，技术现在经常被吹捧为克服"限制增长"的关键手段。这种观点认为，通过技术进步确保生态良好[2]，但技术

---

[1] David Harvey, *Justice, Nature and the Geography of Difference* (Oxford: Blackwell, 1996), pp.381.

[2] Aidan Davison, *Technology and the Contested Meanings of Sustainability* (New York: State University of New York Press, 2001).

也有制造风险的可能。那种认为技术是"中立"的观点，事实上被用于掩盖社会、环境和军事的实质性分歧。

（三）可持续发展和商品生产

政府否认环境危害，通常与经济目标和呼吁可持续发展有关，而这从根本上将导致环境进一步恶化。在这些过程中，否定的核心是一种理所当然的文化：主张物质消费的继续扩张是可能的，不会以任何根本的方式伤害到生物圈。但是，这体现了人类中心主义的霸权统治根深蒂固。关于经济增长和商品生产的基本假设——占主导地位的世界观的核心组成部分——很难让许多人接受问题的本质就出在制度本身[①]。在当今时代，我们必须审视资本主义的本质，那么，就必须深入研究资本主义的政治经济结构，正是这些决定了公众对于环境损害的看法。

资本主义的动力是扩张。增加剩余价值的生产劳动——利润来源——要求剥削劳动的方式不断变化，并可以从简单的使用价值转化成交换价值。通过改变工作的机构，通过特定工作场所内的操作条件，通过变换先前非生产性或非资本主义形式的活动为生产劳动的场所，这是可以实现的。扩大再生产取决于商品生产的扩张，因为只有商品生产的资本雇佣劳动直接生产剩余价值。

资本主义在本质上意味着扩张。而这种扩张性——资本积累的扩大再生产——对环境有重大的影响。一方面，它意味着"自然资源"本身受商品化的变化过程影响，也就是现有的或潜在的使用价值转化成交换价值（如水的商品化）。另一方面，很重要的是把生产和消费的具体形式看作一个更大的生产单元。在资本主义制度下消费的本质是与生产的性质分不开的，生产决定消费，它决定消费方式、消费什么和如何消费，例如，生产的原料从根本上由生产者确定，而不是由终端的消费者确定。如果我们要理解消费作为一种社会关系，需要考虑资本主义社会支撑扩张消费的客观发展（即商品化的过程）和消费主义意识形态作为资本主义剩余价值的实现部分（生产的意义）。

（四）资源殖民化和创造新市场

1.生物剽窃和土著土地开发

当代殖民主义干预意味着，即使在有条约和有土地权利的地方，如不列颠哥伦比亚省和加拿大阿尔伯塔省，政府和殖民公司仍然可以自由

[①] Mark Halsey and Rob White，"Crime, Ecophilosophy and Environmental Harm，" *Theoretical Criminology* 2，no.3（1998）：345-371.

地利用原住居民的土地开发木材和水资源①。在许多情况下，殖民公司努力排斥土著居民参与决策过程，完全无视他们的权利。例如，在马拉灵加的土著家园（位于澳大利亚南部），在 1955 年和 1963 年之间，这里的土地受到英国核试验计划的严重影响②，当土著居民抗议部分公司和国家的权力时，他们经常会遇到压制。

因此，在北美，印第安人通过政治行动以阻止破坏他们土地环境的项目，从而挑战跨国企业巨头和政府，印第安土著居民被定为了犯罪并逮捕③。然而，印第安土著居民坚持认为，他们对于影响自身的环境决策应当拥有决定权，而不是简单的"咨询"。控制他们自己的自然资源将意味着能够使用他们自己的知识和技术来处理环境问题，而生物剽窃则破坏了这种可能性。

2.生物帝国主义与新市场的创造

在全球化食品生产制造背景下，农业和食品加工中使用新的技术和化学品给人类、非人类的动物、环境创造了各种健康风险。转基因生物提供了一个案例，其在食品生产中的应用或许是最令人恐惧的事情之一④。2002 年，赞比亚 250 万人在没有粮食供应的情况下仍然拒绝了美国提供的转基因食品援助，理由是对转基因食品的安全存疑，赞比亚也因此受到世界粮食计划署的警告。目前，那些不愿意采用转基因作物的国家都受到了巨大的压力。

（五）私有化、商品化和消费

资本是不断寻求投资和消费的新领域，目的是维护和增加利润。由于资本寻求创造新的消费形式，并将现有的或潜在的使用价值通过人类需求的商品化转换为交换价值，所以人类社会的每一个方面都可能受到改造。

如何在现存水平以特定方式促进消费欲望，这是关键问题。超越单纯物质生活水平的社会消费常表现为"消费社会"的崛起。在资本主义商品生产方式的诱导下，消费领域已经发生显著改变。消费在剩余价值

---

① Linda Robyn, "Indigenous Knowledge and Technology," *American Indian Quarterly* 26, no.2（2002）：198－220.

② Susan C. Boyd, Dorothy E. Chunn and Robert Menzies, *Toxic Criminology: Environment, Law and the State in Canada Rush*（Halifax：Fernwood Publishing, 2002）.

③ Linda Robyn, "Indigenous Knowledge and Technology," *American Indian Quarterly* 26, no.2（2002）：198.

④ Hazel Croall, "Food Crime," in *Issues in Green Criminology*, ed. Piers Beirne, Nigel South（London：Willan Publishing, 2007）, p.206.

的实现中起着至关重要的作用，因此，重点是通过创造新的需求、流行趋势或在加速技术创新基础上确保商品的快速周转，不断扩大消费商品和服务的数量。在结构方面，消费背后的理由不是满足人的需要，相反，它是满足资本的需求。消费是为生产服务，而不是生产为消费服务。

1.欲望和异化

努力通过消费实现快乐构成当代资本主义社会的一部分，因此，这种消费已被理解为一种社会现象。如今，消费已大大改变社会理念，它不仅仅基于需要，而是欲望。但是，消费需要一定的资格。举例来说，在西方，不是每个人，在发展中国家，也不是很多人有足够能力消费。

生产和消费之间的一个媒介是广告行业，广告在一定程度上促进所生产的东西被消费，而消费的增长在一定条件下可以为经济的无限增长提供前提。它覆盖密集，扩展到了生活、文化、意识等方面。我们今天必需的东西在以前都是不必要的（如吸尘器、小型摩托艇和迷你压缩机），广告是"消费主义"的公众形象，它越来越复杂并且极力影响消费者的购买模式和欲望。

欲望是一种强烈的倾向，欲望与需求相对应。欲望是为满足人们的需求匮乏的动机，需求分为本真欲望和贪欲，本真欲望是人的自由而全面发展所必需的那些客观条件，如人对食物和水的依赖，画家的绘画活动是发展自己天赋所依赖的条件和对象，这些都是本真欲望。贪欲不是人的生存与发展所必需的条件，它是制度、历史、文化等外在因素激发的产物，比如吃饱了的人在贪欲下吃野生动物。欲望对人的奴役称之为"欲望异化"，欲望异化使人背离了本真欲望，将自己变成了实现外在目的的工具，把对物欲的追求看作人生的价值目标。尤其是进入资本主义社会，贪欲将现代人带入了消费社会。

2.消费和满足消费者需求

生产者独占生产的商品权力垄断（如长期供应合同），生产者的行为不受公众监督和审查，公司提供的产品在超过最低限度的质量和安全要求上压力更小。商业秘密和不为公众知悉的情况经常交织在一起构成商业机密的概念。

以水处理为例，可以通过以下措施实现：不投资新设备（如更换水管）或工厂技术，或通过减少劳动力总量但同时继续提供相同数量的产品（如雇佣更少的维修工人）。最终，消费者在至少两个方面会受损：首先，鉴于供水背后的利润动机，有可能削减生产成本导致商品质量差。商品生产的重点不是生产有用或质量好的产品，它仅仅是出售商品。如果存在一个垄断市场的商品，这会减弱厂家提高产品质量的动力。其次，可能增加商品的价格（这是合理的、必要的，因为企业花费了更多的钱投入新技术等等）。但是定价控制源于公司的利润考虑，而不是实际生产成本。

价格问题的另一个维度是对产品质量的担忧，这也增加了替代水源（瓶装水）的销售数量。分配正义也与消费能力相关。低收入消费者（主要是穷人）只能获得质量较差的商品和服务。消费的不平等分配和环境风险暴露的分配不均之间有直接的相似之处，如有毒废物的位置。

（六）合法和非法市场

寻求利润采取不同的形式，利润动机也导致犯罪和越轨行为。就环境犯罪来说，通过合法和非法市场之间的重叠关系以及合法和非法行为之间的密切联系可以增强牟利。一种合法的市场是国家管制，开放面对公众监督，并根据法律规定活动。

非法市场是一个不受管制的、免税的市场，是地下或"黑色"经济的一部分。下面，通过以下案例来看：

1.非法采伐案例

印度尼西亚森林资源丰富，尤其热带雨林面积居世界第二位，但是每年有200多万公顷森林被砍伐，森林环境问题越来越突出，非法采伐是罪魁祸首之一。印度尼西亚的森林盗伐活动也越来越猖獗，滥伐活动甚至蔓延到防护林及其他禁伐的保护林，木材走私不但运到印度尼西亚国内非法锯木厂，还在合法证明的掩护下运到其他国家，背后的原因在于国际市场上可获得巨大利润。

2011年，时任印度尼西亚总统苏西洛·班邦·尤多约诺（Susilo bambang yudhoyone）首次针对6600万公顷的原始森林发布了暂停采伐禁令，之后不断将禁令延期，以期减少毁林后迹地焚烧①带来的碳排放。2014年，印度尼西亚依然被认为是世界上毁林最严重的国家之一。2019年，时任印度尼西亚总统佐科（Zonko）于8月5日发布禁令，永久停止

---

① 这是一种利用焚烧方法进行土地更新的技术，特别是在采伐后的土地上。这种方法通过焚烧被砍伐后的残留物，不仅有助于清理场地，还有助于促进新植被的生长。此外，焚烧还可以作为一种处理废弃物的方法，通过高温燃烧易燃或惰性残余废物，实现废弃物的无害化、减量化和资源化。这种方法多在大城市附近被采用，以处理废弃物并减少环境污染。在加拿大，这种技术被视为一种试验性的采伐迹地更新方法，通过焚烧来加速土壤的更新和生态恢复。

6610万公顷的原始森林和泥炭地上的采伐活动[①]。

2.野生动物走私案例

美国国务院公布的数据显示，野生动物走私与毒品走私、军火走私一起并列为世界三大非法贸易，交易额每年高达上百亿美元。其中每年非法买卖象牙10多万根、动物皮上千万张、犀牛角10多万吨。每年高达100亿美元的利润是野生动物走私贸易的主要原因[②]。国际野生动物贸易研究组织监测了31家文玩收藏类机构和相关电子商务平台，发现每个月的非法野生动物广告数量都在1500条左右波动，最高可达4000条[③]。

（七）小结

从西方学者对于环境犯罪原因的系统分析可以看出，环境犯罪的终极原因是资本主义制度，环境犯罪的直接原因是可持续的商品生产，环境犯罪的诱因是私有化和消费，环境犯罪的条件是资源殖民化和开拓新市场、合法与非法市场，环境犯罪的相关因素是人口、技术、资本。

实际上，该种研究模式主要侧重于在全局和宏观的视角下，分析某一社会特定时期的整体犯罪态势成因，优势是对于整体犯罪态势进行有力的深层次原因的剖析。

三、具体成因：基于我国环境犯罪的微观分析

因素理论主要侧重于对产生犯罪的直接原因和条件进行研究，探讨引起犯罪的因素与犯罪产生之间的关系[④]。犯罪的发生往往是社会、经济、文化、社区、政策、个体等多元因素综合作用的结果，上述各因素在犯罪原因系统中的地位和作用也是有差别的。

犯罪的文化原因是犯罪发生的最为深层次的原因，犯罪的社会原因往往是最容易被人提及的犯罪原因。犯罪的发生与经济问题息息相关，犯罪的政策原因也是分析犯罪不容忽视的因素，社区内的生态、地理、规划、人口密度、居民状况、富裕程度、建筑、居民间的组织或关系等因素也深深地影响着犯罪的发生。

无论上述哪种原因都需要作用于行为人的个体因素，行为人在个体

[①] 《印度尼西亚总统宣布永久停止砍伐原始林》，据木材网 http://www.chinatimber.org/news/70716.html，访问时间为2023年7月28日。

[②] 《美国国务院发布关于打击野生动物走私工作的简报》，据豆瓣网 https://site.couban.com/119254/widget/notes/3502751/note/247084232/，访问时间为2023年7月28日。

[③] 《平均每9天就有人走私野生动物》，据新浪财经 https://finance.sina.cn/2020-02-29/detail-iimxyqvz6828665.d.html，访问时间为2023年7月28日。

[④] 张旭、单勇：《犯罪学基本理论研究》，高等教育出版社，2010，第272页。

因素的推动下最终实施犯罪。个体的性格、不良心理、极端情绪等心理因素对犯罪何时发生、由谁实施以及实施的程度等都有着直接的影响①。由此看出，因素理论是一种主要侧重于近因和直接原因的犯罪原因分析模式，该研究模式对特定犯罪行为、犯罪群体的解读比较生动、直观，有助于厘清各种社会事实与犯罪之间的内在机理。对于我国环境犯罪的具体成因，笔者采用以下因素理论的研究方法分析影响环境犯罪的各种因素：

（一）人口因素

人口是人类社会的重要组成部分，人口规模对环境产生什么样的影响存在着不同的争论。马尔萨斯认为，人口增长是引起人类苦难和环境退化的根源，这是一种悲观的论调。经济学界的乐观主义者并不认为人口的增长和资源的稀缺会成为人类社会发展的瓶颈和障碍。因为每当人口和资源之间出现紧张的时候，也就是人口的增长超越资源供给的时候，人类总会运用自己的聪明才智发明出更廉价和丰富的物品来替代。

人口增长不一定必然导致各种环境问题的出现，也不是引发环境问题的唯一原因。但是，当其他条件相同的时候，较大的人口数量会对环境和资源有更多的要求，会导致更紧张的资源争夺，导致人类社会和经济环境的恶化。由于我国人均耕地少，为了生存，有些地区发生毁林造田、过度放牧、滥捕滥捞的现象。此外，人口与资源也形成紧张关系，人口增长需要大量的粮食资源，粮食短缺成为日趋严重的问题，这也是转基因食品能够有市场的原因之一。剧增的人口使得对能源的消耗也随之增加，导致非法开采金属矿物质犯罪行为的增多。

（二）科技因素

生物学家巴里·康芒纳（Barry Commoner）认为，先进的工业技术是导致环境发生变化的强有力的驱动力。科技不仅导致了生产力的极大提高，而且引起了社会、政治、经济、文化各方面的巨大革命，使社会生活的面貌发生了根本性的变化。土地上使用比以前多得多的氮肥和杀虫剂；衣服更可能是用纤维合成，而不是用棉毛制成；目前多用洗涤剂洗衣服，而不是用肥皂；人们更可能居住和工作在有着空调的环境中，而不是以前那样的环境②。在我们的身边，广告也随之增加，广告引导人们购买合成纤维的衣服和洗涤剂，但是，广告没有告

---

① 张旭主编《犯罪学》，厦门大学出版社，2012，第184页。
② 巴里·康芒纳：《封闭的循环》，侯文蕙译，吉林人民出版社，1997，第115页。

诉我们，这些先进技术的背后极大地造成了环境危害。

技术加速了资源的开发，并增加了污染。尽管技术也可以用来解决环境问题，但长时间来看，技术的后果有不可预料性，可能使人类遭受重大的损失。由于技术的误用、技术事故和技术异化导致的生态灾难让人无法遗忘。运用高科技的战争，对环境的破坏威力也更大。

生产技术的落后导致能源的利用率低，致使大量有毒有害废物排放到环境中，落后的污染治理技术使得环境污染更是雪上加霜。技术是一把"双刃剑"，既可以用来保护环境，也可以用来破坏环境。虽然人们的目的并非要破坏环境，但是很多环境问题是在人们利用技术生产和使用产品以满足各种需要的过程中产生的。

（三）文化因素

文化作为人的一种生活方式，塑造了人与生态环境的基本模式，因而也成为导致环境问题的重要因素。生态环境与文化之间互相依赖、互相影响。后现代主义从科技、经济、制度、文化等方面反思生态危机的原因，认为文化有其根源性原因。通过环境问题的文化反思，可以去体会人类与生态环境之间的血脉关系，寻找生态危机背后的文化根由，透视在文化视野中人所遇到的生态环境困境，揭示生态环境背后的文化危机的实质。

1.传统重私德轻公德导致环境意识淡漠

轻公德重私德是我国传统道德文化的一个重要特征，虽然近年来受到西方文化的冲击，但这种思想在我国国民中依然根深蒂固。在市场经济背景下，获取个人利益的最大化使得这种文化观更易于形成"公地悲剧"①的情况。具体表现为企业缺乏社会责任感、受害者不积极追究生产经营者责任、公众环境意识淡漠等。

笔者调研中发现，被告人一部分或者是无业，或者是农民，文化水平较低，他们对于环保的认识能力较低。正是因为缺乏相应的环保意识，农村成为破坏生态犯罪的高发地区。有些群众依然抱有"靠山吃山、靠水吃水"的心态，没有意识到诸如随意乱砍滥伐树木等严重破坏环境资源的行为会给社会、子孙后代乃至全人类带来巨大危害。

---

① 1968年，英国哈丁教授提出"公地悲剧"理论模型。他说，作为理性人，每个牧羊者都希望自己的收益最大化。在公共草地上，每增加一只羊有两种结果：一是获得增加一只羊的收入；二是加重草地的负担，并有可能使草地过度放牧。经过思考，牧羊者决定不顾草地的承受能力而增加羊群数量。于是，他便会因羊只的增加而收益增多。看到有利可图，许多牧羊者也纷纷加入这一行列。由于羊群的进入不受限制，所以牧场被过度使用，草地状况迅速恶化，悲剧就这样发生了。

2.消费主义文化导致资源浪费

当今世界，由于消费社会的扩张和消费主义文化的盛行所塑造的不可持续消费，已经成为导致人类赖以生存的地球环境出现严重危机的一个主因。消费主义于20世纪80年代传入中国，90年代中期后勃然兴起，风靡至今，方兴未艾，其中消费异化现象最为突出。例如，中国人几乎人手一部手机，中国每年有2亿块手机电池、1亿个手机充电器变为垃圾；在中国出售的商品，过度包装现象严重。从中国的情况来看，消费主义文化导致的大量生产和大量消费在给中国带来经济繁荣的同时，也带来了严重的资源短缺与环境污染问题。

3.法治宣传不足

课题组调研中发现，滥伐林木案件中有不少林区的农民对《中华人民共和国森林法》《中华人民共和国森林法实施细则》中关于林木要依法砍伐、先办手续后砍伐等的细节规定一无所知，对砍伐自家承包栽植的树木以及花钱买别人的树木不办理砍伐手续就进行砍伐的行为涉嫌犯罪非常不理解，往往在犯罪既遂之后仍不能认罪、不愿悔罪。

（四）经济因素

1.国家为了发展经济带来的环境问题

改革开放使中国进入转型期，西方国家一两百年完成的工业化在中国只花了短短几十年，就发展模式来说，我国实行优先发展重工业的战略。由于技术相对落后，不得不以消耗稀缺自然资源和污染环境为代价来参与国际竞争，争取"后发效应"。随着工业化进程和重工业的急速发展，生态环境恶化现象也不断加剧。城市化进程中的人口、资源、环境问题不断凸显，城市化进程中人口的剧增也给交通带来很多问题，机动车带来的环境污染问题也在不断增加。

2.犯罪动机多为非法牟利

随着人民生活水平的提高，"纯天然"的大门打开，有需求就有市场，因需求增大，木材的价格上涨。因此，一些人为追求"纯天然"背后的巨额经济利益而盲目向大自然索取；一些人为将投入的成本降到最低，不分时间、不分地点地违规开发林木资源，甚至不惜占用耕地改变农用地用途，如改建度假村换取所谓的经济发展。

以非法狩猎罪为例，一些当地人为了避免这些野生动物毁坏庄稼而大肆猎杀捕食，也有一些人猎杀野生动物从而贩卖谋取利润。一方面，很多人以"尝尝鲜"的态度期待野生动物被端上餐桌；另一方面，有些野生动物可以入药用来调理身体，甚至被吹捧为"灵丹妙药"用来抗癌，一些人为了挣钱则不惜犯罪。

（五）制度因素

职务犯罪跟制度因素有相关度，为了了解当今环境渎职犯罪的情况，笔者作了相关实证研究：

第一，笔者搜集了最高人民检察院公布的涉能源资源和环境渎职犯罪典型案件[①]，最高人民检察院15起生态环境领域犯罪典型案件中涉及环境职务犯罪的5个案件[②]，最高人民检察院加强生态环境司法保护并发布10个典型案件中涉及环境职务犯罪的5个案件[③]，以及部分省发布的生态环境领域职务犯罪案件（例如，河北省人民检察院公布的生态环境领域职务犯罪案件5个[④]，江苏省环境保护领域职务犯罪典型案件3个[⑤]，广东省通报的危害生态环境典型案件中涉及环境职务犯罪案件5个[⑥]）。

第二，笔者从裁判文书网查找到65份环境监管失职罪文书。

第三，笔者查找了2016—2022年福建、江西、贵州、海南4个生态文明试验区中环境监管失职罪，非法低价出让国有土地使用权罪，非法批准征收、征用、占用土地罪，以及违法发放林木采伐许可证罪的判决情况。从中分析其特点，归纳出规律，梳理出了重点领域和关键环节（见表2-2）。

---

① 这些案件分别是：郭某邦滥用职权案，殷某放非法批准征用占用土地案，吴某羽滥用职权、受贿案，崔某铭滥用职权案，韩某池、宁某新滥用职权案，苟某滥用职权、贪污案，山西省洪洞"12·5"特别重大瓦斯爆炸事故案，官某耀违法发放林木采伐许可证、受贿案，宋某英、张某甲、张某乙环境监管失职案，罗某福非法低价出让国有土地使用权案，张某明非法低价出让国有土地使用权、挪用公款案，陈某达帮助犯罪分子逃避处罚案。

② 这些案件分别是：陈某安、蓝某环境监管失职、贪污、受贿、私分国有资产案，曾某发环境监管失职、受贿案，李某坤玩忽职守案，谢某东、孙某伟玩忽职守案，杜某新玩忽职守、受贿案。

③ 这些案件分别是：腾格里沙漠污染环境职务犯罪案，李某丽滥用职权案，冯某滥用职权、受贿案，倪某佃等3人环境监管失职案，张某强环境监管矢职案。

④ 这些案件分别是：玉田县环保局原副局长赵某滥用职权罪、受贿罪，李某红等4人玩忽职守案，郭某平玩忽职守案，王某彦等18人玩忽职守案，张某敬等4人玩忽职守案。

⑤ 这些案件分别是：镇江市郭明生、宦某滥用职权案，淮安市王某先受贿案，泰兴"12·19"污染环境职务犯罪案。

⑥ 这些案件分别是：河源血铅案，即何某亮滥用职权罪、受贿罪；广州油罐车爆炸案，即袁某宏、李某青玩忽职守罪；连州市市委原副书记罗某生受贿案；水利厅原副厅长吕某明等涉嫌河道采砂许可证受贿案；连平县公安局原副局长黎某增非法采矿罪、受贿罪；清远市村委会原干部李某宗、陈某忠、陈某材、陈某云、薛某娣等5人贪污案。

表2-2　2016—2022年生态文明试验区环境渎职犯罪案件情况

罪名	福建	江西	贵州	海南
环境监管失职罪	2件	2件	0件	0件
非法低价出让国有土地使用权罪	2件	0件	0件	3件
非法批准征收、征用、占用土地罪	1件	1件	2件	1件
违法发放林木采伐许可证罪	8件	5件	2件	2件

1.环境职务犯罪呈现的特点

（1）环境职务犯罪案件呈波浪状趋势

以环境监管失职罪为例，2017—2018年达到峰值，后来逐渐减少（见表2-3）。其他几个罪名也是类似的趋势，这跟近些年来国家对生态文明建设领域的打击力度成正相关关系。

表2-3　2012—2022年全国法院审理环境监管失职罪案件情况

年份	2012	2013	2014	2015	2016	2017	2018	2019	2020	2021	2022
数量（件）	0	1	9	8	11	13	12	4	2	1	1

（2）环境职务犯罪罪名问题

环境职务犯罪罪名问题集中在滥用职权罪、玩忽职守罪、贪污罪、受贿罪。这是一般性的渎职罪名，渎职犯罪背后往往隐藏着贪污贿赂等职务犯罪。几乎一半的案件都存在相关职责的国家工作人员在收受好处费后，滥用职权、放任行贿人员非法行为的情况。生态文明建设领域专属的渎职犯罪，比如非法批准征收、征用、占用土地罪，违法发放林木采伐许可证罪，环境监管失职罪等数量相对较少，存在罪名分布不均衡现象（见表2-4）。也有学者对此作了更详细的调研发现，得出结论："污染防治领域的渎职犯罪较少，自然资源保护领域的渎职犯罪较多。"[①]

---

① 帅清华、程树武：《生态文明试验区建设过程中的渎职犯罪研究——以江西生态文明试验区为例》，《景德镇学院学报》2023年第2期，第116-121页。

表2-4　两轮中央生态环境保护督察组问责情况

批次	问责时间	问责人数	省部级干部	厅局级干部	处级干部
第一轮	2016年7月—2018年12月	6000多人	近20人	900余人	2800余人
第二轮	2020年5月—2022年6月	3371人	—	371人	1244人

（3）环境职务犯罪"窝案""串案"较多

例如，广东水利厅原副厅长吕某明受贿、渎职案中相关行政和监督部门负责人40人全部涉嫌犯罪，几乎"一窝端"。

（4）环境职务犯罪人员涉及范围广

环境职务犯罪人员上至厅级干部，下至有行政执法权和行政审批权的基层人员，甚至村级干部也有涉案。最高人民检察院发布的涉及环境职务犯罪的22件案例中，笔者统计出副市长2人、局级干部3人、乡级干部1人，其余为生态环境机关下属机构的负责人或工作人员。这跟两轮中央生态环境保护督察组问责情况相吻合。

（5）涉案的行政机关和发案领域相对集中

上述案例中，生态环境机关人员犯罪最多，占到1/3，其他"重灾区"为国土、林业、水利、矿产部门。发案领域多发生在环保日常监管、环境行政审批、环境行政处罚、环境专项资金补贴等领域。

2.环境犯罪职务案件背后的制度因素

环境犯罪职务案件多发的原因，笔者认为主要是制度因素，根源是规章制度不完备和执行乏力。权力缺乏规范有效的强有力的监督和制约，一些单位和部门的"一把手"，既是决策者和执行者，又是管理者和监督者，权力过于集中，刑事、行政执法间的衔接机制和社会化预防功能尚未充分体现。环境行政执法与刑事司法之间衔接不通畅，以司代刑，不仅放纵了环境资源领域内的刑事犯罪，也在一定程度上诱发了贪污贿赂和渎职犯罪的发生。

后来，环境职务犯罪案件逐渐减少，主要是因为两轮中央生态环境保护督察组的重拳出击。但是，执纪问责与刑事司法衔接的问题也要正视，第二轮环保督察问责中，给予党纪政务处分1509人（涉及厅级干部108人、处级干部576人）、诫勉782人（涉及厅级干部108人、处级干部377人），其他处理744人。

然而，实践中的环境渎职犯罪案件的犯罪人级别普遍较低，如江西省环境渎职犯罪"从被处理人员的级别看，厅级干部处理人数达到了38人，处级干部达到了156人，科级干部及以下为163人。与之相对应，司法机关判处的386名渎职犯罪人员基本是科级以下干部"①。由此可见，还要从制度上设计，实现环境渎职案件执纪问责与刑事司法的均衡。

（六）小结

综上所述，根据"刑事政策者，系国家或自治团体针对犯罪发生之原因，所采之各种预防或镇压之措施之谓"②这一概念，本节在阐述环境刑事政策时以环境犯罪的原因分析为起点。理性选择理论、生产跑步机理论、合法性理论、紧张理论都能从一个侧面揭示环境犯罪的原因。系统论的犯罪原因理论与因素理论这两种研究模式在犯罪原因应用中最为广泛。

西方国家围绕当代资本主义的基本制度和结构，运用系统论对环境犯罪的原因进行分析，包括：阶级与企业，资本、人口和技术，可持续发展和商品生产，资源殖民化和创造新市场，私有化，商品化和消费，合法市场和非法市场。

采用因素理论分析我国环境犯罪的原因，包括：人口因素、科技因素、文化因素、经济因素和制度因素。从环境犯罪的成因可以看出其原因形成是多种因素综合作用的结果，如果仅靠严峻的环境刑事政策并不能解决根本问题。

---

① 帅清华、程树武：《生态文明试验区建设过程中的渎职犯罪研究——以江西生态文明试验区为例》，《景德镇学院学报》2023年第2期，第116-121页。
② 谢瑞智：《中外刑事政策之比较研究》，台北"中央文物供应社"，1987，第13页。

第三章　上接政策调整:环境刑事政策的定位

大陆法系对于刑事政策的规定有广义、狭义和最狭义之分。以德国和日本为例,德国学者认为,广义刑事政策包括以防止犯罪为目的的刑罚诸制度,也包括防制①犯罪有关的各种社会政策。狭义刑事政策仅包括刑罚政策,不包括各种防制犯罪的社会政策在内。最狭义之刑事政策仅指刑法的立法政策②。日本刑法学者木村龟二认为:"刑事政策有广狭二义,广义之刑事政策乃在探求犯罪之原因而确立其对策;狭义之刑事政策旨在探求犯罪原因,研究犯罪对策,而批判现行刑罚制度之价值,且以确立改革刑罚制度之诸原则,并补充现行刑罚制度的犯罪对策之各种原则。"③

英美法系以美国为例,刑事政策包含在犯罪学的研究中,通常是在针对"犯罪原因论"实证研究之后,进一步提出预防及控制犯罪和社会失序的对策。可见相当于大陆法系的广义刑事政策。

我国台湾地区学者徐福生认为:广义的刑事政策在理论及实践中存在范围宽泛不易专精的缺陷。狭义说研究刑罚制度,目标明确,但忽略了防制犯罪的社会政策。最狭义说仅限于刑事立法,更不足以预防犯罪④。

我国台湾地区另一学者林纪东认为刑事政策有广义和狭义两个概念:"广义说认为,刑事政策是探求犯罪原因,从而树立防止犯罪的对策。狭义说则认为,刑事政策是探求犯罪原因,批判现在的刑罚制度及各种有关制度,从而改善或运用现行刑罚制度及各种有关制度,以期防止犯罪

---

① "防制"一词可参见曹兴华、谭晓文:《我国台湾地区"洗钱防制法"2016年修正及其评介》,《海峡法学》2022年第1期,第18-27页;康均心、刘猛:《我国中小学校园性侵犯罪的防制》,《青少年犯罪问题》2014年第2期,第87-93页;赵贇志、黄晓亮、安如喜:《论防制假冒伪劣商品犯罪的刑事政策》,《法学杂志》2012年第12期,第30-36页。

② 许福生:《刑事政策学》,中国民主法制出版社,2006,第4页。

③ 谢瑞智:《犯罪学与刑事政策》,台湾文笔书局,1991,第119-120页。

④ 许福生:《刑事政策学》,中国民主法制出版社,2006,第9页。

的对策。"①

我国内地也有诸多关于刑事政策的定义，马克昌教授指出，刑事政策是根据我国的国情和一定时期的犯罪进行有效斗争的指导方针和对策②。卢建平教授认为，刑事政策是在"综合分析犯罪现象的基础上，为打击与预防犯罪所提出问题的社会和法律的战略"③。李希慧教授将刑事政策定义为：刑事政策是指国家和社会为了实现预防、惩治和控制犯罪的目的，依据犯罪现象的发展变化趋势，针对犯罪行为和犯罪人而制定、调整和执行的包括刑罚手段和非刑罚手段在内的一切方法和措施④。

笔者在这里采用狭义刑事政策的概念，这里仅包括刑罚政策，不包括各种防制犯罪的社会政策在内。在第八章，笔者专门论述环境犯罪的预防措施，这样也可以使本研究的视域更加专精。

第一节　风险社会语境下的环境刑事政策

一、环境刑事政策概述

（一）环境刑事政策的概念

作为刑事政策和环境政策子概念的环境刑事政策对环境犯罪采取的应对策略，其目标不能偏离环境政策，也要与国家总的刑事政策相一致，既要惩治、控制环境犯罪行为，也要促进资源节约型和环境友好型社会建设，实现可持续发展的目标。

具体来说，环境刑事政策是指为了保护被害人的环境权和犯罪人的人权，为保护、恢复和改善生态环境的目的制定的包括刑罚手段和非刑罚手段在内的一切方法和措施，最终是为实现经济、社会和环境的协调发展。

（二）环境刑事政策的特征和分类

环境刑事政策的特征有两个：第一，表现形式多样。可表现为法律文本形式，如国家环境法规、党的环境政策文件等；也可体现为非法律文本形式，如党和国家领导人的讲话，有关公权力机关的决定、决议、

---

① 莫晓宇：《刑事政策体系中的民间社会》，四川大学出版社，2010，第28页。

② 马克昌主编《中国刑事政策学》，武汉大学出版社，1992，第5页。

③ 卢建平、张旭辉：《刑事政策的概念与方法》，《中南大学学报》（社会科学版）2004年第1期，第21-27页。

④ 李希慧、董文辉、李庭煜：《环境犯罪研究》，知识产权出版社，2013，第21页。

通知等。第二，惩罚手段多样。除了刑罚手段，还包括行政手段、经济手段、民事手段、教育手段，如现在调节、和解、补尝、恢复也受到人们的重视。

环境刑事政策按照运行领域的不同，分为环境犯罪立法政策、环境犯罪司法政策以及环境犯罪执法政策。环境犯罪立法政策是环境犯罪刑事政策在立法活动中的贯彻和体现，主要包括犯罪圈的划定、刑罚圈的划定及刑罚配置等问题。环境犯罪司法政策，是指司法机关在运用刑法的活动中所奉行的刑事政策，其主要体现在量刑环节的贯彻上。环境犯罪执法政策主要是刑罚执行机关或有关机关将针对环境犯罪所处的刑罚和其他非刑罚措施付诸实施过程中应当贯彻的政策。

二、风险社会与刑事政策

（一）风险社会

英国著名社会学家吉登斯认为，现代化使人类处在自身所"制造"的"风险"之中。贝克强调现代社会是风险社会，社会的复杂性拓展深化了风险的可能性。风险不是一个新时代的发明，它们是所有社会的特征。在过去，风险针对大多数个人，但现代社会的今天，每个人不再有可能逃离风险，因为风险没有边界。

随着全球社会化的趋势，风险也跨越了国界，不仅超越了富人和穷人之间的区别，也超越了社会形态和经济差别。人类直接感知不到风险（例如，放射性以及空气、水和食物中的有毒物质），它们只有通过科学与特定的仪器才可以被检测到。在大多数情况下，危害后果不会立即出现，而在未来将会带来严重的甚至毁灭性的后果。现代风险包含有自食其果的效应，或早或晚，也会危害那些制造了它们并从其获益的人类。

（二）风险社会与刑事政策

风险社会中不安全因素的广泛存在给社会治理和公共政策带来了新的问题，刑法作为最后的调控手段也要应对风险带来的破坏性和不确定性。刑事立法和司法活动都是在刑事政策的指导下进行的，所以风险社会下刑事政策的确定会影响刑法的运行。并且，刑事政策面对中国进入风险社会这种社会变迁的现实也应该作出相应调整，以积极的姿态主动寻求有效防范和控制风险的对策。

对于风险，社会刑法如何应对风险，出现了很多观点：肯定论者认为，传统意义上强调以权利保障为导向的刑法观不能适应当代中国这样一个风险社会，应引入风险刑法理论，也就是由罪责刑法向安全刑法转变，以充分发挥在化解社会风险时刑事政策和刑法应有的作用；否定论者认为，当下中国，权利保障仍然应当是第一位的，如果在权利保障的目标都还没有实现的情况下，强调风险，强调用刑法来预防风险，反倒是为人权保障埋下了巨大的隐患；折中论提倡安全与自由的均衡、刑法谦抑与扩张的统一、刑事打击与犯罪预防的统一，应采用渐进方式处理好刑法机制与刑事政策灵活性的妥协问题。

也有论者认为上述观点有冒进、保守、折中倾向，提倡宽严相济的两极化刑事政策[①]，也就是"有进有退，有所为有所不为；该严则严，当宽则宽"。具体来说，对制造严重风险的行为，刑法应当严，应当进，以防范风险；对轻微犯罪刑法应当宽，应当退，以促进社会和谐。

笔者赞同最后一种观点。风险具有多样性，刑罚只是一种应对方式，风险社会背景下的刑事政策需注意平衡好自由保障与风险安全防范的关系。刑法提前介入有其合理性，但要把风险刑法作为传统刑法体系下的一种极其严格的例外来加以处理；而刑罚之外的其他社会手段可以提前介入，将风险控制在最小状态。

三、风险社会语境下环境刑事政策的应对

刑法在不同时代具有不同的使命与担当。随着社会的变化，刑法需要不断完善。作为社会治理工具，刑法的规定与社会稳定程度相关。在风险社会中，刑法应以社会秩序和公众安全为指引，发挥预防性功能。环境犯罪威胁人类生存与发展，影响每个人的生活质量。为预防未来风险，环境犯罪需早期控制，传统刑法中的"终局性"定位往往使刑法对生态环境污染的处理能力不足。刑法必须及时应对高度危险的可能性行为，否则会引发公民恐慌及社会性事件，故不能片面强调刑法谦抑而忽视应当惩治的环境犯罪。

预防犯罪比事后制裁更有价值，可体现人文关怀，促进社会和谐。犯罪行为总是与法律利益的损害有关，无论犯罪后的刑罚多么公正，都无法弥补犯罪的事实和造成的损失。违法性的基础由结果无价值向行为无价值转化，处罚根据主观化体现了刑法介入的早期化。具体到环境犯罪来说，在生态文明建设不断推进的同时，生态环境犯罪形势依然严峻。事后刑事追责不能满足国家建立完备的生态环境法律制度的需要。针对生态环境犯罪造成的生态危机，必须重视刑法中"预防对策"的确立。

---

① 齐文远：《应对中国社会风险的刑事政策选择——走出刑法应对风险的误区》，《法学论坛》2011年第4期，第12-20页。

纵观对于环境犯罪的四次修订，我国环境犯罪的治理发生了根本性的转变，那就是惩罚主义式微，预防主义勃兴，治理理念已然从惩罚主义转向为预防主义[①]。加强生态环境犯罪的预防是国家治理现代化的客观需要，生态环境犯罪的发生机制决定了必须坚持以预防为导向的治理思路。

第二节　非传统安全语境下的环境刑事政策

一、非传统安全概述

2015年出台的《中华人民共和国国家安全法》将"国家安全"定义为：国家政权、主权、统一和领土完整、人民福祉、经济社会可持续发展和国家其他重大利益相对处于没有危险和不受内外威胁的状态，以及保障持续安全状态的能力。

（一）从传统安全到非传统安全

1.传统安全

传统安全主要是指军事安全和政治安全，指一个国家以军事力量和军事手段维护自己的生存不被武力侵害，如主权不受侵犯、领土不受侵入、政权不受颠覆等。冷战结束后，传统安全呈现边缘化趋势，非传统安全问题凸显。

2.非传统安全

非传统安全是指非国家行为体采用非军事手段对主权国家的生存、发展和国民人身安全、社会稳定形成的威胁[②]。如经济安全、信息安全、能源安全等。非传统安全威胁不仅改变了各国对安全威胁来源的判断，而且使人们对安全议题的研究在观念和视角上发生了转变。2015年出台的《中华人民共和国国家安全法》将习近平总书记倡导的集传统安全与非传统安全为一体的"总体国家安全观"写入法律条文，这预示着我国开始从国家安全的重大战略角度审视非传统安全问题。后续各个场合，习近平总书记都多次提到非传统安全。

3.非传统安全与传统安全之间内在的联系

非传统安全问题与传统安全问题没有明确的界限，非传统安全问题可能会激化为传统安全问题从而引发国家冲突。应对非传统安全威胁需

---

① 王勇：《再论环境犯罪的修订：理念演进与趋势前瞻》，《重庆大学学报》（社会科学版）2021年第5期，第197-207页。

② 傅勇：《非传统安全与中国》，上海人民出版社，2007，第1页。

要建立综合安全保障体系，动员包括对付传统安全威胁手段在内的一切手段和工具。总之，非传统安全研究以解决中国现实面临的许多新型安全难题为切入点，对中国的未来发展有着丰富而深刻的含义。

（二）非传统安全的特征

第一，传递的跨国性。非传统安全具有全球性、跨国性的特点，不是某一个国家单独面对的问题，在地域上呈扩散趋势。第二，成因的隐蔽性和结果的不确定性。非传统安全的威胁来源隐蔽、多样和复杂，甚至其后果的破坏程度超出非传统安全的威胁。第三，表现的多元性。非传统安全威胁的表现形式各式各样，既包括政治、种族、宗教、文化和民族冲突，也包括有组织犯罪、海盗和恐怖主义活动①。第四，界限的关联性。非传统安全的各个子系统相互关联，相互转化，触动某一领域可能会导致其他领域也发生危机效应。

二、生态安全与生物安全

（一）生态安全与生物安全的概念与特征

1.生态安全

生态安全是指生态系统的完整性和健康的整体水平，尤其是指生存与发展的不良风险最小以及不受威胁的状态。生态安全问题可以划归非传统安全领域，因为生态安全具有非传统安全的特征，具体表现在：

第一，生态安全具有非传统安全的跨国性特征。生态问题已经从区域性问题演变成全球性问题，环境污染不再限于城市与工厂周围，已经蔓延到广大农村甚至跨越了国界。第二，生态安全具有非传统安全的成因的隐蔽性和结果的不确定性特征。污染本身具有隐蔽性、长期性、复杂性等特点，危害后果在短期内不会显现。第三，生态安全具有非传统安全的表现的多元性特征。生态安全问题涉及多个领域。生态安全的主体不但包括国家，非政府组织和公民也在生态安全中发挥着积极作用。第四，生态安全具有非传统安全的界限的关联性特征。布赞在《新安全论》中明确提出，生态安全与军事安全、政治安全、经济安全、社会安全相互关联，认为生态安全与军事安全一样具有同样重要的作用②。

2.生物安全

习近平总书记在2020年3月2日的讲话中强调，"将生物安全纳入国

---

① 王小东：《信息时代的世界地图》，中国人民大学出版社，1997，第44-46页。
② 迪·怀尔德、巴瑞·布赞、奥利·维夫主编《新安全论》，朱宁译，浙江人民出版社，2003，第10页。

家总体安全的重要组成部分"，这一论述的提出具有深远意义。2021年《中华人民共和国生物安全法》的出台具有非常重要的意义。

生物安全一般是指由现代生物技术开发和应用对生态环境和人体健康造成的潜在威胁，以及对其所采取的一系列有效预防和控制措施。生物安全具有鲜明的科技性、显著的传递性、高度的风险性三个特征[1]。

（二）生态安全与生物安全的关系

生态安全的实现需要保护生态环境的完整性，保护生物多样性，维护自然资源的合理利用，以及防范生态灾害等。生物安全则更加聚焦于防范生物因素对人类健康和社会稳定的威胁。生态环境的稳定和健康对于生物的生存和繁衍至关重要。一个稳定健康的生态环境有助于保持生物多样性，维持生态平衡，从而减少生物因素引发的安全风险。反过来，生物因素的扩散、突变或破坏也可能对生态环境产生影响，进而影响整个生态系统的稳定。可见生态安全的范围大于生物安全。"当今世界，已经没有哪个国家可以单独治理诸如气候变暖或新冠肺炎疫情这样的全球性非传统安全问题，都需要国家具有超越军事安全的治理能力。"[2]可见，生物安全与生态安全都是备受关注的非传统安全问题。

关于生物刑法与环境刑法的关系，学者有不同的争论，有学者主张"生物安全法益是包含国家安全、公共安全、个体安全的三层结构，属于极端重要法益，环境安全并不涉及国家安全，两者对公共安全、个体安全的威胁程度也不同，生物刑法需要从环境刑法中分离"[3]。在当前我国刑法体系之下，环境犯罪与生物犯罪所指向的客体具有同质性；在范围上前者更广，涵盖了后者；在具体表象上，后者更为新颖且可能突破人类传统认知范畴。二者之间的规范关系应当是生物安全犯罪且属于环境犯罪的一个大类[4]。笔者在这里采纳主流学说，支持"生物刑法是环境刑法的一个子系统"的观点。

① 焦艳鹏：《总体国家安全观下的生物安全刑法治理》，《人民论坛·学术前沿》2020年第20期，第36-45页。
② 余潇枫、章雅荻：《广义安全论视域下国家安全学"再定位"》，《国际安全研究》2022年第4期，第3-31页，第157页。
③ 姜涛：《生物刑法与环境刑法分离论之提倡》，《政法论坛》2021年第5期，第110-124页。
④ 汪千力：《生物安全视角下的环境刑法立法研究》，博士学位论文，中南财经政法大学刑事司法学院，2022，第43页。

三、非传统安全语境下环境刑事政策的选择

非传统安全作为一种新的视角，有学者敏锐地提出"作为社会安全的最后和最重要的保障法，刑法的整体机制将对这一新政策作出相应的调整和变化"[1]。目前，有学者已经在非传统安全视野下研究恐怖主义犯罪[2]、毒品犯罪[3]、食品犯罪[4]，生态安全则属于非传统安全，当前非传统安全的研究以及治理对策对于我们应对环境犯罪无疑有借鉴作用，审视非传统安全领域的理念对于确定环境刑事政策具有重要意义。

（一）非传统安全研究影响刑事政策的选择

1.环境刑事政策要复合化、多元化

与以往军事、战争威胁较单一的形式相比，非传统安全涵盖的领域显得十分复杂多样而难以应对。其在安全领域、安全主体、安全重心、安全价值上的多元性需要综合运用多种手段、多种方式加以应对。因此，综合运用多种手段进行治理是未来应对非传统安全威胁的可靠途径，依赖单一机制或者过分强调单一机制都是难以奏效的。

"国家安全治理体系正在进行由单一治理主体向多元治理主体、强制治理向综合治理、行政治理向法治治理、封闭治理向开放治理的多重转变"[5]。由此，环境刑事政策也要避免片面化和单一化，综合运用法律、文化、社会管理、经济、教育、伦理等多种措施，凸显出环境刑事政策的复合化、多元化特征。

2.刑事政策要将事后刑事打击与事前犯罪预防相结合

非传统安全理念倡导的安全观蕴含区分短期应对性和长期可持续性建构，更注重寻找问题发生的根源。"短期应对与长期建构的结合是应对非传统安全问题的着眼点和关键"[6]，这一点反映在刑事政策上就是用事

---

① 陈璐：《新国家安全观要求刑法转变整体机制》，《中国社会科学报》2014年8月21日第A07版。

② 王雪莲：《预防性恐怖活动犯罪立法的正当性根据——从非传统安全理论切入》，《刑法论丛》2020年第2期，第1-32页。

③ 胡江、沙良旺：《非传统安全视野下的毒品犯罪治理模式探究》，《河南警察学院学报》2022年第2期，第14-21页。

④ 李莎莎：《非传统安全视角下食品安全犯罪的刑事政策及立法》，《河南大学学报》（社会科学版）2014年第2期，第48-55页。

⑤ 李文良：《新时代中国国家安全治理模式转型研究》，《国际安全研究》2019年第3期，第45-69页、第157-158页。

⑥ 浙江大学非传统安全与和平发展研究中心、塔里木大学非传统安全与边疆民族发展研究中心编《非传统安全研究》，知识产权出版社，2010，第50页。

后刑事打击与事前犯罪预防相结合来应对生态安全，刑事惩罚是短期应对，事前预防是长期建构，两者的结合也印证了刑事政策的复合化、多元化特征。

正如有学者所言："非传统安全犯罪作为一种新类型犯罪的出现，对关注逻辑自洽与原则演绎的传统刑法研究范式提出了挑战，刑法学研究不仅应破除与其他法域的学科壁垒，亦应跨越整个法学领域，到政治学、哲学、社会学、经济学等领域汲取必要之营养，最终实现传统刑法体系的结构性调整。"[①]

（二）非传统安全语境下环境刑事政策的趋势

1.宽严相济基础上的"从严"

非传统安全犯罪作为一种具有不确定性和全球性的深层次风险犯罪，呈现出与传统安全犯罪截然不同的特征。与传统安全犯罪相比，非传统安全犯罪的危害范围更为广泛，因此，需要制定更为严密的刑事政策，将法益保护前置化，以便更好地控制非传统安全风险的蔓延。环境犯罪作为一种非传统安全犯罪，其危害可能在较长时间内逐渐显现，对社会和生态环境造成巨大的伤害。为此，刑法应当调整其规制策略，以更加严格的手段来治理环境犯罪，保护生态平衡和公共利益。

2.重视社会政策治理

"新社会防卫论"秉持着一种综合性的犯罪防治理念，不仅反对简单地依赖刑罚手段，而且强调在犯罪防控中应充分重视预防手段的效力。该理论主张刑法应与其他法律、社会手段紧密结合，形成多层次、多领域的犯罪抗制体系，以更有效地维护社会的安宁与秩序。生态安全作为公共安全的一部分，具有特殊的性质和特点，因此，其防范策略需要与传统的安全问题有所不同。生态安全问题常常表现出突发性、隐蔽性以及多样性等特征，这要求我们必须更加重视生态安全的预防性策略，将社会政策防控列为重点。

第三节　我国环境刑事政策的定位及影响

一、环境政策对环境刑事政策的影响

环境政策指党、国家、政府和司法机关，根据我国环境保护要求需

[①] 阎二鹏：《非传统安全犯罪：范畴厘定与刑法教义学转型》，《法治研究》2017年第2期，第29-36页。

要制定的旨在保护和改善生态环境的指导方针、行为准则，包括纲领、决议、计划、报告、规划、意见、预案、通知、领导讲话等。

（一）环境政策对环境刑事司法文件的影响

环境政策不断强化生态环境保护，反映在党政环境政策文件中，也在强调"加强环境治理保护"等举措。司法机关在发布环境司法文件时，也着重强调应"加大生态环境资源案件审理力度""严厉打击环境资源违法犯罪"等，以应对环境政策日益严格的态势。

例如，2023年8月9日，最高人民法院、最高人民检察院联合发布《关于办理环境污染刑事案件适用法律若干问题的解释》（简称2023年《解释》），对于该解释的背景，最高人民法院起草部门指出："2023年7月，习近平总书记在全国生态环境保护大会上发表重要讲话，深刻阐述了新征程上推进生态文明建设需要处理好的五个重大关系。他强调，要始终坚持用最严格制度最严密法治保护生态环境，健全美丽中国建设的保障体系。"①

（二）环境政策对环境刑事案例指导制度的影响

我国指导性案例（含典型案例）往往将政策、公共议题等作为遴选因素②。在各高级人民法院发布的生态环境司法典型案例中，受环境政策"启发"而形成的"全国首案""全省首案""地区首案"俯拾皆是。并且开始重视在一些环境纪念日（如6月5日世界环境日）前后发布一批典型案例。2023年8月15日是首个全国生态日，公安部公布了10起破坏生态环境犯罪典型案例③。2023年8月15日生效的2023年《解释》也是典型做法④。

综上，在制定环境刑事政策时，我们必须紧密结合我国的环境政策。有学者发现，"生态环境领域刑事政策的确立受到环境政策与刑事政策的双重影响。环境政策与刑事政策一致时，生态环境领域的犯罪惩治效果

---

① 周加海、喻海松、李振华：《〈关于办理环境污染刑事案件适用法律若干问题的解释〉的理解与适用》，《人民司法》2023年第25期，第58—69页。

② 郑智航：《中国指导性案例生成的行政化逻辑——以最高人民法院发布的指导性案例为分析对象》，《当代法学》2015年第4期，第118—128页。

③ 甄珺茹：《首个全国生态日！公安部公布破坏生态环境犯罪典型案例》，据新京报 https://www.bjnews.com.cn/detail/1692076631129435.html，访问时间为2023年8月15日。

④ 《首个全国生态日，"两高"联合发布环境污染犯罪司法解释》，据光明网 https://legal.gmw.cn/2023-08/09/content_36756307.htm，访问时间为2023年8月9日。

较好，反之则惩治效果较差"①。当前的环境政策是融合了社会经济发展与生态环境保护的政策，在这种环境政策的指导下，我们能够确保环境刑事政策与国家环境保护目标相一致。

二、环境刑事政策的定位

（一）该严则严，有所为

为应对风险社会的形势需要以及非传统安全面临的态势，再加上环境犯罪本身的特点，加大对其防控、惩治的力度是有其根据的。《刑法修正案（十一）》进一步加大了对污染环境犯罪的惩处力度，污染环境罪的法定刑由过去的两档增至三档。2013年《最高人民法院、最高人民检察院关于办理环境污染刑事案件适用法律若干问题的解释》（简称2013年《解释》）第一条将污染环境罪的入罪门槛由"行为入罪-结果入罪"调整为主要以"行为入罪"，更是体现了加大污染环境犯罪惩治力度的立法精神。

再如，当前，破坏野生动物资源犯罪仍然处于高发多发态势。2023年《最高人民法院、最高人民检察院关于办理环境污染刑事案件适用法律若干问题的解释》（简称2023年《解释》）又充分体现了对于污染环境罪从严治理的刑事政策，这是最高司法机关就环境污染犯罪第四次出台专门司法解释，充分体现了最高人民法院、最高人民检察院依法严惩环境污染犯罪的坚定立场。

（二）当宽则宽，有所不为

从惩办与宽大相结合的刑事政策到宽严相济的刑事政策，中间也经历了严打活动带来的局限性，是在批判的基础上总结出来的宽严相济政策。从字面表述来看，将"宽"置于"严"前，这并非简单地排列上的调整，而是表明二者对"宽""严"的侧重有所不同，本身也体现了一种政策理念②。首先强调宽，既体现"刑法是最后一道防线"的理念，也体现了对保障人权的关注。

具体到环境刑事政策，环境犯罪本质上是人类生存竞争和发展竞争的产物，其发展本身必然伴随对生态系统的破坏。"两山论"既要经济发展，又要生态保护。笔者认为，在经济活动中产生适量的污染因素是具有社会相当性的，是应当可以被容许的，问题的关键在于"度"的把握。

---

① 焦艳鹏：《生态文明保障的刑法机制》，《中国社会科学》2017年第11期，第75-98页、第205-206页。

② 李希慧、董文辉、李冠煜：《环境犯罪研究》，知识产权出版社，2013，第25页。

环境刑事政策应该当宽则宽，要防止以重判求得一时痛快的集体非理性，应当有所不为。2023年《解释》专门设置从宽处罚条款，允许根据认罪认罚、修复生态环境以及合规整改情况，在必要时作出罪或者其他从宽处理。

（三）宽严适度，有进有退

宽严相济的刑事政策中，"宽"字当头，立足于"宽"；"宽"是原则，"严"辅助"宽"，用以对宽的纠偏[①]。我国之前的环境政策偏重经济发展，对于环境犯罪惩罚总体处于宽缓的状态，"两山论"提出后，环境政策呈现经济发展和环境保护"并行"的趋势，因此，适度从严是对之前从宽的一种纠偏，体现了宽严相济中的"济"。

对制造严重生态环境风险的行为，刑法应当严，应当进，以防范风险；对轻微环境犯罪，刑法应当宽，应当退，以促进社会和谐。换言之，注重环境刑法的严密化而非重刑化，严而不厉，有进有退，侧重于构建体系性预防和常态性监管。

在对于经济发展的界定方面我们应当持一种灵活的态度。对于那些在一定范围内进行的经济活动，我们宜采取宽松的处理方式，允许其在适度的范围内存在一定程度的环境影响。然而，一旦这些活动超出了界限，进入了过度发展的领域，我们就必须果断地采取严厉的打击措施，以维护生态平衡和环境健康。这种处理方式既考虑了经济发展的需求，又保护了环境的可持续性。

宽严适度意味着我们要在维护社会自由和秩序之间找到平衡，不偏废任何一方。我们致力于实现自由与秩序的良性互动，以确保经济发展与环境保护能够相互促进、相得益彰。这种平衡的取舍不仅关乎社会的整体利益，也涉及每个人的权益。同时，我们要纠正过往环保立场中的极端观点。人类中心主义和生态中心主义观念都有其片面性，未能全面理解人类与自然的关系。我们需要摒弃过于人类中心主义的立场，也不可陷入生态中心主义的极端，而是要在合理的范围内，保护自然环境的同时确保人类的合法权益得到充分考虑。

总之，环境刑事政策的制定要求我们保持辩证的思维。我们需要综合考虑各种因素，不仅仅是犯罪预防，还包括经济发展和环境保护。通过综合性的分析和权衡，找到犯罪预防、经济发展和环境保护之间的平衡点，这样的环境刑事政策才能在维护社会稳定和可持续发展的同时，

---

① 牛忠志：《环境犯罪的立法完善——基于刑法理论的革新》，博士学位论文，西南政法大学法学院，2013，第36页。

确保环境的健康和可持续性。

三、环境刑事政策对环境犯罪的影响

（一）环境刑事立法政策对环境刑事立法的影响

1.立法目的需要转变：从人类法益到环境法益

传统人类中心主义法益观以往在法律制定的过程中主要着眼于保障公民的人身权利和财产权益，但忽视了生态环境的保护与维护。由于人类中心主义法益观的局限，环境污染问题不断加剧，给生态环境带来严重的影响和损害。生态中心主义法益观突破了传统思维的束缚，认为环境本身具有独立的法益价值，不仅涉及人类，还涵盖了所有生物和自然要素。

在这一观点的指导下，我们必须全局考虑生态环境的整体性。在实践中，生态中心主义法益观对生态环境污染立法产生了重要影响，它强调了环境保护的重要性，要求法律对环境污染行为进行严厉的打击和惩罚。然而，虽然生态中心主义法益观为生态环境保护带来了新的思考，但也面临一些挑战，有人认为这种观点过于理想化，难以在实践中得到有效落实。目前，生态的人类中心主义法益观包含人类法益和环境法益，在此理念下构建起环境犯罪立法政策。

2.立法目标需要转变：从注重惩罚到强化预防

当今已经进入风险社会，环境风险是最重要的现代风险之一，不仅影响可持续发展，而且威胁到整个人类的生存。对待现代风险虽然不能过于冒进，但更不能过于守旧，而应该正视现实，在考虑刑法谦抑精神的前提下大胆地借鉴风险社会理论，适当引入风险社会防范风险的措施规制环境风险，法益保护早期化、犯罪前置化之类的措施在应对重大环境风险方面应当适当采用。但学界有不同看法，从刑法的谦抑性、工具性和象征性方面提出了异议，现针对学界的不同看法一一阐述如下：

（1）环境犯罪法益保护早期化与刑法谦抑性的协调共振

有学者认为："法益保护的早期化是一条消解法益之路，它超越了我国刑法当前所处的发展阶段，难免引发法益边界的漫无边际，冲击刑法的谦抑性更是不言而喻。"[①]也有学者认为，刑法谦抑应注意规制刑罚而非钳制犯罪化，司法出罪不仅可以消解刑法扩张所可能带来的倾轧自由

---

① 刘艳红：《环境犯罪刑事治理早期化之反对》，《政治与法律》2015年第7期，第2—13页。

的风险，也能更好地为人权提供实体与程序保障①。在肯定谦抑主义积极价值的同时，不需要对谦抑主义过度迷恋，尤其要警惕借谦抑主义的宏大叙事和浪漫情怀来全盘否定刑法的现代发展，从而导致谦抑主义语境下的刑法虚无主义②。

笔者认为，环境犯罪预防性治理理念与刑法的谦抑性原则并不相悖，针对具有严重的社会危害性的环境犯罪，其实害结果远超越杀人、放火的危害，且环境犯罪的刑罚较为宽缓。在此情况下，刑法需要突破谦抑性的限制，对于环境犯罪的规制是相当必要的，因此，可以针对性地对那些不可逆的、严重的环境犯罪行为加重刑罚。正如有学者所说："刑法保护前置化作为预防刑法观的具体实践，与刑法的谦抑主义是相一致的，二者之间并不是二律背反的关系，只不过是在目标实现的方法上勾勒了不同的路径而已。"③

刑法的谦抑性并非僵化不变，而是随着法治环境的演变而调整。与此同时，在现代法治的进程中，刑事立法权不仅受到刑事政策的制约，还受到法益侵害原则、比例原则、谦抑原则等一系列准则的限制。这些限制反过来要求立法者提供详尽的解释，以验证立法的合理性。因此，法益保护的早期化不会消解刑法谦抑性，两者在一定频率可以实现共振。

（2）辩证看待环境犯罪法益保护早期化的刑法工具性

刑法作为法律体系的一部分，自其诞生之初就具有鲜明的工具性。这种工具性并非贬低刑法的意义，而是凸显了其在社会治理、法律秩序维护中的实用价值。有学者认为："立法者以安抚民意的政治性要求取代了立法的实用性与规范性，由此形成了在立法上由实体向形式的扩张，在司法上形成了选择性司法的'新刑法工具主义取向'。"④

对刑法工具性的高度警惕是对罪刑法定和刑法权威性的必然坚守。刑法工具性的运用必须围绕罪刑法定原则展开，不可随意扩张或滥用刑罚的适用范围。同时，刑法权威性也要求刑法不仅是国家行使权力的工具，也是一种体现社会公认价值和秩序的法律规范，其规定应当具有合理性、合法性和可执行性。有学者认为："抽象地反对污染环境罪的立法扩张与刑罚前置，批评其刑事立法的工具性，既过于理想化，也存在方

① 卢建平、张力：《如何实现刑罚在质上的谦抑》，《检察日报》2021年9月1日第3版。
② 孙国祥：《反思刑法谦抑主义》，《法商研究》2022年第1期，第85-99页。
③ 王志祥、张圆国：《预防性犯罪化立法：路径、功能、弊端与完善》，《河北法学》2021年第1期，第57-73页。
④ 魏昌东：《新刑法工具主义批判与矫正》，《法学》2016年第2期，第85-91页。

法论上的不足，尤其是对现代社会的新型犯罪所表现的特质缺乏认识，对问题讨论大而化之。"①因此，探讨刑法的工具属性时，必须对其进行审慎思考，以避免陷入极端工具主义的误区。

环境犯罪早期化保护仅仅是环境犯罪治理多项措施之一，其仅限于对造成严重损害的环境污染行为进行刑罚，且并未越过前置法范围。正如有学者所言："刑法扩张潮流背后的积极刑法观本质上以保护法益为原则，以预防犯罪的刑事政策为导向，不存在所谓过于简单和功利的问题，也不会使得刑法陷入纯粹工具主义的桎梏。"②

（3）考察环境犯罪的刑事象征性，祛魅"象征性"标签

环境犯罪罪名中，除污染环境罪、非法捕捞水产品罪、非法狩猎罪等几个罪名适用率较高外，其他多数罪名适用率相对较低。针对这一情况，有学者提出："环境犯罪的刑事立法对于环境犯罪的治理不著见效，是以立法回应生态破坏的姿态，使得法益概念更加稀薄，是象征性立法的特征。"③但有学者指出，我国目前虽然存在一定的情绪立法，但尚不存在象征性刑事立法④。还有学者认为"刑事立法存在象征性立法，但并非体现在环境犯罪、恐怖犯罪和网络犯罪中"⑤。某罪名立法是否为象征性刑法，一方面应审慎考察其效力，而不能仅从不完整的适用率统计或能否根治犯罪、处置犯罪等方面得出结论⑥。

德国学者库伦也指出根据污染环境行为的特征而将环境刑法批评为象征性刑法过于速断⑦。德国学者弗兰克·萨利格（Frank Saliger）将法益保护、举止引导和适度的象征效果作为"积极主义刑法"的四个要素之一，要在具体的法律实践中得以印证，成为优良刑事政策的建构标准⑧。

---

① 周光权：《论通过增设轻罪实现妥当的处罚——积极刑法立法观的再阐释》，《比较法研究》2020年第6期，第40-53页。

② 张明楷：《增设新罪的观念——对积极刑法观的支持》，《现代法学》2020年第5期，第150-166页。

③ 刘艳红：《象征性立法对刑法功能的损害——二十年来中国刑事立法总评》，《政治与法律》2017年第3期，第35-49页。

④ 郭玮：《象征性刑法概念辨析》，《政治与法律》2018年第10期，第91-108页。

⑤ 程红：《象征性刑法及其规避》，《法商研究》2017年第6期，第23-26页。

⑥ 贾健：《象征性刑法"污名化"现象检讨——兼论象征性刑法的相对合理性》，《法商研究》2019年第1期，第67-79页。

⑦ 古承宗：《评析2018年新修正之"刑法"第一百九十条之一——以抽象危险犯与累积犯之辩证为中心》，《"国立"中正大学法学集刊》2018年第4期，第2页。

⑧ 弗兰克·萨利格、郑童：《积极主义刑法与象征性刑法——刑事政策视角的衡量考评》，《国外社会科学》2022年第3期，第166-184、200-201页。

象征性刑法并不就是刑法的象征性，不能将"备而不用"与"象征性"相混同。无论从司法实践的效果还是立法层面的推测来看，环境刑法都不符合象征性的标签①。环境犯罪的刑法保护前置化旨在满足环境安全需求，同时反映了国家价值观。立法代表着人民价值观的社会体现，展示了人民作为国家主人的地位。此外，刑法保护前置化并未轻视法益保护的重要性。尽管象征性刑法可能导致法益模糊，但其中的安抚与信赖效果是值得肯定的。然而，不应仅仅将公众情绪作为刑事立法的唯一因素，而是应在民主立法的基础上，理性地扩展刑事立法的范围，以确保社会对犯罪化的诉求在合理的范围内得到满足。

3.立法理念需要转变：从二元刑罚论到三元刑罚论

刑事责任由最初的报应刑到预防刑，既注重事后惩罚又重视事前预防，报应与预防并重称之为"二元刑罚论"。随着刑罚理论的发展，有学者主张，应建立报应论、预防论、恢复发展论三者基础上的新并合刑事责任根据论②。三元刑罚论有利于实现环境受害方、加害方以及环境本身的一判三赢。这种三元刑罚论也契合"环境的矫正正义：一是保障环境的良好状态，防范环境风险，这与环境犯罪预防的前置化不谋而合；二是补偿，即环境犯罪行为人应补偿因环境破坏而造成的损害；三是惩罚"。③

与传统的刑事犯罪相比，环境犯罪所造成的生态环境损害不仅在其影响范围上较为广泛，而且所造成的后果往往是深远的，恢复和修复生态环境需要耗费巨大的资源和时间。与单纯侧重惩罚犯罪相比，更应该强调对损害环境的恢复工作。同时，环境修复不仅仅是对犯罪行为的后果进行简单的弥补，还是对生态平衡的一种重建。我国刑法在对生态环境恢复的规定方面存在一定不足，尤其是缺乏系统性和细化性的规范。因此，刑法应当在环境犯罪立法中充分强调环境修复的重要性，并为此提供明确的规定和机制。这也体现了刑法在环境保护方面的责任，既要惩罚犯罪、预防犯罪，也要关注对环境恢复的积极作用，从而实现环境保护的综合效益。

① 齐文远、吴霞：《对环境刑法的象征性标签的质疑——与刘艳红教授等商榷》，《安徽大学学报》（哲学社会科学版）2019年第5期，第112-121页。
② 魏东：《刑法总则的修改与检讨——以〈刑法修正案（九）〉为重点》，《华东政法大学学报》2016年第2期，第6-16页。
③ 郁乐：《环境正义的分配：矫正与承认及其内在逻辑》，《吉首大学学报》（社会科学版）2017年第2期，第43-49页。

（二）环境刑事政策对环境刑事司法的影响

1.环境刑事司法政策应强调提高惩罚概率

当前，我国在环境刑事立法方面仅对污染环境罪进行了修改，降低了入罪门槛，加重了处罚，在司法上也强调从重处罚，总体上有从重惩处的刑事政策倾向。但现实情况是，每年查处的环境犯罪数量虽然在增长，但仍有大量环境犯罪者因这样或那样的原因逍遥法外，查处概率低仍然是环境领域的突出问题。因之，提高惩处概率，压缩犯罪者侥幸心理空间应成为环境刑事司法的主导政策。首先，应建立联合调查机制来提高案件侦破的数量；其次，应建立专门的环境审判机关来应对环境犯罪案件专业化的困境，并通过跨区域审理解决案件管辖问题；再次，转变量刑观念，法官应把"由消极惩治到积极预防"的理念贯穿到量刑中，要关注量刑对受破坏环境的修复是否具有价值，实现量刑的效益化。

2.环境刑事政策影响刑罚适用

一是关注量刑标准的调整。传统环境刑罚观未充分考虑刑事政策在司法过程中的引导作用，过度突出罪刑相协调，且受到责任主义和主客观相统一的限制。在量刑方面，传统司法强调刑罚平等适用，却疏忽了刑事政策的价值预判作用。因此，环境犯罪的刑罚往往较同等损害的传统人身、财产犯罪轻。具体量刑应综合考虑环境成本、物质代价、罪责、从业背景等多元因素，综合评估刑罚对环境法益的积极作用，以及犯罪者改造和社会教育效果，以达到环境刑事政策的预防、恢复和惩戒目标。二是强调宽严程度的变化。环境犯罪量刑应遵循宽严相济的刑事政策，根据具体情况进行不同程度的量刑。

在这一政策指引下，对于情节较轻、社会危害较小、主观恶性较低、人身危险性较小的犯罪者，可以采取减轻或免除处罚、判处经济赔偿、要求悔过和赔礼道歉等方式，以行政处罚或行政处分等替代刑罚，以实现良好的惩戒效果和环境恢复，同时可减少国家环境治理成本。在量刑过程中，需要平衡宽松与严厉的关系，合理选择刑罚类型和刑期，以避免造成犯罪成本低于遵法成本的情况，防止刑罚成为助长犯罪的因素。

（三）环境刑事政策对环境刑事执法的影响

1.确立"恢复正义、预防和恢复"为核心的环境犯罪执法观

从国家的角度出发，将犯罪视为对国家基本安全和管理秩序的威胁，强调"国家中心主义"司法观已经失去其适用性。在实行宽严相济的刑事政策的背景下，以"恢复正义、预防和恢复"为核心理念的"整体主义"司法观正逐渐成为司法发展的趋势。针对环境犯罪的刑罚

执行政策，积极调整环境犯罪的刑罚幅度，贯彻个别化、恢复性和经济原则，以此影响刑罚的具体实施过程。在确保遵循刑罚执行基本原则的同时，兼顾功利主义的考量，充分体现经济性和合理性的要求。在制定刑事政策时，始终确保政策的实施效果，以及对社会秩序的维护和效益与秩序价值的平衡。

此外，这些政策的目标与环境刑事政策所倡导的价值目标高度契合。在环境犯罪刑罚的实施层面，强调预防、恢复和再社会化的原则。在宽严相济的刑事政策的指引下，应根据不同方向的需求来进行权衡和调整，既要在宽严之间找到平衡，也要从预防和恢复的角度着手。

2.环境犯罪执法贯彻宽严相济的刑事政策

"宽"的一面体现为对主观恶性较小、认罪态度较好者可考虑缓刑、罚金以及刑事辅助措施，并责令环境恢复。明知犯罪且影响严重者应从严惩处，符合个别化原则。"严"的一面体现为，"美丽中国"建设需要环境刑罚作为手段，确保自由刑执行，限制减刑假释。社区矫正需监督犯罪人的刑罚与非刑罚实施，促进思想改造，通过直接交流提升预防效果。罚金刑应按法定程序执行，保障罚金到期缴清。环境犯罪刑罚执行保障，无论是从微观上改造环境犯罪分子，还是从宏观上凸显环境法益，对实现司法的严肃性都具有重要意义。这样的刑事政策指引将有助于确保环境犯罪的刑罚实施更加符合社会发展和法治进程的需要，有效平衡刑事政策的多重目标，从而推动司法体系朝着更加成熟和有序的方向发展

总的来说，环境犯罪刑罚执行的理念要始终贯彻惩罚与恢复并举，积极探索环境恢复刑的理论与实践，让犯罪人得到应有惩罚的同时，也使生态环境得以恢复。具体而言：一是必须体现对罪犯的惩罚，同时注重刑罚对于罪犯的教育改造和劝导作用；二是体现刑罚执行的效益化，以最小的执法成本达成防控环境犯罪、促进环境改善的目的；三是按照罪犯的个别化差异选择适当的刑罚执行方式；四是还应该考虑到对生态环境的修复；五是严格执法，需要明确各种制裁措施的执行主体，同时予以监督。总之，在整个执法过程中，应体现教育性、法治性、个别性、谦抑性和社会性等刑罚执行原则的贯彻。

第四章　左顾行刑衔接：环境行政法与环境刑法的协调

第一节　环境行政法与环境刑法的立法衔接

一、环境犯罪的法定犯属性

（一）自然犯与法定犯概述

自然犯与法定犯的分类是意大利学者拉斐尔·加罗法洛（Rafael Gerofalo）首次系统提出的并一直沿用至今。该分类的提出有一定的社会背景，19世纪后期古典刑法学经历了数百年的发展之后无法应对越来越激增的犯罪浪潮，以行为人为考察对象的实证主义法学派登上历史舞台。加罗法洛也是采取实证研究，以犯罪人为中心展开研究，并且独具匠心地使用了情感分析来研究犯罪人。在他看来，犯罪行为不仅仅在法律事实层面上是有害的，其当罚的本质寓于对聚居体共同承认的道德情感的伤害，道德情感又由基本情感与非基本情感构成[1]。在提出自然犯罪的同时，加罗法洛认为还有为数不少的罪行没有突破人们的道德底线，而是共同体出于公共管理的需要将某些实害较大的行为拟制成犯罪，并且对这些罪行的惩罚是易变的，在不同的历史时期或不同的地区对于相同的法定罪行的处遇很可能是大相径庭的。这种区别于自然犯罪的罪行称为"法定犯罪"。

（二）环境犯罪自然犯与法定犯的争议

关于环境犯罪是自然犯与法定犯的争议，有三种观点：第一种观点，主张环境犯罪是法定犯，这是一直以来被普遍认同的观点。环境犯罪是随着工业社会的发展逐渐出现的事物，由于可持续发展的要求使得国家治理环境危害时将其进行否定性评价，普通民众并未认识到这种行为与道德伦理相违背，从这个意义上说，环境犯罪被界定为法定犯。世界各国的立法例也大多是按照环境犯罪是法定犯来认定的。第二种观点，环

---

[1] 加罗法洛：《犯罪学》，耿伟、王新译，中国大百科全书出版社，1996，第29页。

境犯罪作为一类罪，生态属性是区别于其他类罪的根本属性。另外，别出心裁的违法者利用环境犯罪的长期潜伏性逃避责任，所以将环境犯罪界定为自然犯，合理合法地将责任归结为行为人[①]。还有学者认为，可持续发展环境伦理观决定了环境犯罪设置由行政犯向刑事犯逐步转化的必然趋势[②]。第三种观点，环境犯罪兼具自然犯和行政从属性的双重属性[③]。例如，破坏森林资源犯罪，已经不再局限于传统意义上的森林资源的经济价值角度，也具有较强的伦理非难性；破坏森林资源犯罪行为，也是危害社会、危害生态安全、危害个人法益的反社会性和反伦理性行为，它破坏人类生存的基本环境，也破坏基本的生活秩序，是对基本的环境道德的违反。因此，破坏森林资源犯罪也具有自然犯的属性。

（三）环境犯罪自然犯与法定犯评析

随着生态伦理观的推进，越来越多的人认识到环境的重要性，有学者指出"处罚环境犯罪的目的，并非仅在于恢复环境保全方面被违反的行政规制（确认相关规制的妥当性），还在于使人们对环境保全的伦理感有所觉醒并加以维持（刑罚权行使的伦理形成机能）"[④]。按照这一观点，国民的道德情感具有可塑性，会被国家成功地引导，但这一过程非常漫长。纵观刑罚史的历史长河，我们也可以看到伦理道德会不断地随着时代的发展而延伸，不断缓慢地发生变化。

笔者也赞成环境犯罪兼具自然犯和行政从属性的双重属性这一观点。考察当今的社会形势，污染型犯罪由于其造成的后果被媒体不断曝光，人们对于污染犯罪深恶痛绝。但是，其他类型的环境犯罪，公众对其进行严厉谴责的道德情感还不具备。

例如，2015年末，一则大学生"掏鸟窝"案获刑十年半的新闻点燃了各大媒体，引发社会广泛关注。该案涉及的"三个不知道"引人深思：被告人不知道会有如此严重的法律责任，公众也不知道此类案件的性质与后果，司法机关更不知道判决会引起如此大的社会反响。还有前述对于"三有动物"的保护，法定犯大量涌入刑法典，民众认知却并没有随之更新，民众没有认识到这些罪名的法益侵害性，必然会对其量刑提出强烈质疑。由此，这类犯罪从法定犯转化为自然犯还是有很长一段时间

---

① 褚冬宁：《环境犯罪的属性探析》，《经贸实践》2016年第4期，第278页。
② 侯艳芳：《环境刑法的伦理基础及其对环境刑法新发展的影响》，《现代法学》2011年第4期，第114-122页。
③ 蒋兰香：《环境犯罪基本理论研究》，知识产权出版社，2008，第72页。
④ 伊东研祐：《环境刑法研究序说》，成文堂，2003，第18页。

的路要走。

二、环境刑法的行政从属性

（一）环境刑法行政从属性与独立性概述

1.环境刑法的行政从属性

环境刑法，是指保护环境法益的罪刑规范。从属性，即附属性、补充性，是指一个事物附属于另一个事物的属性。环境刑法的行政从属性，是指该罪成立依赖于行政法规及行政命令，是从严重的环境行政违法行为中分离出来而被纳入刑事犯罪的一类犯罪，因此，对于未达到刑罚惩罚程度的一般环境违法行为或危害性，不能视为环境犯罪。

我国目前环境行政法规定的附属环境刑法模式有三种：一是原则性规定，没有指出应适用《刑法》的哪一条，仅规定应依照《刑法》追究刑事责任，如《中华人民共和国放射性污染防治法》第52条的规定[①]。二是照应性规定，明确指出应依照《刑法》某条文追究刑事责任，如《中华人民共和国矿产资源法》第40条的规定[②]。三是空白罪状，是指依照《刑法》无法认定犯罪，须参照相关环境行政法律法规，典型的如《刑法》第340条的规定[③]。

2.环境刑法的独立性

近年来，随着新型生态伦理观的出现，对于环境刑法的行政从属性也出现了很多质疑。有学者认为"刑法的补充性并不等于刑法依附于其他法律法规，具有依附性；刑法作为唯一规制犯罪与刑罚的部门法，具有独立的评价观念和机制"[④]。也有学者认为"过分强调行政从属性特征容易引发司法实践中环境法和刑法的错位与失衡，强调行政从属性特征导致环境行政管理部门处于较强势地位，由此引发行政权扩张，并挤压

---

① 《中华人民共和国放射性污染防治法》第52条规定：未经许可或者批准，核设施营运单位擅自进行核设施的建造、装料、运行、退役等活动的，由国务院环境保护行政主管部门责令停止违法行为，限期改正，并处二十万元以上五十万元以下罚款；构成犯罪的，依法追究刑事责任。

② 《中华人民共和国矿产资源法》第40条规定：超越批准的矿区范围采矿的，责令退回本矿区范围内开采，赔偿损失，没收越界开采的矿产品和违法所得，可以并处罚款；拒不退回本矿区范围内开采，造成矿产资源破坏的，吊销采矿许可证，依照刑法有关规定对直接责任人员追究刑事责任。

③ 《刑法》第340条规定：违反保护水产资源法规，在禁渔区、禁渔期或者使用禁用的工具、方法捕捞水产品，情节严重的，处三年以下有期徒刑、拘役、管制或者罚金。

④ 安柯颖：《生态刑法的基本问题》，法律出版社，2014，第167页。

刑事司法权"①。还有学者认为"刑法是为了保护环境自身而保护环境，因此，不必受行政法的约束，可以自行对环境犯罪作出规定"②。在新的环境伦理观影响下，环境刑法的行政从属性将何去何从呢？

（二）环境刑法的行政从属性评析

反对者认为行政从属性弱化了刑法的调整范围③，强化了行政管理的强势地位，架空了生态刑事手段④。支持者认为，要重视环境侵害的"二元特征"，正确看待环境刑法对环境行政法的从属性，关注法律关系的从属⑤。也有德国学者认为"环境刑法不苛求对生态法益的绝对保护。它只是力求抵制任何超出允许的环境污染量的行为，而环境污染量根本上是由环境立法和行政管理决定的。在可预见的时间内，非行政从属性的环境刑法是不可能的"⑥。下面，笔者就环境刑法的行政从属性进行评析：

1.环境刑法行政从属性的必要性

（1）环境刑法行政从属性具有灵活性

环境政策是不断发展变化的，以环境经济政策为例，仅2014年国家新颁布的税收政策和涉税文件中涉及消费税的政策就有16个。2014年9月1日，国家发展改革委将排污收费政策按照污染治理成本法上调了收费标准⑦。显然这种复杂多变的环境标准、技术规范不能直接规定在刑法中，而行政法规能够及时适应这种变化，具有主动性和灵活性。环境刑法采用行政从属性能够保持刑法的稳定性。

（2）环境刑法行政从属性具有经济性

刑法的经济性也叫刑法的谦抑性。经济性是刑法的优良品格。环境刑法的经济性就是以有限的、经济的刑罚达到恢复法益的目的。由于环境问题的复杂性、高科技性以及人类认识的有限性，新的环境问题不断出现，用经济成本较小的行政法规去规制相关行为更符合经济性，在环

---

① 柴云乐：《污染环境罪行政从属性的三重批判：兼论刑法对污染环境行为的提前规制》，《政治与法律》2018年第7期，第57-65页。
② 杜琪：《论环境刑法的行政从属性》，博士学位论文，武汉大学法学院，2010，第123页。
③ 徐翔、吴风：《我国生态刑法的困境与解决路径》，《人民法院报》2017年11月1日第6版。
④ 赵星：《环境犯罪的行政从属性之批判》，《法学评论》2012年第5期，第129-133页。
⑤ 张晓媛：《生态文明视野下环境刑法的立场转换——以环境损害的二元特征为视角》，《中国刑事法杂志》2019年第4期，第103-114页。
⑥ 洛塔尔·库伦：《环境刑法——新教义学的探索》，胡敏慧译，《中德法学论坛》2019年第2期，第94-123页。
⑦ 李红祥、董战峰：《2014年国家环境经济政策进展评估》，据北极星节能环保网 http://huanbao.bjx.com.cn/news/20150626/634799.shtml，访问时间为2022年8月30日。

境行政法不足以保护环境法益的情况下，环境刑法再介入。

（3）环境刑法行政从属性具有协调性

卢建平教授提出"刑事政策的系统反应首先是基于整体抑或一体思维的考虑。要建立一个以'治恶'为中心任务组织起来的多层次、多部类的堤坝"。在保护环境法益的"堤坝系统"中应采取多元治理手段，环境行政法以行政许可等方式来规制生态环境的开发利用以缓解环境与发展的矛盾，实现对环境违法行为的有效惩治。环境行政法是保护环境法益的主要手段，行政管理在先。刑事手段应将"存而不用"作为最后手段，是对环境行政法保护不足时的跟进，刑罚处罚在后体现了环境法益保护体系的协调性，促进了司法资源的合理分配。

（4）环境刑法行政从属性具有分权性

环境刑法行政从属性也涉及行政权和司法权的分权问题。行政权以追求"效率"为主，司法权以追求"公正"为目的。行政权具有主寻性，司法权具有中立性。行政权主要是维护国家的行政管理秩序，司法权是以国家强制力为后盾且具有救济性功能。行政权具有主动性，司法权具有被动性。随着世界经济的日渐繁荣，人们要求行政机关提供良好的福利，这也成为现代国家治理社会的必要考虑，为此，行政权日益扩张。

然而，有权力就有制约，对日益膨胀的行政权进行监督又成了迫切的社会需要；有损害就有救济，环境刑法的行政从属性就是缩小行政权、扩张司法权以实现公正和救济的表现。由此，环境刑法领域的分权既要保障行政权的独立性和灵活性，又要保证司法机关及时打击严重的危害环境法益的犯罪行为，克服行政权的滥用和司法权的"萎缩"，最终实现两者的合理平衡。

2.环境刑法的行政从属性与独立性争议评析

对于环境刑法的行政从属性与独立性之争，笔者认为，环境刑法的行政从属性有其局限性：一是造成环境行政部门权力膨胀，滋生地方保护主义，导致行政权干预司法权，生态环境行政部门执法时以罚代刑。二是在新型生态伦理观的影响下，环境刑法的行政犯的性质受到冲击，向着自然犯与行政犯兼备的混合犯方向发展，这无疑弱化了其从属性地位。三是环境刑法的行政从属性使得环境行政法有疏漏时致使一些对环境法益造成严重侵害的行为无法追究刑事责任。例如，2011年山东蓬莱溢油事件影响很大，康菲石油中国有限公司（简称康菲公司）被指责处理渤海漏油事故不力，最终康菲公司和中国海洋石油总公司总计支付16.83亿元用于赔偿溢油事故却没有被追究刑事责任。

尽管如此，但是环境刑法的行政从属性将会长期存在。如上所述，环境刑法的行政从属性有其存在的理论根据和重要价值，也符合犯罪治理的科学要求。犯罪治理不仅依靠刑法，也不能单独作用于某类犯罪问题，环境行政法对于犯罪的预防、维护刑法稳定性、适应生态环境政策等方面具有不可替代的功能。但是，环境刑法的行政从属性也是相对的，随着独立的环境法益的凸显，对于环境行政法没有规定为违法但危害特别严重的行为也可以用环境刑法进行处罚。也就是说，环境行政从属仅指将具体标准等细节性规定授权给环境行政，而非对环境行政管理和行政执法的从属①。换言之，环境刑法的行政从属性不是绝对的，我们应该采用相对的行政从属性，而对某些新型环境犯罪不纳入刑法保护范围，就会存在立法空白。只有环境行政法与环境刑法实现有效衔接，才能使环境违法与犯罪行为得以明确区分，发挥环境行政法与环境刑法在环境保护方面的积极作用。

三、完善环境刑法与环境行政法的立法衔接

（一）环境行政法与环境刑法立法衔接的不足

1.环境行政法与环境刑法之间定罪不衔接

（1）环境行政法与环境刑法调整范围不一致

在环境治理体系中，环境刑法与环境行政法的协调相当重要。然而，目前我们面临一个问题，即环境刑法中罪名包括的环境要素与环境行政法处罚包括的环境要素存在不一致。环境刑法所涵盖的环境概念显然是狭义的，更多地聚焦于自然环境，而环境行政法里面的环境要素既包括自然环境，也包括人文环境与社会环境。环境刑法当前的不协调性造成了其对生态环境破坏的应对不足，进而影响了环境治理的可行性。例如，刑法未对素有"地球之肺"的湿地进行保护。

此外，随着现代社会环境问题的愈发复杂化，迫切需要能够完善应对新型环境犯罪的法律框架。例如，对于噪声污染、光污染等严重危害行为，环境行政法未予以及时回应。环境刑法与环境行政法之间的脱节现象导致了两者在实际衔接工作中出现困难，无法形成一个有机的合力，从而降低了整个环境治理机制的功能性。

（2）空白罪状

环境刑法的行政从属性的一个表现形式就是空白罪状，它作为一种

---

① 张晓媛：《生态文明视野下环境刑法的立场转换——以环境损害的二元特征为视角》，《中国刑事法杂志》2019年第4期，第103-114页。

立法技术衔接了环境刑法和环境行政法。空白罪状的自身优势使其具有存在的必然性：一是具有灵活性，可弥补刑法稳定性；二是具有专业性，可弥补刑法的通识性。但是，目前空白罪状的参照法律依据不明确，有的环境行政法制定级别较低且行政法规、行政命令、行政规章之间制定主体的多元性也容易造成冲突。因此，既要明确空白罪状所要参照的依据，也要避免法律冲突，提高环境行政法的立法质量。

（3）环境刑法与环境行政法之间认定犯罪界限问题

环境刑法与环境行政法之间认定犯罪界限问题，也是环竟法治建设中的难题。首先，当前环境犯罪与环境违法行为之间的"涉嫌犯罪"标准尚未明确界定，行政部门在面对环境犯罪时难以准确判断何时应将其移交司法机关，为环境违法行为与环境犯罪的判别留下了可乘之机。

此外，环境犯罪的入罪标准也面临诸多争议。不同于传统犯罪，环境犯罪涉及复杂的生态系统和多元的因果链条，使得界定其行为入罪还是结果入罪在实践中愈发模糊。行政机关在界定环境犯罪入罪标准时多种多样，缺乏统一的判断标准，从而导致环境违法行为与环境犯罪之间的区分在实际操作中变得混乱不清。

2.环境刑法与环境行政法之间处罚不对接

（1）环境刑法对环境犯罪罚金数额采用制度存在的问题

环境刑法对于环境犯罪罚金数额采用无限额罚金制度，法官自由裁量权较大，在实践中存在罚金数额普遍较低的现象，远远达不到生态修复需要的费用，难以起到好的作用。而环境行政处罚（以《中华人民共和国大气污染防治法》为例）由于采用限额制度和倍比制度，罚款数额得以明显提升，这也造成罚款数额会高于罚金刑数额的可能，与刑法的最后手段性地位不匹配。

（2）现行刑法典所设资格刑内容难以在环境犯罪领域得到切实有效的应用

这一问题的根源在于现行刑法典所规定的资格刑主要为剥夺政治权利，这种刑罚形式难以在环境犯罪的情境中具体实施。与之形成鲜明对比的是，环境行政法通过规定责令停产停业、暂扣或吊销许可证、营业执照等资格限制，对环境违法行为进行制约。然而，这两者之间存在协调性的不足，导致刑法在环境保护方面的威慑力相对有限。

对于行为人而言，即便受到环境行政法规定的行政处罚，行为人仍有可能继续从事环境破坏行为。因为环境行政法所规定的资格刑，尽管具有一定程度的制约作用，但其威慑力有限，难以从根本上遏制环境犯罪的发生。考虑到行为人往往是在特定的生产经营活动中实施破坏行为，可以考虑将资格刑应用于此类情形。

（二）环境行政法与环境刑法立法的衔接路径

1. 环境行政法与环境刑法的入罪衔接

（1）调整环境刑法的调控范围

在制定立法时，需要进一步确保刑法与环境行政法的调控范围协调一致，以保障法律体系的一体化和有机衔接。刑法应依据《中华人民共和国环境保护法》规定的环境要素，而不是进一步将严重危害生态环境的行为纳入犯罪圈，在罪名设置上避免高度概括性，尽量采用具体罪名来对应多样性的环境要素。

（2）针对空白罪状的建议

有学者提出"在理解和适用空白罪状的过程中，要坚持刑法补充性和刑法独立性的统一，以刑法的补充性作为入罪依据，以刑法的独立性作为出罪理由"[①]。环境刑法与环境行政法由于立法主体、立法目的、规范结构、解释方式不一致，由此导致两者出现不协调。在两者存在不衔接的情况下，应坚持环境行政法优先的次序，环境刑法应及时调整。但是随着社会经济和科学技术的发展，环境犯罪的行为方式不断变化，独立的环境法益要求保护环境的呼声也越来越高。如果环境行政法存在滞后或有立法疏漏的情况下，刑法应当积极跟进，严密刑事法网，进行独立判断，扩大调整范围，否则将会对生态造成很大的损害。因此，立足于环境刑法相对的行政从属性，这将有助于强化刑事手段对于新型环境犯罪的管控能力，同时避免了立法可能出现的空白。

（3）明确环境违法与环境犯罪界限

在应对日益复杂的新型环境犯罪时，我们面临着环境违法与环境犯罪界限不明的挑战。建议引入环境犯罪危险犯的规定，这将有助于进一步强化环境刑事政策，通过更低的证明标准，即危险行为的实施和危险状态的形成，加强对环境风险的早期干预。这一改进将有助于保护环境法益，适应不断发展的环境法治需求，使刑法更好地应对日益复杂的环境问题。

2. 完善环境刑法的刑罚方式

（1）调整罚金刑

可以考虑借鉴环境行政法中实行的倍比罚金制或限额罚金制。在设

---

① 罗翔：《空白罪状中刑事不法与行政不法的规范关联》，《国家检察官学院学报》2021年第4期，第33-48页。

定具体数额时，应综合考虑环境行政法规定的罚款数额，从而确保刑法中的罚金刑与行政法中的罚款处罚在数额上能够相互协调。在判处不同案件的罚金时，应根据环境破坏行为对环境造成的损害程度以及环境修复的难易程度进行综合评估，以实现对具体案件的有针对性处理。这种方法能够更加科学地界定罚金刑的数额，使其更好地发挥环境保护的作用，同时与环境行政法相衔接。

（2）增设适用于环境犯罪的资格刑

这一刑罚方式可以针对自然人和单位实施环境破坏行为的情况，对其判处资格刑，从而剥夺其暂时或永久从事某种行业的可能性。通过扩展刑罚方式，不仅可以弥补现行刑事责任承担方式的不足，还能够实现环境刑法与环境行政法在刑罚方式上的协调，从而更有效地保护环境法益，促进环境治理的有序进行。

第二节　环境行政执法与环境刑事司法的协调

从党的十八大提出在新的历史起点上大力推进我国生态文明建设，到党的二十大提出"推动绿色发展，促进人与自然和谐共生"，这十年间我国将生态环境治理作为国家战略摆在了突出位置。当前我国所面临的生态环境问题依然不容乐观，环境主管部门的行政执法与司法机关打击环境犯罪的刑事司法成为治理环境问题的主要抓手。在实践中，环境行政执法与刑事司法之间的衔接工作（简称环境"两法"衔接）存在一些问题，导致了环境"两法"衔接运转不畅，不能发挥出预期的作用。

2014年，习近平总书记就指出在环境保护领域，行政执法和刑事司法存在某些脱节，一些涉嫌犯罪的案件止步于行政执法不前[1]。2015年5月，中共中央、国务院印发的《关于加快推进生态文明建设的意见》，以及同年9月印发的《生态文明体制改革总体方案》中都提出要建立和完善环境领域行政执法与刑事司法的衔接机制。2017年1月，环境保护部、公安部、最高人民检察院联合发布《环境保护行政执法与刑事司法衔接工作办法》。2018年7月，第十三届全国人大第四次会议通过的《决议》[2]中明确了要加快建立健全生态环境行政执法与刑事司

---

① 中共中央文献研究室：《十八大以来中研文献选编》（上），中央文献出版社，2014，第722页。

② 生态环境部：《关于全面加强生态环境保护 依法推动打好污染防治攻坚战的决议》（2018年），环厅〔2018〕70号。

法衔接机制。2020年，中共中央、国务院印发的《关于构建现代环境治理体系的指导意见》中，对环境"两法"衔接提出了具体要求，包括要建立环境保护行政机关与司法机关之间案件移送、信息共享等制度。以上各类文件为环境保护"两法"衔接机制的构建提供了政策上的依据，但实际的执法和司法活动中，各地仍然存在一些制约"两法"衔接工作的薄弱环节。

一、现状透视：环境行政执法与刑事司法协调及存在的问题

当前我国环境保护行政执法与刑事司法衔接的实践中，涉及的部门主要包括环境行政主管机关与司法机关，涉及的"两法"衔接问题主要包括环境违法案件移送不畅、环境违法犯罪证据转化不畅、环境违法信息共享不畅、检察监督缺位这四类。

（一）环境涉罪案件移送存在的问题

环境涉罪案件移送分为两种情况：一是在环境行政执法中发现环境涉罪案件，由行政机关将案件移送至司法机关；二是司法机关受理的不属于犯罪的环境违法案件移送至行政机关。目前，导致我国环境"两法"衔接机制出现问题的一个重要因素就是行政机关对于环境涉罪案件向司法机关的移送率较低。

1. 从2015—2022年新环保护法配套办法执行情况来看

新环保法实施以来，环境主管部门定期统计公布环保法配套办法执行情况，根据公布的数据，笔者选取了2015年环保法生效以来8年的数据。

环境保护部通报部分时间段环境行政处罚案件与环保法配套办法实施情况的数据，见表4-1：2015年1—7月，全国实施五类案件总数为5550件，其中移送行政拘留案件927起，移送涉嫌环境污染犯罪案件863件，移送率（这里仅指涉嫌环境污染犯罪移送率，下同）为15.5%；2016年1—10月，全国实施五类案件总数为14248件，其中移送行政拘留案件2722起，移送涉嫌环境污染犯罪案件1501件，移送率为10.5%；2017年1—7月，全国实施五类案件总数为20631件，其中移送行政拘留案件4715起，移送涉嫌环境污染犯罪案件1554件，移送率为7.5%。

表 4-1　2015—2017 年部分时间段环境保护部通报的环保法配套办法执行情况

时间段	按日连续处罚案件（件）	查封、扣押案件（件）	限产、停产案件（件）	移送行政拘留案件（件）	移送涉嫌环境污染犯罪案件（件）	总计（件）	涉嫌环境污染犯罪移送率（%）
2015 年 1—7 月	348	2065	1347	927	863	5550	15.5
2016 年 1—10 月	592	6033	3400	2722	1501	14248	10.5
2017 年 1—7 月	622	9020	4720	4715	1554	20631	7.5

2018 年 3 月 13 日，环境保护部更名为生态环境部。生态环境部通报部分时间段环境行政处罚案件与环保法配套办法实施情况的数据，见表 4-2：2018 年 1—11 月[①]，全国实施五类案件总数为 36302 件，其中移送行政拘留案件 7145 起，移送涉嫌环境污染犯罪案件 2367 件，移送率为 6.5%；笔者在生态环境官网仅找到 2019 年 1—6 月，全国共查处的五类案件总数为 10866 件，其中移送行政拘留案件 1998 起，移送涉嫌环境污染犯罪案件 663 件，移送率为 6.1%；2020 年，仅公布了 1—4 月全国共查处的五类案件总数为 3244 件，其中移送行政拘留案件 703 起，移送涉嫌环境污染犯罪案件 257 件，移送率为 7.9%；2021 年 1—12 月，全国实施五类案件总数为 15454 件，其中移送行政拘留案件 3397 起，移送涉嫌环境污染犯罪案件 1868 件，移送率为 12.0%；2022 年 1—12 月，全国实施五类案件总数为 9850 件，其中移送行政拘留案件 2815 起，移送涉嫌环境污染犯罪案件 1427 件，移送率为 14.4%。

表 4-2　2018—2022 年部分时间段生态环境部通报的环保法配套办法执行情况

时间段	按日连续处罚案件（件）	查封、扣押案件（件）	限产、停产案件（件）	移送行政拘留案件（件）	移送涉嫌环境污染犯罪案件（件）	总计（件）	涉嫌环境污染犯罪移送率（%）
2018 年 1—11 月	691	19903	6196	7145	2367	36302	6.5

① 该时间段，实际正处于该部门机构改革前后，机构名称前后有别。此处仅为阐述方便，不再对前后两个名称作区分，统一以"生态环境部"表述。

时间段	按日连续处罚案件（件）	查封、扣押案件（件）	限产、停产案件（件）	移送行政拘留案件（件）	移送涉嫌环境污染犯罪案件（件）	总计（件）	涉嫌环境污染犯罪移送率（%）
2019年1—6月	150	6841	1214	1998	663	10866	6.1
2020年1—4月	67	1928	289	703	257	3244	7.9
2021年1—12月	199	8897	1039	3397	1868	15454	12.0
2022年1—12月	143	4836	629	2815	1427	9850	14.4

从上述数据可以看出，2015年新环保法实施以来，涉嫌环境污染犯罪移送率有了很大的提升，2017—2020年数据逐渐下降，2021年、2022年又逐渐上升。生态环境机关向公安机关移送案件是环境犯罪案件进入司法程序的重要关卡，近年来，移送涉嫌环境污染犯罪案件比例有所提升，但是当前案件移送还存在数量偏低现象，大部分案件还是以行政处罚为主，以罚代刑的现象仍然存在。

2. 从各省份案件移送率来看

从具体省份的案件来看，也可以印证我国环境涉罪案件移送公安机关的移送率偏低的情况。根据生态环境部发布的数据，2019年1—6月环境涉罪移送案件情况（见表4-3），全国五类案件总计10866件，其中涉嫌环境污染犯罪移送案件663件，移送率为6.1%。作为五类案件数量全国排名前五的省份，只有江苏和广东的移送率超过了6.1%，有些省份的移送率甚至为0。

表4-3　生态环境部公布的2019年1—6月环境行政处罚及移送涉嫌
环境污染犯罪案件的部分省份案件移送数据

2019年1—6月	五类案件数（件）	涉嫌环境污染犯罪移送案件(件)	移送率（%）
江苏	1254	105	8.4
广东	1140	183	16.1

2019年1—6月	五类案件数（件）	涉嫌环境污染犯罪移送案件（件）	移送率（%）
河北	1073	40	3.7
陕西	937	3	0.3
安徽	806	8	1.0
北京	457	5	1.1
山西	423	7	1.7
四川	332	7	2.1
云南	139	3	2.2
甘肃	119	3	2.5
贵州	70	1	1.4
宁夏	33	0	0
新疆	48	0	0
其余省份	4035	298	7.4
总计	10866	663	6.1

2020年的移送数据，生态环境部只公布了1—4月的情况（见表4-4），全国五类案件总计3244件，其中涉嫌环境污染犯罪移送案件257件，移送率为7.9%。五类案件数量全国排名前五的省份同样只有广东和江苏的移送率超过了7.9%，有些省份的移送率甚至为0。

表4-4　生态环境部公布的2020年1—4月环境行政处罚及移送涉嫌
环境污染犯罪案件的部分省份案件移送数据

2020年1—4月	五类案件数（件）	涉嫌环境污染犯罪移送案件（件）	移送率（%）
广东	555	100	18.0
河北	520	27	5.2
江苏	434	36	8.3
山东	384	15	3.9
安徽	284	3	1.1
陕西	164	2	1.2
河南	103	6	5.8

续表4-4

2020年1—4月	五类案件数 （件）	涉嫌环境污染犯罪 移送案件（件）	移送率 （%）
广西	76	2	2.6
四川	58	4	6.9
湖南	32	2	6.3
云南	31	1	3.2
山西	40	0	0
内蒙古	36	0	0
其余省份	527	59	11.2
总计	3244	257	7.9

2021年1—12月的移送数据（见表4-5），全国五类案件总计15454件，其中涉嫌环境污染犯罪移送案件1868件，移送率为12.1%。五类案件数量全国前五的省份，只有江苏、广东、浙江的移送率超过了12.1%。

表4-5　生态环境部公布的2021年1—12月环境行政处罚及移送涉嫌
环境污染犯罪案件的部分省份案件移送数据

2021年1—12月	五类案件数 （件）	涉嫌环境污染犯罪 移送案件（件）	移送率 （%）
江苏	2902	366	12.6
广东	2018	341	16.9
安徽	1777	46	2.6
浙江	1174	195	16.6
河北	1158	60	5.2
北京	650	16	2.5
山西	376	23	6.1
陕西	341	4	1.2
四川	250	19	7.6
贵州	226	24	10.6
云南	171	6	3.5
吉林	103	9	8.7
黑龙江	82	4	4.9
其余省份	4226	755	17.9
总计	15454	1868	12.1

通过对以上各省份的数据分析发现，2019年、2020年、2021年全国有超过一半的省份移送率低于国家线，移送率为0的省份不在少数。由此可以得出结论：第一，我国的生态环境行政处罚案件数量巨大，涉嫌犯罪的移送情况却不尽如人意，移送率一直处于较低水平。第二，许多省份的移送率远低于全国平均水平。第三，我国的环境行政处罚公布的处罚金额逐年上升，说明大部分省份对于环境涉嫌犯罪案件大多是用以罚代刑的方式进行处理。

3. 从《中国环境资源审判》报告来看

从《中国环境资源审判》报告发布的数据来看，2014—2021年全国法院审结涉及环境资源类的刑事案件数量整体处于持续增长状态，但与同年的涉及环境资源类的行政案件数量相比还有很大差距，并且刑事案件每年的增长比率也低于同期行政案件（见表4-6），有学者分析"主要原因在于司法实践中存在环境行政处罚与环境刑事处罚之间的衔接失效"[1]。

表4-6　2014—2021年全国法院审结涉及环境资源类的
一审刑事案件和行政案件对比

时间	一审刑事案件（件）	一审行政案件（件）
2014年1月—2016年6月	37216	57738
2016年7月—2017年6月	13895	29232
2018年	25623	41725
2019年	36733	42078
2020年	38000	5300C
2021年	35460	62826

（二）环境涉罪案件证据转化存在的问题

环境涉罪案件证据转化是指生态环境行政部门在处理环境违法案件中所收集的证据，在移送至公安机关时，该证据要转化为刑事证据才能使用。环境涉罪案件证据转化是环境"两法"衔接的重要基础，只有将

---

[1] 郭伟伟：《累积犯视域下污染环境罪的司法适用研究》，《江苏社会科学》2023年第4期，第177-185页。

环境涉罪案件证据有效转化，才能对环境犯罪案件进行有效追诉。

行政证据和刑事证据本身分别属于两套不同的证据体系，虽然新修订的《刑事诉讼法》第54条明确规定了行政机关执法中收集的物证、书证、视听资料、电子数据可以在刑事诉讼中作为证据使用，但行政机关的证据收集方式、证据证明标准、证据排除规则等方面都与刑事证据规范存在明显差异。

某些用于证明犯罪的关键证据由于收集不规范，会导致无法顺利转化为刑事证据，对后续的刑事追诉会产生重大影响。例如，重庆某区生态环境局2015—2020年间向当地公安机关移送了22件环境涉罪案件，其中被公安机关退回了3件，退回率为13.6%，退回理由主要是行政机关收集证据时行为不规范，证据证明力不足。

还有一些证据由于没有详细的类别划分规定，各个法院在审理时，对行政证据的认定也有不同，随之也会影响到最终的环境犯罪的认定。例如，笔者在裁判文书网搜索2021年全国一审环境犯罪案件的判决书，其中全国各地法院对环境监测报告、环境意见书、环境勘验笔录的证据种类认定不一。有的作为书证使用，有的作为鉴定意见使用，有的则直接作为刑事证据使用。行政执法收集的证据不能顺利转化为刑事证据使用，也是环境"两法"衔接不畅的重要因素之一。

（三）环境违法犯罪案件信息共享不畅

环境违法犯罪案件信息共享是指生态环境行政部门在执法中的信息与司法机关在刑事追诉中的信息进行准确、及时的交换，这是环境"两法"衔接有效进行的重要基础。

虽然在2017年原环境保护部、公安部和最高人民检察院联合印发了《环境保护行政执法与刑事司法衔接工作办法》，其中规定了环保部门、公安机关、检察院建立信息共享平台，建立健全联席会议机制，使执法信息能够在各部门之间有效传递，但是对于联席会议的牵头组织、开会周期等没有具体规定，导致实践中难以进行有效开展。

目前，多个省份启动行政执法与刑事司法衔接信息共享平台，实现了对食品药物、生态环境、卫生、国土等重点行政执法机关的全覆盖。立足这一平台，依托现代信息网络技术，行政执法机关与刑事司法机关可以在现有工作机制框架下，实现信息共享、案件报备、案件移送、跟踪监督、网上交流等功能，各行政执法机关可以通过该平台了解本单位移送的涉嫌犯罪案件线索的后续办理情况。

关于信息共享平台，从目前的实际情况来看，建立信息共享平台大多是流于形式，运行中暴露出了一些问题：表面上信息共享平台已经建立，但一些县（区）级部门并未链入平台；已经链入平台的部门对于信息的筛选和录入也存在分歧，一些部门选择性地进行信息录入，导致了关键信息缺失、信息时效性滞后等问题。信息录入不及时、范围不全面或选择性录入等，极大地限制了信息共享平台的工作效能，对于环境违法犯罪案件的实际处理产生了重要影响。

（四）环境涉罪案件的检察监督不力

检察机关对于环境涉罪案件移送进行监督和参与是保障环境"两法"衔接工作有效进行的关键因素之一。其主要内容是检察机关对环境行政部门移送环境涉罪案件和公安机关对涉罪案件立案等工作进行检察监督。

但在实践中，检察机关对于环境行政执法信息以及环境涉罪案件信息获取渠道有限，很难及时对环境行政执法进行检察监督。目前，检察机关获取环境执法信息主要是通过信息共享平台进行情况了解，且行政机关对执法信息录入通常是选择性录入或者不录入，基本是用以罚代刑的方式进行处理；公安机关在接受环境涉罪案件移送时，通常也不会主动向检察机关通知，或者选择将案件不录入信息平台。

例如，重庆市某区一检察院在2018—2020年间对环境"两法"衔接的法律监督案件仅有6件，但该区的年平均涉罪案件移送高达上百起[1]。检察机关与行政机关、公安机关之间的信息壁垒导致了无法对环境涉罪案件及时准确的检察监督。缺少了外部监督的压力，就会使得环境"两法"衔接机制难以有效运转。

二、原因剖析：环境行政执法与刑事司法衔接不畅的根源

（一）环境涉罪案件移送难的原因

1.环境涉罪案件被以罚代刑的行政化

环境行政执法过程中会受到来自政府与社会等多方的外部压力制约。

一方面，由于环境行政执法具有地域属性，当地的污染企业基本是当地的纳税大户，对当地的经济发展起着重要作用。同时，环境行政执法人、财、物三个方面均受制于地方政府[2]，近在咫尺的恶性排污行为，

① 蒋云飞：《生态环境保护行政执法与刑事司法衔接机制实证研究》，《中南林业科技大学学报》（社会科学版）2021年第2期，第53—62页。
② 康慧强：《我国环境行政执法与刑事司法衔接的困境与出路》，《郑州大学学报》（哲学社会科学版）2017年第1期，第23—27页，第158页。

为何逃过了地方环境监管部门的"法眼"[①]？现在环保监管机构不断壮大，法律法规也更加健全，但污染在加剧，这里面存在地方保护的因素。尤其涉及行政征收、行政罚款等经济利益的案件，以罚代刑能够完成上级规定的任务，增加本地财政收入，提高本部门福利，这就使得环境行政执法中不免出现包庇嫌疑。因此，在环境执法中若将污染企业认定为涉嫌环境犯罪的主体并移送司法机关，该企业或将面临比行政处罚更重的法律制裁。结果就是当地环境行政机关采取以罚代刑的方式，对污染企业采取较轻的行政制裁替代可能面临的较重的刑罚制裁，使环境违法案件终结于行政执法阶段，并由行政机关自主决定不向司法机关进行案件移送。

另一方面，对于环境行政机关以罚代刑，涉罪不移的现象缺少外部监督和追责机制。环境行政执法活动相对比较封闭，执法信息基本存在于行政机关内部，而外部的司法机关很难及时、全面地了解整个执法过程；同时，行政机关有选择性地进行信息共享，导致了检察机关无法对案件是否应当移送进行检察监督，并且在行政机关内部也没有相关的追责机制，使得行政机关的自主决定权被放大。

2.环境涉罪案件移送程序规定不明

环境涉罪案件移送程序在法律上并没有一个统一的规定，因此，在实践中依据不同的规范有不同的移送程序。以涉罪案件移送标准为例，《环境保护行政执法与刑事司法衔接工作办法》[②]（简称《衔接工作办法》）第5条规定，环境部门向公安机关移送涉罪案件的条件有二：一是执法的主体和程序合法；二是有合法证据证明有环境涉罪事实发生。

在《行政机关移送涉嫌犯罪案件的规定》[③]简称（《移送涉罪案件规定》）第3条中，规定了行政机关在执法中发现有涉嫌构成犯罪的，依法需要追究刑事责任的必须向公安机关移送。《衔接工作办法》规定的移送标准是只要有证据证明有涉嫌环境犯罪的事实就可以移送，但在《移送涉罪案件规定》中的移送标准变成了涉嫌构成犯罪和需要追究刑事责任两个条件。

对公安机关而言，根据《刑事诉讼法》第112条的规定，公安机关

---

① 《三问腾格里沙漠污染：企业排污为何有恃无恐？》，据搜狐网 http://business.sohu.com/20150428/n411989767.shtml，访问时间为2022年8月25日。
② 环境保护部、公安部、最高人民检察院：《环境保护行政执法与刑事司法衔接工作办法》（2017），环环监〔2017〕17号。
③ 中华人民共和国国务院：《行政机关移送涉嫌犯罪案件的规定》（2020），中华人民共和国国务院令第730号。

的立案标准是认为有犯罪事实发生且需要追究刑事责任时才应当立案。生态环境机关在监管时出现不协调、不配合现象，行政执法内部衔接尚不够紧密，与公安机关、检察机关的配合积极性不高。加之刑事案件标准高、要求严，程序不能有瑕疵，行政执法人员本身专业性不是太强，对于一些可移送也可不移送的案件往往倾向于减少麻烦不移送。因此，环境行政部门在移送案件时根据不同的移送标准，对涉罪案件移送的判断会出现偏差。同时，公安机关根据立案标准对所移送的涉罪案件是否立案也有不同理解，并且公安机关认为符合"犯罪事实"的标准通常高于环境行政机关认定的"构成犯罪事实"的标准。因此，由于不同部门适用了不同的法律法规，就会导致环境"两法"衔接工作不畅的情况。

此外，公安机关办理环境犯罪案件一是由环境执法机关移送，二是群众举报或在自身办案过程中发现环境案件。对于群众举报案件，一般公安机关会建议当事人向环境执法机关报案，环境执法机关相对来说技术方面更强一些。还有一个原因是涉嫌环境污染犯罪案件牵涉环境污染损害鉴定，当前我国环境污染损害鉴定机构很少且费用高昂。环境执法机关与公安机关相互推诿，都想让对方启动鉴定程序，导致接收案件时会因为鉴定问题有争议而搁置。并且，环境犯罪案件刑事证据的提供比行政证据要求严，公安机关往往要求行政执法机关在收集到足够证据的基础上再移送，行政执法机关往往难以达到其所期望的效果，也在一定程度上影响了公安机关接收案件的积极性。

（二）环境涉罪案件证据转化难的原因

虽然将行政执法证据转化为刑事司法证据在法律上有规定，但是由于不同的法律对证据的种类规定确有不同。在《生态环境行政处罚办法》①第26条中规定了几种行政处罚证据，分别为：书证、物证、视听资料、电子数据、证人证言、当事人陈述、鉴定意见、勘验笔录与现场笔录。《刑事诉讼法》第50条规定了几种刑事证据，分别为：书证、物证、证人证言、被害人陈述、嫌疑人/被告人供述和辩解、鉴定意见、勘验检查辨认侦查实验笔录、视听资料电子数据。

首先，在行政证据中的当事人陈述是执法中获取的行政相对人的陈述，与之相对应的是刑事证据中的被害人陈述和嫌疑人供述辩解，而这由于证明力的不同，不能直接进行转化。根据《关于适用〈中华人民共

---

① 中华人民共和国生态环境部：《生态环境行政处罚办法》（2023），生态环境部令第30号。

和国刑事诉讼法〉的解释》①第75条的规定，行政机关在执法中收集的物证、书证、视听资料、电子数据等证据经查证属实可以作为定案依据。这就意味着只有以上4种行政证据可以直接转化为刑事证据，原因是以上4种证据的客观性强，本身的争议性较弱。而像证人证言、当事人陈述等言词证据由于行政机关的取证标准较弱，因此，言词证据需要司法机关重新收集。

其次，环境行政机关在执法中制作的勘验笔录和现场笔录并不能直接作为刑事证据的勘验检查笔录，虽然二者名称上相近，但在收集和制作时的标准存在差异。作为刑事证据的勘验检查笔录有着严格的取证程序和规范，并且还有着严格的排除规则。因此，二者之间不能直接进行证据转化，而是需要司法机关依照刑事诉讼法的相关规定重新收集。

再次，对于环境监测报告的类别归属问题，目前依然存在争议，是作为鉴定意见使用，还是作为书证使用，抑或现场笔录使用，目前没有相关法律法规对其进行准确定位。

根据以上分析可以看出，环境行政执法获取的证据和刑事司法证据之间存在明显的差异，这也导致了环境涉罪案件证据难以顺利转化，进而阻碍了环境"两法"衔接工作的有效进行。

（三）环境涉罪案件信息交互机制不健全

环境"两法"衔接机制本质上就是行政机关与司法机关之间进行信息交互的机制，互相分享环境执法和环境司法中的相关信息，及时对环境违法犯罪案件进行处理，最终实现环境保护的目的。目前，我国在环境涉罪案件信息交互的模式有两类：一类是线上模式，即利用信息共享平台，行政机关录入环境违法案件信息，司法机关通过信息共享平台获取相关信息，实现网上移送、网上监督；另一类是线下模式，即环境部门、公安机关、检察机关建立联席会议制度，在联席会议上通报衔接工作情况，解决衔接工作问题。但这两种模式在目前的实践中都无法发挥出应有作用。

首先，目前的信息共享平台被逐渐弱化。信息共享平台的设立初衷是以环境行政机关为主导，将环境执法中关于环境违法犯罪的信息录入信息共享平台，而司法机关则是被动地从信息平台上获取违法信息，并且该信息平台对于司法机关的反馈信息却没有进行考虑。这种单向的信息输入会导致环境行政机关自主权限的扩大，在实践中行政机关会选择

---

① 最高人民法院：《关于适用〈中华人民共和国刑事诉讼法〉的解释》（2021），法释〔2021〕1号。

性地录入违法信息，延迟录入甚至不录入，检察机关根据现有的平台信息，无法及时对环境涉罪案件情况进行法律监督。

其次，虽然联席会议制度在《衔接工作办法》中有规定，但也仅为原则上的规定，对于具体由哪个部门负责召集、主持联席会议却没有具体规定，并且联席会议的召开周期、会议期间以及参会人员、联络人员也没有具体规定。这也就致使虽然及时召开了联席会议，会上也仅仅是以工作汇报的形式进行，对于实际执法中遇到的疑难案件，联席会议通常无法有效解决。

（四）环境涉罪案件检察监督缺位

对于环境涉罪案件的检察监督，大体上分为涉罪案件移送监督和涉罪案件立案监督两种。但目前这两种监督模式都存在不足：

首先，对于移送监督的法律规定不明确，虽然在《衔接工作办法》中规定了检察机关发现环境部门不移送环境涉罪案件时，可以派员调查并提出检察建议，但由于检察机关对于环境涉罪案件的信息获取有限，只能被动地根据行政机关上传的信息进行监督。法律没有明确规定检察机关能够主动介入环境案件移送程序，并且检察机关对行政机关进行检察监督时还会受到来自地方政府的外部干预，结果是对环境涉罪案件移送的检察监督无法发挥应有的作用。

其次，对于立案监督来说，检察机关的立案监督途径有两种：一种是环境行政机关对于公安机关的不予立案决定不服，向检察机关建议进行立案监督；另一种是检察机关发现公安机关存在应立不立或逾期立案的情况时启动立案监督。但最终的立案权依旧在公安机关，根据《人民检察院刑事诉讼规则》[①]第564条的规定，检察院向应立案而不立案的公安机关发出纠正违法通知书后，公安机关不纠正的，只能报上一级检察院与同级公安机关协商。因此，检察机关对于环境涉罪案件的移送监督和立案监督的强制性不足导致了检察监督缺位，最终也使得环境"两法"衔接无法顺畅进行。

三、破解困境：构建环境行政执法与刑事司法的协调机制

当前，在环境刑事立法方面仅对污染环境罪进行了修改，降低了入罪门槛，加重了处罚，在司法上也强调从重处罚，总体上有从重惩处的刑事政策倾向。但现实情况是，每年查处的环境犯罪数量虽然在增长，

---

① 最高人民检察院：《人民检察院刑事诉讼规则》（2019），高检发释字〔2019〕4号。

但仍有大量环境犯罪者因这样或那样的原因逍遥法外，查处概率低仍然是环境领域的突出问题。因之，提高惩处概率、压缩侥幸心理空间应成为环境刑事司法的主导政策，而环境行政执法与环境刑事司法的衔接机制是提高惩处概率的关键一环。

（一）完善环境涉罪案件移送的法律规定

环境涉罪案件的移送跨越了行政执法与刑事司法两个不同的领域，因此，单独的一个部门是无法完成这种复杂工作的。目前，我国关于环境涉罪案件移送的法律规定并未明确对移送程序和移送标准作出统一的规定。

第一，应当在立法上对环境涉罪案件移送程序和移送标准作出法律上的规定。当前关于涉罪案件移送内容大多是以行政法规或规范性文件的形式作出的规定，虽然发布和更改可以灵活适用，但由于该行政法规或规范性文件数量繁多且内容重复，在行政机关具体适用时出现了相互矛盾的情况。因此，需要由法律对涉罪案件移送的程序和标准作出统一的规定。由于法律的位阶是高于行政法规和规范性文件的，执法人员在适用时会优先考虑，并且由法律作出统一的规定也便于执法人员查找和适用，也会使得移送工作的可操作性增强。

第二，加强行政机关的移送责任，通过法律及行政法规来完善环境涉罪案件移送责任制。现实中由于行政机关的自主决定权扩大，存在着大量的以罚代刑、有案不移的现象。因此，需要法律及行政法规来完善移送责任制，对于严重不负责任的行政机关或个人进行监督追责，可以有效保证环境涉罪案件的移送效率和移送质量。

（二）完善环境涉罪案件证据转化规则

环境涉罪案件行政证据向刑事证据转化是环境"两法"衔接的一个重要内容。由于行政证据和刑事证据分属不同的体系，二者在取证规范和取证标准上都有不同。建立一个完善的行政证据转化为刑事证据的规则，将有利于环境涉罪案件的移送和审查。

第一，强化言词证据的补强规则。根据《刑事诉讼法》的有关规定，对于行政机关移送的言词证据不能直接作为刑事证据使用，司法机关需要重新收集言词证据。这是由于行政机关的取证标准通常低于刑事取证标准，要达到定罪量刑的目的，司法机关必须对言词证据重新收集与查证。由于环境犯罪涉及的主体众多，这样会拉长环境犯罪案件的办案周期，增加司法机关人员的工作负担。因此，可以对行政机关收集的证人证言、当事人陈述等言词证据以补强方式提高该言辞证据的证明力，使补强后的言词证据可以作为刑事证据来使用。

第二，提高环境涉罪证据收集标准，规范收集程序。面对环境涉罪案件，执法人员应依照刑事证据的收集标准和收集程序对案件相关证据进行收集。这样既能够在案件移送司法机关审查时顺利进行，又节约了司法资源，使司法机关可以将主要精力用于案件的刑事追诉中，也确保了所收集证据的证明力。

（三）强化信息共享平台的管理

为了打破环境行政机关与司法机关之间的信息壁垒，使环境涉罪信息能够及时准确地呈现在信息共享平台上，建议如下：

第一，应完善信息共享平台的录入规则。由于信息共享平台是由环境行政机关单方面录入，就会出现环境行政机关延迟录入、选择性录入甚至不录入的情况。环境行政机关缺少录入规范和追责制度。因此，要完善录入监督责任制，明确信息录入标准、录入时限和录入第一责任人，以此来限制环境行政机关的自主权，规范信息录入。

第二，对现有的信息共享平台进行升级。目前的信息共享平台只有行政机关一方单向输入，司法机关只能通过平台进行单向读取，平台缺少信息处理和交互功能。因此，可以依托大数据技术对环境涉罪案件信息建立一个完整的环境网络大数据信息共享平台。该平台主要由三个子平台组成，分别是大数据环保云平台、大数据管理平台和大数据应用平台；同时，开发一个手机端生态环境执法信息应用程序，并接入生态环境网络大数据信息共享平台。该平台可以实现行政机关和司法机关双向交互，不仅行政机关可以录入信息，司法机关也可以进行信息录入和读取。该信息共享平台还可以对录入的环境涉罪案信息进行数据分类处理，使各部门可以方便快捷地搜索读取各类案件信息。

（四）加强对检察监督为中心的环境涉罪案件的监督权

检察机关提前介入其理论正当性源于检察权对行政权和司法权的监督制衡，检察机关提前介入的独特优势、实践探索以及以审判为中心的刑事诉讼制度改革的推进，使其实施具备了充分的可行性[①]。但是，要明确检察监督权在监督机制中的核心地位。检察机关要积极主动作为，可以通过主导建立信息共享平台，实现对环境犯罪的全过程监督。

监察委员会成立以后，检察机关须将查办反贪污贿赂等职务化犯罪的权力移交到监察委员会，仅继续行使公诉权和法律监督权。因此，当

---

① 蒋云飞：《环境行政执法与刑事司法衔接的检察监督——基于检察机关提前介入视角》，《重庆理工大学学报》（社会科学）2019年第4期，第105-113页。

前检察机关在"两法"衔接机制中，应将重点放在对涉嫌环境犯罪案件的打击和对环境治理、生态修复的推动上。目前，检察机关对于环境涉罪案件的检察监督一直处于被动的情况，要加强检察机关对于环境涉罪案件全面的法律监督。

第一，增加检察机关对于环境涉罪案件的监督调查权，使检察机关能够主动介入环境涉罪案件的移送和侦办工作中去。涉罪案件移送作为环境"两法"衔接的重要基础，需要检察机关积极主动地参与到涉罪案件移送程序中，限制环境行政机关的自主决定权，对以罚代刑、有案不移的情况进行法律监督。同时，可以赋予检察机关提前审查涉罪案件证据的权力，对环境行政机关移送的涉罪证据进行审查，防止证据遗漏，对于需要补强的证据也可以及时通知行政机关。

第二，对于环境"两法"衔接工作联席会议，可以由检察机关进行召集和主持。会议上对于疑难复杂的环境涉罪案件，可以由检察机关主导，环境行政机关和公安机关配合，对案件进行事实认定、证据查证以及程序纠正。

第五章　右盼司法革新:优化环境
刑事司法效能

第一节　环境刑事司法概述

一、环境刑事司法的概念和价值

（一）环境刑事司法的概念

环境司法有单一论和综合论的学说。单一论认为环境司法只是专门机构（包括法院、检察院和公安部门）的设立，自上而下形成环境司法组织机构[①]。综合论认为环境司法对外表现为专门的环境审判机构，对内包含专门化的环境审判队伍、专门的环境审判模式以及专门化的环境审判程序[②]。笔者赞同第二种学说，它更贴合环境资源纠纷的复合性和动态性特点。

那么，环境刑事司法就是在环境司法概念的基础上专门针对刑事案件的环境审判机构、审判队伍、审判模式和审判程序的统称。

（二）环境刑事司法的价值

设计合理的环境刑事司法应规范和明确，并且能有效地限制行为人的恣意行为，并能体现正义、安全等价值。

第一，生态正义价值。程序正义的最基本要求是利益主体参与程序并自主行使权利，生态正义确定了环境利益划分的方式和环境负担承受的适当比例，它与程序正义相结合保障每一个主体的生态利益。将生态正义价值纳入环境刑事司法程序，要求保障被害人的诉讼权利，确立公众参与机制，扩大诉讼主体范围。

第二，生态安全价值。生态安全价值要求环境刑事司法对生态风险的巨大破坏性进行事先防范，也要构建顺畅的启动程序和审判程序对环境犯罪案件进行事后惩罚，并注重发挥能动司法的作用。

[①] 王树义：《论生态文明建设与环境司法改革》，《中国法学》2014年第3期，第54-71页。

[②] 吕忠梅：《环境司法专门化——现状调查与制度重构》，法律出版社，2017，第125页。

二、环境刑事司法的特征

（一）环境资源纠纷的特殊性

首先，从影响范围的广泛性上看，自然资源是一个有机整体，各个要素之间是存在一定联系的，并不是孤立存在的，大自然中的任何一点风吹草动都有可能影响整个生态系统。由于水具有流动性，环境资源纠纷的扩散性在水污染中体现得最明显，水里面的有害物质会随着水的流动扩散到下游，进而污染整个水流。水的流动性这一特点，在影响范围上非常广泛，以此类推，如果环境被污染或者被破坏，那么，造成的影响将是巨大的。

其次，从环境资源纠纷的动态性来看，当前环境事项管理体制分散，各部门事权还存在模糊地带。例如，一条河可能涉及多个部门管理，上、中、下游存在不同的管理者，但是当出现问题纠纷时，上游的污染会涉及中游或者下游，这时到底由谁来承担责任或者是由哪个部门负责人出面解释并没有统一的规定，相关负责人会出现推诿的情形，阻碍纠纷的解决。

再次，从法律关系的多重性来说，环境资源纠纷具有复杂性，它不仅仅涉及人身或者财产损害，还会损害到社会利益、生态环境，环境资源的纠纷造成的损害通常不是单方面的，是财产、人身、社会利益等的有机结合，单一的调整方式并不能带来环境的修复，这也是环境资源纠纷解决困难的原因之一。

（二）环境刑事审判机构的特殊性

截至 2021 年底，全国共设立环境资源专门审判机构和审判组织 2149 个，其中环境资源审判庭 649 个（包括最高人民法院、29 个高级人民法院、新疆生产建设兵团分院、158 个中级人民法院及 460 个基层人民法院）、人民法庭 215 个、审判团队（合议庭）1285 个[①]。

环境法庭不论是从司法程序上来看，还是技术保障上来说，均有其存在的合理性和必要性。环境法庭设置应科学化，这种科学化设置既应当遵循生态环境的特点，又应当遵循司法审判机构的规则。在环境污染案件中，造成的后果往往涉及跨流域或跨区域的环境损害，这对法院的管辖提出了特殊要求。

[①] 生态环境部：《关于政协十三届全国委员会第五次会议第 01459 号（资源环境类 102 号）提案答复的函》，据中华人民共和国生态环境部网站，https://www.mee.gov.cn/xxgk2018/xxgk/xxgk13/202301/t20230112_1012416.html，访问时间为 2023 年 7 月 31 日。

不同于其他案件严格区分刑事案、民事案、行政案，环境污染案件常常涉及民事、行政和刑事三个领域的交织，挑战了传统的三者审判分离的模式，所以环境资源法庭有"三审合一"（民事、刑事、行政）、"四审合一"（民事、刑事、行政、执行）的形式，有些地方则实行跨区域管辖。

（三）需要专门的环境刑事司法规则

我国现行刑法和刑事诉讼规则的制定旨在保障公民的人身权利和财产权利，然而，这些规则在环境保护方面存在一定的局限性。环境污染犯罪具有特殊性，不仅损害了公民的人身和财产权益，还对公众共享的环境造成了损害。

一方面，环境刑事诉讼主体众多。环境犯罪的犯罪主体不限于自然人和法人，由于环境污染不受地域限制，包括跨国环境犯罪的日益猖獗，有时还涉及国家作为主体。诉讼参与人除了公安机关、检察机关、人民法院外，也会有环保团体和利益相关人参与，人数众多。

另一方面，环境刑事诉讼过程复杂。环境犯罪案件涉及地方政府以及企业的利益，在诉讼过程中，地方保护主义导致案件处理会遇到困难。此外，环境犯罪本身的因果关系认定难，证据收集需要较专业的知识，技术手段要求高，这都导致环境刑事诉讼过程复杂。因此，环境污染案件的特殊性对传统审判程序处理环境案件提出了挑战。

（四）环境刑事司法人员专业性要求强

环境刑事司法作为环境司法的重要组成部分，也存在许多与民事及行政领域共同的问题，环境问题与民事、行政及刑事问题混合交叉，环境案件的特点和特殊性增加了审理的难度，环境审判专业化成为有效解决环境案件的重要保障，也是实现环境刑事司法发挥保护作用的关键。因此，专业环境司法人员的出现和加强不仅是环境审判机构专项设立的结果之一，还是环境司法特殊性的重要体现。环境资源审判庭的法官组成与传统的并不相一致，其所具有的专业知识不应该是单方面的，而应当具有复合性，既要懂得法律专业知识，也要懂得环境资源知识，应当属于复合型人才。

第二节　环境犯罪实体法与程序法的融合

有学者著文谈及"刚才陈瑞华老师在发言中讲到，立足于刑事一体化的观念，对于刑事诉讼法中的五个课题的研究（包括涉案财物的追缴，明知、非法占有目的与持有型犯罪的证明责任,认罪认罚从宽制度的改革,量刑程序改革,刑事和解),需要实体法与程序法两方面知识的共同支撑。只有这样,才可能构建一套相对合理的程序与制度。陈瑞华老师想表明的观点是,理论本身可能有学科之分,但实务问题并不是按照学科设置来出现的。实务问题的解决,需要有刑事一体化的知识性支持"[①]。由此,笔者从刑事一体化视角研究环境犯罪认罪认罚从宽制度、环境犯罪量刑规范化指南、环境犯罪刑事和解制度,以此来促进环境刑事程序法与实体法的融合。

一、环境犯罪认罪认罚从宽制度

2018年10月以来,认罪认罚从宽制度通过试点地区覆盖到全国各地实施。认罪认罚从宽制度是刑事一体化适用的表现,认罪认罚是一个集实体与程序于一体的综合性法律制度。认罪认罚从宽制度原属于刑事实体法研究范围,当下已经突破实体法领域进入程序法视域,环境犯罪的特点可以适用认罪认罚从宽制度。

一方面,环境犯罪行为人大多是出于经济利益而破坏环境,具有发展经济和破坏环境的双重属性,对其适用认罪认罚从宽制度,可以让其在悔悟的同时及时修复受损的生态环境,与当前修复性司法的理念相一致。

另一方面,环境犯罪具有犯罪方式隐蔽,危害行为与危害结果的产生中间间隔时间较长,因果关系认定存在困难,污染损害鉴定机构少、成本高等特点,适用认罪认罚从宽制度可以减轻控方证明负担重的突出问题,提高了诉讼效率,节约了司法资源。

在司法实践中,可以看到司法机关也越来越重视破坏环境资源犯罪认罪认罚从宽的适用情况。当前破坏环境资源犯罪适用认罪认罚从宽制度呈现出怎样的样态,未来发展趋势如何,有哪些值得思考与关注的问题,我们应如何更好地实现破坏环境资源犯罪与认罪认罚从宽制度的自洽,笔者将对上述问题一一进行探讨。

(一)当前环境犯罪适用认罪认罚制度的基本样态

1.破坏环境资源犯罪认罪认罚从宽制度统计分析

认罪认罚从宽制度自2018年10月开始在全国普及开来,为了解全国范围内破坏环境资源犯罪适用认罪认罚从宽制度惩治犯罪的情况,笔者

---

① 劳东燕:《刑事一体化思想下的学术研究所感》,《中国检察官》2018年第2期,第12-13页。

从"把手案例"法律数据库中选取2018—2022年的破坏环境资源犯罪认罪认罚从宽的相关数据进行提取与分析，以"刑事""认罪认罚""破坏环境资源保护"为关键词检索到近5年共有38354起案件文书。

（1）时间分布

从时间维度看，2018—2022年环境犯罪适用认罪认罚从宽制度的数量占比分别是案件总件数的5%、30%、72%、64%、49%（见表5-1）。另外，从表5-1中各年份的案件数量占比来看，2020年达到最高，为72%。

表5-1　2018—2022年环境犯罪适用认罪认罚从宽制度的数量情况

年份	案件总件数	认罪认罚从宽案件数	所占比例
2018年	24802	1152	5%
2019年	29038	8707	30%
2020年	27537	19895	72%
2021年	11396	7241	64%
2022年	2799	1359	49%

（2）地域分布

环境犯罪适用认罪认罚从宽制度适用最多的前10个省份分别是广西、河南、湖南、云南、重庆、广东、四川、江西、江苏、湖北（见表5-2）。前10名省份中，有6个省份（重庆、江苏、河南、湖北、湖南、广东）属于适用认罪认罚从宽制度的试点省份，其他4个省份均没有设置试点城市，这说明非试点地区积极主动适用认罪认罚从宽制度，观念转变很快，也说明认罪认罚从宽制度推广相对畅通。

表5-2　2018—2022年环境犯罪适用认罪认罚从宽制度前10名省份分布统计表

省份	广西	河南	湖南	云南	重庆	广东	四川	江西	江苏	湖北
数量（件）	2867	2785	2533	2439	2225	2135	2000	1996	1933	1802
比例	7.48%	7.26%	6.61%	6.36%	5.8%	3.29%	5.22%	5.2%	5.04%	4.7%

（3）刑罚配置情况

1）刑期统计分析

适用认罪认罚从宽制度的环境犯罪案件判处管制671人、拘役11350人[①]，由表5-3可知，其中判处3年（不含本数）以下有期徒刑的共计20235人，判处3年以上10年以下（均含本数）有期徒刑的共计4117人，判处10年（不含本数）以上年有期徒刑的共计87人。由此可见，3年以下有期徒刑所占比例最大。由于认罪认罚从宽制度强调量刑的精准化，笔者对3年以下有期徒刑又作了细化统计，判处6个月到1年有期徒刑的人数也较多。

表5-3　2018—2022年环境犯罪适用认罪认罚从宽制度有期徒刑区间适用统计表

刑期区间	数量（人）	刑期区间	数量（人）
6个月	4512	36—47个月	3082
7个月	1645	48—59个月	443
8个月	2514	60—71个月	259
9个月	1119	72—83个月	105
10个月	2094	84—95个月	81
11个月	386	96—107个月	51
1年	4020	108—119个月	19
13—17个月	1359	10年	77
18个月	1777	11年	45
19—23个月	768	12年	29
24—35个月	41	13年	13

2）缓刑的适用情况

从判处缓刑时间的长短来看（见表5-4），判处缓刑1年到2年的案件最多，其次判处缓刑6个月的较多，再次是判处缓刑3年到4年的及4个月、3个月所占比例也较多。案件较少的是判处缓刑1个月、11个月、9个月、2年到3年的。

[①]　这两处数据均是从数据库中直接得出的，因表格主要是对有期徒刑进行细化计算，这两处并未在表格体现。

表 5-4　2018—2022 年环境犯罪适用认罪认罚从宽制度缓刑适用统计表

缓刑时间	数量（人）	缓刑时间	数量（人）
1 个月	1	9 个月	72
2 个月	184	10 个月	498
3 个月	1286	11 个月	1
4 个月	1515	1 年到 2 年	9391
5 个月	862	2 年到 3 年	84
6 个月	2762	3 年到 4 年	2101
7 个月	132	4 年到 5 年	1009
8 个月	712	5 年	325

3）罚金适用情况

罚金共计 26875 单，占到总案件数量（人）（38354）[①]的 70%，适用比例大。笔者仅选取整数罚金金额进行统计（见表 5-5），可以看到，判处 1 万元以下的罚金数量是最多的，判处 2 万元到 5 万元罚金的相对较多，判处 6 万元到 9 万元罚金的相对较少，判处 50 万元以上罚金的比例最小。

表 5-5　2018—2022 年环境犯罪适用认罪认罚从宽制度罚金金额统计表

罚金金额（元）	数量（人）	罚金金额（元）	数量（人）
1000	340	3 万	266
2000	359	4 万	111
3000	625	5 万	197
4000	224	6 万	60
5000	759	7 万	23
6000	161	8 万	43
7000	66	9 万	6
8000	200	10 万	123
9000	16	20 万	46
10000	772	50 万	13
20000	157	100 万	6

---

① 这两处数据均是从数据库直接得出，为现实的罚金数量。

2.与未适用认罪认罚从宽制度惩治环境犯罪案件的对比分析

笔者通过与未适用认罪认罚从宽制度的案件进行对比分析，以此找寻适用认罪认罚从宽制度后惩治环境犯罪案件的变化，从而直观地反映认罪认罚从宽制度在环境犯罪案件中的适用效果。由于数据太多不便于统计，笔者选取2019年作为参考，因为2019年是认罪认罚从宽制度实施的第1年。

（1）适用程序的比较

从表5-6可以看到，2019年适用认罪认罚从宽制度的环境犯罪案件（简称Ⅰ类案件）和未适用认罪认罚从宽制度的环境犯罪案件（简称Ⅱ类案件）两类案件[①]。Ⅰ类案件一共有5102件，其中速裁程序563件、简易程序3580件、普通程序959件，适用比例分别为11%、70.1%、18.7%。Ⅱ类案件共计7490件，其中速裁程序156件、简易程序5619件、普通程序1715件，适用比例分别为2.1%、75.0%、22.9%。可以看出，两类案件中简易程序的占比都是最大的，占到七成多，Ⅰ类案件速裁程序适用比例远远大于Ⅱ类案件。

由此说明，认罪认罚从宽案件中，速裁程序和简易程序的适用在一定程度上节省了司法资源。

表5-6　2019年两类案件的适用程序以及刑种统计表

刑种 适用程序		管制数量 （占比）	拘役数量 （占比）	3年以下有期徒刑数量 （占比）	3至10年有期徒刑数量 （占比）	10年以上有期徒刑数量 （占比）	合计
速裁程序	Ⅰ类	17 （3.01%）	292 （51.8%）	254 （45.1%）	—	—	563
	Ⅱ类	7 （4.48%）	88 （56.4%）	61 （39.1%）	—	—	156
简易程序	Ⅰ类	82 （2.29%）	1267 （35.3%）	2231 （62.3%）	50 （1.39%）	—	3580
	Ⅱ类	91 （1.61%）	1659 （29.5%）	3796 （67.5%）	73 （1.29%）	—	5619
普通程序	Ⅰ类	12 （1.25%）	231 （24%）	658 （68.6%）	58 （6.04%）	—	959
	Ⅱ类	17 （0.99%）	338 （19.73%）	1224 （71.3%）	131 （7.63%）	5 （0.29%）	1715

注:表格中的占比计算为该数量除以最后一列该项合计的数量。

① 此处案件数量的计算是管制数量、拘役数量和有期徒刑数量三者之和。

（2）刑种的比较

从判处的刑种来看，两类案件中三种程序对应的管制、拘役、有期徒刑的比例略有差异、区别不大。从管制刑来看，速裁程序中的Ⅰ类案件低于Ⅱ类案件1.47个百分点，简易程序和普通程序中的Ⅰ类案件分别高于Ⅱ类案件0.68个百分点、0.26个百分点。从拘役刑来看，速裁程序中的Ⅰ类案件低于Ⅱ类案件4.6个百分点，简易程序和普通程序中的Ⅰ类案件分别高于Ⅱ类案件5.8个百分点、4.27个百分点。从3年以下有期徒刑数量来看，速裁程序中的Ⅰ类案件高于Ⅱ类案件5个百分点，简易程序和普通程序中的Ⅰ类案件分别低于Ⅱ类案件5.2个百分点、2.7个百分点。从3至10年有期徒刑数量来看，简易程序中两类案件数量基本持平，普通程序中的Ⅰ类案件低于Ⅱ类案件1.59个百分点（见表5-6）。

（3）审理期限的比较

速裁程序平均审理时间方面，Ⅰ类案件比Ⅱ类案件缩短了一半；简易程序平均审理时间方面，Ⅰ类案件比Ⅱ类案件缩短了3天；普通程序平均审理时间方面，Ⅰ类案件比Ⅱ类案件缩短了1个月。总体平均审理期限方面，Ⅰ类案件和Ⅱ类案件分别为35天、59天（见表5-7）。总的来说，审判效率有所提高。

表5-7　2019年两类案件的审理时间统计表

种类	时间			
	速裁程序平均审理时间	简易程序平均审理时间	普通程序平均审理时间	总体平均审理时间
Ⅰ类	7天	21天	74天	35天
Ⅱ类	14天	24天	104天	59天

（4）非羁押强制措施情况的比较

从表5-8非羁押强制措施情况来看，Ⅰ类案件和Ⅱ类案件监视居住所占比例相当，Ⅰ类案件取保候审6282起，Ⅱ类案件取保候审12738起，分别占到总案件的80%、63%，这说明非羁押强制措施情况在环境犯罪案件中适用比较高，适用认罪认罚从宽制度的环境犯罪案件尤其高。

表5-8　2019年两类案件的非羁押强制措施统计表

种类	方式	
	取保候审数量（占比）	监视居住数量（占比）
Ⅰ类	6282（80%）	341（4.3%）
Ⅱ类	12738（63%）	832（4.1%）

（5）量刑情节的对比

从表5-9对比可以看出，量刑情节中，退赃、自首、坦白等情节所占比例，Ⅰ类案件高于Ⅱ类案件，尤其是自首高出22点多个百分点，坦白高出11点多个百分点。然而，谅解、和解、悔罪、赔偿等情节，Ⅰ类案件低于Ⅱ类案件。Ⅰ类案件和Ⅱ类案件的预缴罚金情节所占比例基本持平。Ⅰ类案件中，自首和悔罪分别达到30.4%、24.6%。然而，谅解、退赃、退赔、和解、预缴罚金、生态修复的占比均不到5%。

表5-9　2019年两类案件的量刑情节分布表

种类		量刑情节									
		谅解	退赃	退赔	自首	坦白	和解	预缴罚金	悔罪	生态修复	赔偿
Ⅰ类	数量（件）	2	304	72	3581	1495	19	210	2902	530	510
	占比（%）	1.94	2.58	0.61	30.4	12.6	0.16	1.78	24.6	4.50	4.33
Ⅱ类	数量（件）	541	151	104	1420	242	133	329	6701	677	1113
	占比（%）	3.0	0.8	0.5	8.0	1.3	0.7	1.8	37.9	3.83	6.3

（二）环境犯罪适用认罪认罚从宽制度的特征与解读

通过对认罪认罚从宽制度实施四年多来环境犯罪案件的刑事司法样态统计数据的概要分析，并与未适用认罪认罚从宽制度的环境案件数据作对比统计，归纳总结环境犯罪认罪认罚从宽制度所呈现出的总体特征，并审视存在的问题，具体表现在：

1.案件数量逐年升高，总体适用率较低

从时间维度看，在全国铺开试点工作后，试点与非试点地区环境犯罪认罪认罚从宽数量差别不大，适用比较通畅。但整体看，环境犯罪适用认罪认罚从宽制度数量达不到全国水平，相对较低。例如，2023年2月，最高人民检察院数据显示该制度适用率稳定保持在85%以上；2022年1月至11月，则达到90%以上；而2022年，环境犯罪适用认罪认罚从宽率仅占环境犯罪案件的49%。

2.简易程序适用高，速裁程序适用低

简易程序在未适用认罪认罚从宽制度的环境犯罪案件和适用认罪认罚从宽制度的环境犯罪案件中所占比例都比较大，分别是77.1%和70.7%。在未适用认罪认罚从宽制度的环境犯罪案件中，速裁程序仅占总案件的2.4%，适用认罪认罚从宽制度的环境犯罪案件适用速裁程序比例有了一定提升，达到13.1%。但是，跟同期认罪认罚从宽案件中速裁程序的使用相比，还是比较低的。2020年10月，《最高人民检察院关于人民检察院适用认罪认罚从宽制度情况的报告》（简称《认罪认罚从宽制度报告》）中提到检察机关适用该制度办理的案件，起诉至法院后适用速裁程序审理的占27.6%。总体来说，存在简易程序适用高、速裁程序适用低的特点。

3.非羁押措施适用高，不起诉适用低

监视居住在是否适用认罪认罚从宽制度环境犯罪案件中所占比例变化不大，然而，适用认罪认罚从宽制度后，取保候审的比例上升了17个百分点，达到八成，非羁押率还是比较高的。《认罪认罚从宽制度报告》中也提到"认罪认罚从宽案件不捕率高于整体刑事案件18.3个百分点"。刑事诉讼中犯罪嫌疑人在办案机关、辩护人、值班律师的引导和释法说理下自愿认罪认罚从宽的，其社会危险性和羁押必要性的评价都会降低①。因此说，认罪认罚从宽制度在程序适用上对逮捕率的下降有相当程度的影响。

笔者搜集到2018—2022年环境犯罪不起诉决定书有21534篇，适用认罪认罚从宽的不起诉决定书有14853篇，不起诉率占到所有案件总数（53207件）的27.9%，比例相对较低。认罪认罚从宽不起诉案件的适用更能体现宽严相济的刑事司法政策，节省了诉讼资源，更有利于犯罪嫌疑人回归社会、服务社会。

4.审判效率高，上诉率低

适用认罪认罚从宽制度的环境犯罪中，1个月内审结的案件达到近七成。适用认罪认罚从宽的案件与未适用认罪认罚从宽的案件相比，速

---

① 董坤、李佳倩：《捕后不诉率上升情况的数据分析》，《检察日报》2020年11月24日第3版。

裁程序缩短了一半时间，简易程序平均审理期限缩短得不太明显，普通程序平均审理期限提高了28%，总的平均审理期限缩短了24天，总体上实现了繁简分流、简案快办。适用认罪认罚从宽制度后，破坏环境资源犯罪的上诉率相对比较低，一审后被告人上诉率为3.84%。犯罪嫌疑人自愿认罪认罚从宽，有助于增强其接受教育矫治的自觉性，更好回归社会，最大限度减少社会对立面。

5.量刑建议采纳率高，量刑精准化程度低

《认罪认罚从宽制度报告》提出2019年1月至2020年8月，量刑建议采纳率为87.7%。其中，提出确定刑量刑建议率为76%。2022年1月至11月，最高人民检察院统计显示确定刑量刑建议提出率为96.5%，采纳率为98.4%。与此相对，环境犯罪量刑建议采纳率也比较高，但是量刑还不够精准化。例如，环境犯罪认罪认罚从宽案件判处6个月、1年、1年半有期徒刑的数量明显多于其他时间点，存在"估堆取整"现象，不够精准化。

6.有期徒刑适用比例高，罚金金额适用低

环境犯罪的刑罚包括有期徒刑、拘役、管制和罚金，有期徒刑适用占到几乎刑罚适用总数的一半（52.7%），其中判处6个月至1年的有期徒刑占到42.4%。从刑罚适用强度来看，环境犯罪在司法实践中是相对宽缓的，这跟环境犯罪的因果关系难以认定有关，所以在司法实践中呈现"轻刑化"样态。

环境犯罪的罚金金额相对较低，大都在5万元以下，不超过1万元的罚金金额占比最多。对于个人犯罪来说，有些被告人由于收入低，迫于生计实施破坏环境资源犯罪，法官裁定的罚金数额符合他们的收入水平。但是对于单位犯罪，判处罚金也不高，例如，判处20万元、50万元、100万元罚金的分别仅有46起、13起、6起，有些甚至"低于生态环境损害评估价值和环境修复费用，甚至低于其非法排污收益，会使罚金刑惩罚贪利性犯罪，达到一般预防的期望落空"[①]。

7.缓刑适用率高，生态修复率低

《认罪认罚从宽制度报告》中提到"法院宣告缓刑案件占36.2%，高出整体刑事案件6.9个百分点"。适用认罪认罚从宽制度的环境犯罪案件缓刑适用率达到六成，比例是非常高的。然而，生态修复案件4240起，

---

① 杨迪：《污染环境罪司法样态透视——基于刑事判决的实证分析》，《国家检察官学院学报》2020年第4期，第88-100页。

仅占到4.5%，比例非常低。其中增殖放流[1]1184起、补植复绿771起、消除污染148起、货币补偿7起。两者对比，被告人破坏环境后认罪认罚，不仅判处缓刑得以轻罚，而且被污染的环境、被破坏的生态也没有得到修复，不符合人们朴素的正义观。有鉴于此，一些地方检察机关在办理环境犯罪案件中，探索建立"认罪认罚从宽+生态修复"机制。

（三）环境犯罪适用认罪认罚制度的完善路径

纵观当前我国环境犯罪认罪认罚从宽制度的刑事司法样态可知，环境犯罪认罪认罚从宽制度既取得了一些突破性进展，也存在一些问题，要不断探索环境犯罪适用认罪认罚从宽制度的完善路径。

1.厘清环境刑事政策与认罪认罚从宽制度的关系

从严打击环境犯罪的刑事政策影响适用认罪认罚从宽制度[2]。但是，环境犯罪有其自身的特殊性，因果关系难以认定导致取证较难，环境犯罪的危害结果发现较晚也会导致生态不好修复，犯罪嫌疑人为保全非法利益，有的拒不认罪，有的只认罪认罚从宽不认赔，还有的偷偷转移隐匿财产。因此，环境犯罪适用认罪认罚从宽制度可以有效且及时恢复环境损失，这意味着，认罪认罚从宽作为证据的价值更为凸显，有利于公诉机关可以花费较少的时间以及较少的精力侦破那些隐蔽性较强的犯罪，避免更大危害结果发生的可能[3]。

从另一方面来说，虽然《刑事诉讼法》对于认罪认罚从宽制度适用并没有罪名限制，但客观上，认罪认罚从宽制度发挥功能作用的"主战场"必然在轻罪案件上[4]。从以上数据看到环境犯罪判处的大都是3年以下有期徒刑，且1年以下有期徒刑占比最大。由此，要以认罪认罚从宽制度来推动环境犯罪治理能力提升，树立宽严相济的环境刑事政策。

2.重塑程序分流机制可做到程序从简

（1）分类型刑事案件适用相应的诉讼程序

不认罪案件，一律适用普通程序；可能判处3年有期徒刑以下刑罚的认罪不认罚案件，适用简易程序；可能判处有期徒刑超过3年的认罪

---

① 即水生生物增殖放流，是指采用放流、移植等人工方式向河流、湖泊、水库等天然或人工的开放性水域投放亲体、苗种等活体水生生物的行为。这是国内外公认的养护水生生物资源最直接、最有效的手段之一。

② 余彦：《污染环境罪适用认罪认罚从宽制度研究》，《环境法评论》2020年第1期，第111–125页。

③ 蔡鑫韵、曾粤兴：《认罪认罚从宽制度的环境犯罪适用研究》，《昆明理工大学学报》（社会科学版）2018年第1期，第10–18页。

④ 叶青、韩东成：《轻罪刑事政策下认罪认罚从宽制度的司法运用程序若干问题研究》，《中国刑事法杂志》2020年第5期，第94–111页。

不认罚案件适用简易程序（合议庭审判）；认罪认罚从宽的微罪案件适用速裁程序；认罪认罚从宽的轻罪案件以及重罪案件可以适用简易程序或者普通程序。

（2）加大相对不起诉的适用

环境犯罪存在单位犯罪，在涉及民营企业案件的办理过程中，检察院应充分发挥检察职能作用并营造保护企业家合法权益的法治环境，准确把握宽严相济的刑事政策要求，全面综合考虑办案效果，对积极采取措施减轻或者消除危害的企业家依法从宽处理，坚持"少捕""慎诉"，实现审前出罪，既保证民营企业正常经营活动，最大限度挽回国家损失，又责成企业家今后合规经营，促进企业健康发展。

3.探究精准量刑机制以体现实体从宽

（1）刑法是否要规定认罪认罚从宽制度

关于此点，学界有不同意见：有些学者认可从刑法的角度定位认罪认罚从宽制度[1]；也有学者认为我国刑事法律体系呈现着"立法严，用法恕"的特征，把认罪认罚从宽制度写进刑法与此不甚协调，坚持认罪认罚从宽制度的刑事诉讼法定位[2]。

笔者赞同前者观点，因为认罪认罚从宽制度实体法的空缺，不仅导致实体法和程序法的脱节，而且有侵犯立法权和违反罪刑法定的嫌疑。

（2）认罪认罚情节是否法定化

学界对此问题也存有争议：有学者主张将认罪认罚情节法定化[3]；也有学者提出从刑法的稳定性与罪责刑相适应原则的应然要求来看，将认罪认罚情节法定化既无必要性，也不具合理性[4]。

笔者认同第一种观点，正如有学者所说："虽然认罪认罚从宽制度规定在刑事诉讼法中，但其实际上是一个实体与程序兼容的制度。"[5]将认罪认罚视为独立的量刑情节，可以使犯罪行为在从宽处理的法定情节下尽早认罪认罚。

---

① 周光权：《论刑法与认罪认罚从宽制度的衔接》，《清华法学》2019年第3期，第28-41页；李梁：《认罪认罚从宽作为量刑情节及其具体适用》，《华东政法大学学报》2023年第3期，第100-107页。

② 何剑：《认罪认罚从宽应该写进刑法吗？——兼与周光权教授商榷》，《犯罪研究》2022年第4期，第51-63页。

③ 刘伟琦、刘仁文：《认罪认罚应作为独立的量刑情节》，《湖北社会科学》2021年第4期，第118-127页。

④ 敦宁：《认罪认罚从宽制度的刑法回应》，《齐鲁学刊》2022年第5期，第81-93页。

⑤ 黄京平：《认罪认罚案件从宽处理的实体法依据——兼议刑事诉讼法修正与刑事实体规范的关系》，《人民检察》2018年第17期，第29-35页。

（3）从宽幅度的确定

认罪认罚包括自首型认罪认罚、坦白型认罪认罚和承认犯罪事实型认罪认罚[1]。结合认罪认罚的类型，建议设置如下从宽幅度：自首型的基本从宽幅度为可以减轻或免除处罚，法定升格从宽幅度为应当免除处罚。坦白型的基本从宽幅度为可以减轻处罚，法定升格从宽幅度为可以减轻或免除处罚。承认犯罪事实型的从宽幅度可以从轻处罚，而不能是减轻处罚和免除处罚，同时对宣告缓刑具有一定的影响。

（4）探索环境犯罪认罪认罚从宽精准量刑机制

据此，制定环境犯罪量刑建议时，首先应根据上述三种认罪认罚类型进行划分，然后根据办案价值量划分为侦查阶段、审查起诉阶段、审判阶段。环境犯罪适用认罪认罚从宽制度，具体来说就是自首型认罪认罚在侦查、审查起诉、审判阶段分别可以减少基准刑的70%、50%、50%以下，犯罪较轻的，可以减少基准刑的70%、60%、50%以上或者免除处罚；坦白型认罪认罚在侦查、审查起诉、审判阶段分别可以减少基准刑的50%、40%、30%以下；承认犯罪事实型在侦查、审查起诉、审判阶段分别可以减少基准刑的20%、10%、5%以下。总体来说，就是应考虑罪行的轻重、人身危险性、办案价值量以及修复生态环境的能动性层次，精准设计阶梯式与激励性的从宽制度。

4.注重恢复性司法的运用

积极探索恢复性司法理念与认罪认罚从宽制度的相互衔接，自愿签署"生态补偿协议"的，可以作为犯罪嫌疑人、被告人认罪、悔罪的酌定量刑情节，积极引导他们主动就修复生态环境"认赔"，推进"认罪认罚从宽＋生态修复"模式。

此外，进一步扩大生态修复的适用范围，将修复生态环境作为缓刑和假释的适用条件。当前环境犯罪缓刑适用率高，导致刑罚目的难以实现，将修复生态环境作为假释或缓刑的量刑条件，既有利于刑罚目的的实现，也促进了生态环境的改善。总之，强化生态修复在认罪认罚从宽制度中占有一席之地，有利于及时解决生态环境问题。

现代国家生态治理是习近平生态文明思想的重要内容，也是其生态文明思想实现的主要方式[2]。认罪认罚从宽制度作为一项新生制度，在破

---

① 刘伟琦：《认罪认罚从宽制度的刑事实体法构建——兼与周光权教授商榷》，《河北法学》2020年第8期，第77-96页。

② 郭永园：《习近平生态文明思想中的现代国家生态治理观》，《湘潭论坛》2019年第4期，第23-31页。

坏环境资源保护犯罪案件中还有需要进一步细化的地方，以此来推动环境犯罪治理能力的提升。希望通过探究精准量刑机制体现实体从宽、重塑程序分流机制实现程序从简、探索生态修复补偿与认罪认罚从宽衔接机制等来实现环境犯罪与认罪认罚从宽制度的自洽。

二、环境犯罪量刑规范化指南

以最高人民法院、最高人民检察院为主发布的《关于适用认罪认罚从宽制度的指导意见》明确提出，办理认罪认罚从宽案件，人民检察院一般应当提出确定刑量刑建议；对新类型、不常见犯罪案件，量刑情节复杂的重罪案件等，也可以提出幅度刑量刑建议。

2020年12月，最高人民检察院在《关于认罪认罚从宽运行中28个问题的改进措施》中提出，要细化常见罪名量刑标准，统一量刑方法与裁量幅度。目前，只有江苏高院、重庆高院、辽宁高院对污染环境罪的量刑规范化进行了实践探索，但这三个高院的规定存在明显的差异性。将来最高人民法院在修订《关于常见犯罪的量刑的指导意见》时，除了应遵守量刑基准的一般规定，还应当充分考虑污染环境罪的特殊性对量刑基准的影响。因此，笔者在这三个高院的基础上，进一步设计污染环境罪量刑规范化指南。

（一）江苏高院、重庆高院、辽宁高院污染环境罪量刑规范比较及借鉴

1.从总体内容结构来看

（1）江苏高院

一是规定了污染环境罪量刑的指导原则。二是对"未取得危险废物经营许可证""超出危险废物经营许可证的经营范围""违法所得"，认定为"生态环境严重损害""生态环境特别严重损害"的情形，对2016年《最高人民法院、最高人民检察院关于办理环境污染刑事案件适用法律若干问题的解释》（简称2016年《解释》）第1条第18项规定的"其他严重污染环境的情形"以及"单位犯罪的认定"等作了解释。三是对"严重污染环境"和"后果特别严重"都制定了相应的基准刑，但是对于"后果特别严重"只规定了4个条款对应的基准刑，其他条款未涉及。四是规定了可以增加刑罚量的情形和可以减少基准刑的情形。五是规定了不适用缓刑或者免予刑事处罚的情形以及可以适用缓刑的情形。六是规定了确定罚金刑数额应充分考虑的因素。

（2）重庆高院

污染环境罪量刑指导意见规定了污染环境罪量刑的指导原则、基本方法、基本量刑情节和具体量刑情节，对于缓刑适用也作了限制，规定了可以增加刑罚量的情形，规定了单位犯罪和自然人犯罪判处罚金数额的限制。但是，重庆高院只规定了第一档3年以下有期徒刑或者拘役的量刑基准，没有对第二档加重情形细化量刑。

（3）辽宁高院

污染环境罪量刑指导意见对"严重污染环境"和"后果特别严重"都制定了相应的基准刑。相比于重庆高院，多了第二档法定刑的量刑指导。相比于江苏高院，第二档法定刑涉及的条款比较多①，也规定了可以增加或者减少相应的刑罚量，还规定了不起诉或者免予刑事处罚的情形。

2.从基准刑的规定来看

（1）量刑起点不一样

第一，江苏高院规定构成"严重污染环境"的犯罪行为，量刑起点为有期徒刑1年至1年半；构成"后果特别严重"的犯罪行为，量刑起点为有期徒刑4年。第二，辽宁高院规定法定刑在拘役、3年以下有期徒刑幅度的可以在拘役至1年有期徒刑幅度内确定量刑起点，法定刑在3年以上7年以下有期徒刑幅度的可以在3年至4年有期徒刑幅度内确定量刑起点。第三，重庆高院以基本犯罪构成事实在相应的法定刑幅度内确定量刑的起点，"严重污染环境"的犯罪行为大都是在有期徒刑6个月至1年确定量刑起点②。

（2）两种情形以上如何确定基准刑不一样

第一，辽宁高院对此没有规定，重庆高院和江苏高院规定了此种情形。第二，江苏高院规定，每增加《解释》第1条第1项至第17项情形中的一项，增加6个月刑期确定基准刑；每增加《解释》第3条第1项至第12项情节中的一项，增加1年刑期确定基准刑。对于两档法定刑区间，江苏高院分别采取不同的刑期（第二档高于第一档1倍的刑期）来增加基准刑。第三，重庆高院规定，行为人触犯2至3项情形的，增加20%～50%的刑期。行为人触犯超过3项情形的，增加50%以上的刑期。重庆高院仅规定一档法定刑区间，对于第二档法定刑区间如何使用没有提及。

---

① 江苏高院仅规定了2016年《解释》第3条第1项、2项、5项、6项，辽宁高院则规定了其中的9项。

② 重庆高院的一个例外是对2016年《解释》第1条第8项以"有期徒刑1年至2年"确定量刑起点。

（3）量刑的调节幅度不一样

第一，江苏高院在第一档刑期调节幅度为"数额每增加一定幅度，刑期就增加3个月至6个月"，在第二档刑期调节幅度为"数额每增加一定幅度，刑期就增加6个月至1年"。第二，辽宁高院在第一档刑期调节幅度，分别出现"增加1个月刑期""增加1个月至2个月刑期""增加1个月至3个月刑期""增加2个月至3个月刑期""增加3个月至4个月刑期""增加3个月至6个月刑期""增加1年刑期"等幅度，在第二档也是大致相同的调节幅度，就是把"增加1年刑期"变成了"增加1年至2年刑期"。第三，重庆高院对于处置特殊废物的吨位数、特殊物质的倍数、财产损失数额、林木破坏面积等情况规定了"6个月至1年刑期""1年至2年刑期""2年至3年刑期"等幅度。除此之外的其他情形规定"6个月至1年刑期，每增加一定幅度增加2个月刑期""1年至2年有期徒刑，每增加一定幅度增加1个月"等量刑幅度。

3.对于三者的评析及借鉴

（1）从框架来看

江苏高院规范的内容最多最全最详细。笔者在构建量刑规范化指南时尽可能涵盖较多的内容。具体来说，在污染环境罪量刑规范化中规定量刑指导原则，基本量刑情节包括可增加或减少的刑罚量以及对于缓刑适用和罚金刑适用的限制情形，具体量刑情节包括"严重污染环境""情节严重""情节特别严重"三种情况。

（2）从量刑起点来看

第一，对于第一档法定刑，辽宁高院的量刑起点最低，采用的是最低刑种（拘役）作为量刑起点，重庆高院采用的是最低刑期（6个月至1年有期徒刑）作为量刑起点，江苏高院的量刑起点是"1年至1年半有期徒刑"，显示了江苏打击污染环境罪贯彻着最严格的司法制度。但是，作为能适用于多个省份的量刑规范，笔者认为以最低刑期作为量刑起点比较适当。第二，对于第二档法定刑，辽宁高院规定的量刑起点是"3年至4年有期徒刑"，江苏高院规定的是"4年有期徒刑"，重庆高院无规定。确定刑给予法官的自由裁量权较小，不利于法官司法能动的体现，但是幅度如果太大，又会造成判决差异过大。因此，笔者认为一般情况以"6个月至1年有期徒刑"作为量刑起点，对于一些诸如污染物吨数、林木破坏亩数、特殊物质超标倍数、财产数额、伤亡人数等容易量化的条文可以在更小幅度内确定量刑起点。例如，确定"6个月至9个月""9个月至12个月""12个月至18个月""18个月至24个月""24个月至30

个月""30个月至36个月"有期徒刑等幅度,既赋予法院一定的裁量权,又可以防止过大裁量权带来的潜在风险。在第二档法定刑区间可以分为"3年至4年""4年至5年""5年至6年""6年至7年"或"3年至5年"等有期徒刑区间。

(3)从违反两种以上情形的处理来看

笔者认为重庆法院以两种以上的较重行为为起点叠加确定基准刑比较合理,但是没有规定第二档法定刑的叠加情形,从增加第二档法定刑的情形看第一档法定刑的量刑基准偏高。因此,笔者调整了相应的幅度,将第一档法定刑触犯2至3种情形规定为增加10%～40%的刑期,第二档法定刑触犯2至3种情形规定为增加20%～50%的刑期,这也是借鉴江苏高院对两档法定刑拉开差距进行处理的结果。

(4)从具体量刑情节的内容规定方式来看

第一,江苏高院规定了2016年《解释》第1条第2、3、4、5、8、9、10、11项,第3条第1、2、5、6项。第二,重庆高院规定了除2016年《解释》第1条第10、18项外的其他16项。第三,辽宁高院规定了2016年《解释》第1条第2、3、4、6、8、9、11、12、13、14、17项,第3条第1、2、3、4、5、7、10、11、12项。笔者将2023年《解释》"第1条第1至10项""第2条第1至10项""第3条第1至4项"一一对照,逐一规范量刑。这样设计一方面更为全面,另一方面方便司法人员以及社会相关人员逐一对照。

(二)污染环境罪量刑情节

1.污染环境罪的基本量刑情节

量刑时要充分考虑各种法定和酌定量刑情节,综合考虑污染环境行为的犯罪情节、危害后果、社会影响以及犯罪行为发生后被告人处置情况,依法确定量刑情节的适用及其调节比例。

(1)减少基准刑的情形

①及时采取措施,防止损失扩大,可减少基准刑的20%以下;

②积极赔偿损失,或者退赃,可减少基准刑的30%以下;

③积极修复环境或者缴纳生态修复金或者替代修复,可减少基准刑的40%以下;

④消除污染,可减少基准刑的40%以下。

(2)增加基准刑的情形

①具有2023年《解释》第5条规定的情形之一的,可增加基准刑的30%以下;

②曾因污染环境、非法捕捞、非法狩猎、走私固体废物、非法采矿、乱砍滥伐林木等破坏生态环境行为受到行政处罚的，可增加基准刑的20%以下；

③违反国家规定，跨省、市区域排放、倾倒、处置有放射性的废物、含传染病病原体的废物、有毒物质或者其他有害物质的，可增加基准刑的20%以下；

④同时具有两种以上情形的，可累计增加，但不得超过基准刑的100%，不得高于法定最高刑。

（3）不适用缓刑的情形

依法应当判处3年以下有期徒刑或拘役，符合刑法规定缓刑适用条件的，可以适用缓刑，但具有下列情形之一的，一般不适用缓刑：

①曾因污染环境被判处刑罚的；

②不予退赃、缴纳罚金的；

③不如实供述罪行的；

④实施2023年《解释》第5条规定的情形之一的行为的；

⑤曾因污染环境、非法捕捞、非法狩猎、走私固体废物、非法采矿、乱砍滥伐林木等破坏生态环境行为受到行政处罚的；

⑥违反国家规定，跨省、市区域排放、倾倒、处置有放射性的废物、含传染病病原体的废物、有毒物质或者其他有害物质的；

⑦违反国家规定，向省控重点河流、湖泊、灌溉水渠排放、倾倒、处置有放射性的废物、含传染病病原体的废物、有毒物质或者其他有害物质的；

⑧污染环境行为严重影响群众生产、生活的；

⑨污染环境情节恶劣、社会反映强烈的环境污染犯罪。

（4）依法严格适用罚金刑

单位犯罪的，单位罚金数额应在其违法所得的1至2倍范围内确定；违法所得不确定的，罚金数额可按生态环境修复费用的0.5至1倍范围内确定；单位直接负责的主管人员和其他直接责任人员的罚金数额可按案发时上一年从本单位取得的收入的0.5至3倍范围内确定。

个人犯罪的，罚金数额在违法所得的1至2倍范围内确定；无法确定违法所得的，可酌情确定。

被告人积极采取措施防止损失扩大、赔偿损失或者修复生态环境的，可适当减少罚金数额。

2.污染环境罪的具体量刑情节

（1）"严重污染环境"情形的量刑起点

①具有2023年《解释》第1条第1项规定的情形，饮用水水源分为二级保护区和一级保护区。自然保护地按照重要程度分为国家公园、自然保护区和自然公园。因此，针对不同的区域设置不同的量刑起点。在饮用水水源二级保护区排放、倾倒、处置有放射性的废物、含传染病病原体的废物、有毒物质的，在有期徒刑6个月至12个月确定量刑起点；在饮用水水源一级保护区排放、倾倒、处置有放射性的废物、含传染病病原体的废物、有毒物质的，在有期徒刑12个月至18个月确定量刑起点；在自然公园核心保护区排放、倾倒、处置有放射性的废物、含传染病病原体的废物、有毒物质的，在有期徒刑6个月至9个月确定量刑起点；在自然保护区核心保护区排放、倾倒、处置有放射性的废物、含传染病病原体的废物、有毒物质的，在有期徒刑9个月至12个月确定量刑起点；在国家公园核心保护区排放、倾倒、处置有放射性的废物、含传染病病原体的废物、有毒物质的，在有期徒刑12个月至18个月确定量刑起点（见表5-10）。

表5-10 污染环境罪量刑规范指南A

《解释》条款	情形	量刑起点
2023年《解释》第1条第1项	在饮用水水源二级保护区排放、倾倒、处置有放射性的废物、含传染病病原体的废物、有毒物质	6—12个月
	在饮用水水源一级保护区排放、倾倒、处置有放射性的废物、含传染病病原体的废物、有毒物质	12—18个月
	在自然公园核心保护区排放、倾倒、处置有放射性的废物、含传染病病原体的废物、有毒物质	6—9个月
	在自然保护区核心保护区排放、倾倒、处置有放射性的废物、含传染病病原体的废物、有毒物质	9—12个月
	在国家公园核心保护区排放、倾倒、处置有放射性的废物、含传染病病原体的废物、有毒物质	12—18个月
2023年《解释》第2条第1项	在饮用水二级水源核心保护区造成生态退化、野生动物资源严重破坏的	3—4年
	在饮用水一级水源核心保护区造成生态退化、野生动物资源严重破坏的	4—5年
	在自然公园核心保护区造成生态退化、野生动物资源严重破坏的	36—42个月

《解释》条款	情形	量刑起点
2023年《解释》第2条第1项	在自然保护区核心保护区造成生态退化、野生动物资源严重破坏的	42—48个月
	在国家公园核心保护区造成生态退化、野生动物资源严重破坏的	4—5年
2023年《解释》第2条第2项	造成国家确定的重要江河湖泊生态退化、水生生物资源严重破坏的	3—5年
2023年《解释》第3条第1项第2款	在自然公园核心保护区造成生态退化、景观毁损的	7—8年
	在自然保护区核心保护区造成生态退化、景观毁损的	8—9年
	在国家公园核心保护区造成生态退化、景观毁损的	9—10年
2023年《解释》第3条第2项	造成国家确定的重要江河湖泊生态退化、野生动植物资源严重破坏的	7—9年

②具有2023年《解释》第1条第2项规定的情形，非法排放、倾倒、处置危险废物3吨以上15吨以下的，在有期徒刑6个月至9个月确定量刑起点；15吨以上30吨以下的，在有期徒刑9个月至12个月确定量刑起点；30吨以上45吨以下的，在有期徒刑12个月至18个月确定量刑起点；45吨以上60吨以下的，在有期徒刑18个月至24个月确定量刑起点；60吨以上到80吨以下的，在有期徒刑24个月至30个月确定量刑起点；80吨以上到100吨以下的，在有期徒刑30个月至36个月确定量刑起点（见表5-11）。

表5-11　污染环境罪量刑规范指南B

《解释》条款	量刑起点					
	6—9个月	9—12个月	12—18个月	18—24个月	24—30个月	30—36个月
2023年《解释》第1条第2项	3～15吨	15～30吨	30～45吨	45～60吨	60～80吨	80～100吨
2023年《解释》第1条第3项	3～6倍	6～10倍	10～20倍	20～30倍	24—36个月	
					>30倍	
2023年《解释》第1条第4项	10～20倍	20～30倍	30～40倍	40～50倍	24—36个月	
					>50倍	
2023年《解释》第1条第9项	30～40万元	40～50万元	50～60万元	60～70万元	75～85万元	85～100万元

③具有2023年《解释》第1条第3项规定的情形，排放、倾倒、处置含铅、汞、镉、铬、砷、铊、锑的污染物，超过国家或者地方污染物排放标准，3倍以上6倍以下的，在有期徒刑6个月至9个月确定量刑起点；6倍以上10倍以下的，在有期徒刑9个月至12个月确定量刑起点；10倍以上20倍以下的，在有期徒刑12个月至18个月确定量刑起点；20倍以上30倍以下的，在有期徒刑18个月至24个月确定量刑起点；30倍以上的，在有期徒刑2年至3年确定量刑起点（见表5-11）。

④具有2023年《解释》第1条第4项规定的情形，排放、倾倒、处置含镍、铜、锌、银、钒、锰、钴的污染物，超过国家或者地方污染物排放标准，10倍以上20倍以下的，在有期徒刑6个月至9个月确定量刑起点；20倍以上30倍以下的，在有期徒刑9个月至12个月确定量刑起点；30倍以上40倍以下的，在有期徒刑12个月至18个月确定量刑起点；40倍以上50倍以下的，在有期徒刑18个月至24个月确定量刑起点；50倍以上的，在有期徒刑2年至3年确定量刑起点（见表5-11）。

⑤具有2023年《解释》第1条第5项规定的情形，在有期徒刑6个月至1年确定量刑起点。累计超过1年，增加3个月至6个月刑期；累计超过2年，增加6个月至1年刑期，但总刑期不超过3年（见表5-12）。

表5-12　污染环境罪量刑规范指南C

《解释》条款	量刑起点	累加情形	累加刑期（不超过所处档次法定刑的最高刑期）
2023年《解释》第1条第5项	6—12个月	>12个月	3—6个月
		>24个月	6—12个月
2023年《解释》第1条第6项	6—12个月	一次行政处罚	3个月
2023年《解释》第1条第7项	6—12个月	>12个月	3—6个月
		>24个月	6—12个月
2023年《解释》第1条第8项	6—12个月	一次行政处罚	3个月
2023年《解释》第1条第10项	6—9个月（12—24小时）	12小时	3个月
	9—12个月（24—36小时）		
2023年《解释》第2条第5项	3—4年（12小时）	12小时	3—5个月

《解释》条款	量刑起点	累加情形	累加刑期 (不超过所处档次法 定刑的最高刑期)
2023年《解释》 第3条第1项第1款	7—8年(12小时)	12小时	6—12个月
2023年《解释》 第3条第3项	7—8年	1亩	1—3个月
2023年《解释》 第3条第4项	7—8年(重伤、严重疾病)	1人	1—2年
	7—8年(严重残疾、死亡)	1人	2—3年

⑥具有2023年《解释》第1条第6项规定的情形，在有期徒刑6个月至1年确定量刑起点。每增加一次行政处罚，在其起点刑基础上增加3个月刑期，但总刑期不超过3年（见表5-12）。

⑦具有2023年《解释》第1条第7项规定的情形，在有期徒刑6个月至1年确定量刑起点。累计时间超过1年，增加3个月至6个月刑期；累计时间超过2年，增加6个月至1年刑期，但总刑期不超过3年（见表5-12）。

⑧具有2023年《解释》第1条第8项规定的情形，在有期徒刑6个月至1年确定量刑起点。每增加一次行政处罚，在其起点刑基础上增加3个月刑期，但总刑期不超过3年（见表5-12）。

⑨具有2023年《解释》第1条第9项规定的情形，违法所得或者致使公私财产损失30万元以上40万元以下的，在有期徒刑6个月至9个月确定量刑起点；40万元以上50万元以下的，在有期徒刑9个月至12个月确定量刑起点；50万元以上60万元以下的，在有期徒刑12个月至18个月确定量刑起点；60万元以上70万元以下的，在有期徒刑18个月至24个月确定量刑起点；70万元以上到85万元以下的，在有期徒刑24个月至30个月确定量刑起点；85万元以上到100万元以下的，在有期徒刑30个月至36个月确定量刑起点（见表5-11）。

⑩具有2023年《解释》第1条第10项规定的情形，致使乡镇以上集中式饮用水水源取水中断12小时以上24小时以下的，在有期徒刑6个月至9个月确定量刑起点；24小时以上36小时以下的，在有期徒刑9个月至12个月确定量刑起点。之后每增加12小时，增加3个月刑期（见表

5-12）。

⑪具有2023年《解释》第1条规定的2项以上情形的，以其中较重行为的量刑结果为起点，按照以下方法叠加确定基准刑：第一，行为人触犯2至3项情形的，增加10%～40%的刑期，但总刑期不得超过3年。第二，行为人触犯超过3项情形的，增加40%以上的刑期，但总刑期不得超过3年。

（2）"情节严重"的量刑起点

①具有2023年《解释》第2条第1项规定的情形，在饮用水水源保护区造成生态退化、野生动物资源严重破坏的，分为两个量刑起点：位于饮用水二级水源保护区的，在有期徒刑3年至4年确定量刑起点；位于饮用水一级水源保护区的，在有期徒刑4年至5年确定量刑起点。在自然保护地核心保护区造成生态退化、野生动物资源严重破坏的，分为三个量刑起点：位于自然公园核心保护区的，在有期徒刑36个月至42个月确定量刑起点；位于自然保护区核心保护区的，在有期徒刑42个月至48个月确定量刑起点；位于国家公园核心保护区的，在有期徒刑4年到5年确定量刑起点（见表5-10）。

②具有2023年《解释》第2条第2项规定的情形，造成国家确定的重要江河湖泊生态退化、水生生物资源严重破坏的，在有期徒刑3年至5年确定量刑起点（见表5-10）。

③具有2023年《解释》第2条第3项规定的情形，非法排放、倾倒、处置危险废物100吨以上150吨以下的，在有期徒刑3年至4年确定量刑起点；150吨以上200吨以下的，在有期徒刑4年至5年确定量刑起点；200吨以上300吨以下的，在有期徒刑5年至6年确定量刑起点；300吨以上的，在6年至7年确定量刑起点（见表5-13）。

表5-13　污染环境罪量刑规范指南D

《解释》条款	量刑起点			
	3—4年	4—5年	5—6年	6—7年
2023年《解释》第2条第3项	100～150吨	150～200吨	200～300吨	>300吨
2023年《解释》第2条第4项	100万元～150万元	150万元～200万元	200万元～300万元	>300万元
2023年《解释》第2条第6项	永久基本农田、公益林地			
	10～20亩	20～30亩	30～40亩	40～50亩

《解释》条款	量刑起点			
	3—4年	4—5年	5—6年	6—7年
2023年《解释》第2条第6项	其他农用地			
	20~40亩	40~70亩	70~100亩	>100亩
	其他土地			
	50~100亩	100~150亩	150~200亩	>200亩
2023年《解释》第2条第7项	森林或者其他林木死亡			
	50~70立方米	70~100立方米	100~150立方米	>150立方米
	幼树死亡			
	2500~4000株	4000~5500株	5500~7000株	>7000株
2023年《解释》第2条第8项	5000~7000人	7000~10000人	10000~15000人	>15000人
2023年《解释》第2条第9项	30~50人	50~70人	70~100人	>100人

④具有2023年《解释》第2条第4项规定的情形，致使公私财产损失100万元以上150万元以下的，在有期徒刑3年至4年确定量刑起点；150万元以上200万元以下的，在有期徒刑4年至5年确定量刑起点；200万元以上300万元以下的，在有期徒刑5年至6年确定量刑起点；300万元以上的，在6年至7年确定量刑起点（见表5-13）。

⑤具有2023年《解释》第2条第5项规定的情形致使县级以上城区集中式饮用水水源取水中断12小时以上，在有期徒刑3年至4年确定量刑起点。之后每增加12小时，增加3个月至6个月刑期（见表5-12）。

⑥具有2023年《解释》第2条第6项规定的情形，致使永久基本农田、公益林地10亩以上20亩以下，其他农用地20亩以上40亩以下，其他土地50亩以上100亩以下基本功能丧失或者遭受永久性破坏的，在有期徒刑3年至4年确定量刑起点；致使永久基本农田、公益林地20亩以上30亩以下，其他农用地40亩以上70亩以下，其他土地100亩以上150亩以下的，在有期徒刑4年至5年确定量刑起点；致使永久基本农田、公益林地30亩以上40亩以下，其他农用地70亩以上100亩以下，其他土地150亩以上200亩以下的，在有期徒刑5年至6年确定量刑起点；致使永久基本农田、公益林地40亩以上50亩以下，其他农用地100亩以上，其他土地200亩以上的，在有期徒刑6年至7年确定量刑起点（见表5-13）。这里永久基本农田根据第三档法定刑规定的50亩为衔接点，其他两种土

地也按照此计算方法以5倍来计算。

⑦具有2023年《解释》第2条第7项规定的情形,致使森林或者其他林木死亡50立方米以上70立方米以下,或幼树死亡2500株以上4000株以下的,在有期徒刑3年至4年确定量刑起点;致使森林或者其他林木死亡70立方米以上100立方米以下,或幼树死亡4000株以上5500株以下的,在有期徒刑4年至5年确定量刑起点;致使森林或者其他林木死亡100立方米以上150立方米以下,或幼树死亡5500株以上7000株以下的,在有期徒刑5年至6年确定量刑起点;致使森林或者其他林木死亡150立方米以上,或幼树死亡7000株以上的,在6年至7年确定量刑起点(见表5-13)。

⑧具有2023年《解释》第2条第8项规定的情形,致使疏散、转移群众5000人以上7000人以下的,在有期徒刑3年至4年确定量刑起点;7000人以上10000人以下的,在有期徒刑4年至5年确定量刑起点;10000人以上15000人以下的,在有期徒刑5年至6年确定量刑起点;15000千人以上的,在6年至7年确定量刑起点(见表5-13)。

⑨具有2023年《解释》第2条第9项规定的情形,致使30人以上50人以下中毒的,在有期徒刑3年至4年确定量刑起点;50人以上70以下中毒的,在有期徒刑4年至5年确定量刑起点;70人以上100人以下中毒的,在有期徒刑5年至6年确定量刑起点;100人以上中毒的,在6年至7年确定量刑起点(见表5-13)。

⑩具有2023《解释》第2条第10项规定的情形,致使1人重伤、严重疾病或者3人轻伤,在有期徒刑3年至4年确定量刑起点;致使2人重伤、严重疾病或者3人以上6人以下轻伤,在有期徒刑4年至5年确定量刑起点;致使3人重伤、严重疾病或者6人以上轻伤,在有期徒刑5年至7年确定量刑起点。

⑪具有2023年《解释》规定的两项以上情形的,以其中绞重行为的量刑结果为起点,按照以下方法叠加确定基准刑:第一,行为人触犯2至3项情形的,增加20%～50%的刑期,但总刑期不得超过7年。第二,行为人触犯超过3项情形的,增加50%以上的刑期,但总刑期不得超过7年。

(3)"情节特别严重"的量刑起点

①具有2023年《解释》第3条第1项第1款规定的情形,致使设区的市级城区集中式饮用水水源取水中断12小时以上的,在有期徒刑7年至8年确定量刑起点。之后每增加12小时,增加6个月至1年刑期(见表

5–12）。

②具有 2023 年《解释》第 3 条第 1 项第 2 款规定的情形，在自然保护地核心保护区造成生态系统严重退化，或者主要保护的自然景观损毁的，分为 3 个量刑起点：位于自然公园核心保护区的，在有期徒刑 7 年至 8 年确定量刑起点；位于自然保护区核心保护区的，在有期徒刑 8 年至 9 年确定量刑起点；位于国家公园核心保护区的，在有期徒刑 9 年至 10 年确定量刑起点（见表 5–10）。

③具有 2023 年《解释》第 3 条第 2 项规定的情形，造成国家确定的重要江河、湖泊水域生态系统严重退化的，或造成国家重点保护的野生动植物资源严重破坏的，在有期徒刑 7 年至 9 年确定量刑起点（见表 5–10）。

④具有 2023 年《解释》第 3 条第 3 项致使永久基本农田基本功能丧失或者遭受永久性破坏的，在有期徒刑 7 年至 8 年确定量刑起点，每增加 1 亩，增加 1 个月至 3 个月有期徒刑，但总刑期不超过 15 年（见表 5–12）。

⑤具有 2023 年《解释》第 3 条第 4 项规定的情形，致使 3 人以上重伤、严重疾病，在有期徒刑 7 年至 8 年确定量刑起点，每增加 1 人，增加 1 年至 2 年有期徒刑，但总刑期不超过 15 年；致使 1 人以上严重残疾、死亡的，每增加 1 人，增加 2 年至 3 年有期徒刑，但总刑期不超过 15 年（见表 5–12）。

三、环境犯罪刑事和解制度

（一）环境犯罪适用刑事和解制度存在的障碍和困境

1. 适用范围存在障碍

（1）立法适用范围不明确

根据《刑事诉讼法》第 288 条的规定①，环境犯罪不属于刑事和解的适用范围之列。一是不属于自诉案件；二是污染环境罪提高法定刑后变成了 7 年以上有期徒刑；三是污染环境罪主观罪过是故意，也不符合。

（2）司法实践中适用范围较窄

第一，从适用的案件类型看，当前环境犯罪适用刑事和解主要集中

---

① 《刑事诉讼法》第 288 条规定：下列公诉案件，犯罪嫌疑人、被告人真诚悔罪，通过向被害人赔偿损失、赔礼道歉等方式获得被害人谅解，被害人自愿和解的，双方当事人可以和解：（一）因民间纠纷引起，涉嫌刑法分则第 4 章、第 5 章规定的犯罪案件，可能判处 3 年有期徒刑以下刑罚的；（二）除渎职犯罪以外的可能判处 7 年有期徒刑以下刑罚的过失犯罪案件。犯罪嫌疑人、被告人在 5 年以内曾经故意犯罪的，不适用本章规定的程序。

在盗伐林木罪、非法采矿罪和非法占用农用地罪中，其他环境犯罪案件中适用较少，比如多发的非法捕捞水产品罪中的刑事和解数量屈指可数。

第二，环境犯罪的适用主体范围值得注意。现行法律规定刑事和解的适用基础为双方当事人的自愿和解，但环境犯罪包括有具体受害人的案件和没有具体受害人的案件。若仅限于有具体受害人的案件中，将严重限制和解的适用条件和范围。

第三，环境犯罪的适用阶段也值得关注。目前，修复、和解等行为大多发生在法院审理阶段，适用阶段过于受限，不利于犯罪行为人与受害人之间的自愿协商和考虑。

2. 裁量标准混乱

生态修复这一量刑情节，目前仍未有法律的明文规定，仍处在一个法理的位置上，这可能致使其制度适用产生一系列的不确定性，各地法院的审理做法不一致，同案不同判。在我国刑法中，并未对这一量刑情节作出明确规定的前提下，一般认为，在作出判决时，犯罪人主动进行生态修复的情节，归根结底是"忏悔态度良好""减少了危害"，因此，可以"酌情"从轻处罚，但是，由于没有正当程序，没有和解协议，缺少被告人与被害人之间的协商交流，经常会出现"忏悔"的假象，即只要赔偿了经济损失，就是真正的忏悔。对是否需要切实履行的问题，也没有一个统一的认识。在一些案件中，在判决前，被告人的生态修复义务已经完成，但是，在一些案件中，判决前，他们的生态修复责任并没有得到切实履行，法院仅根据行为人口头表达的积极态度予以从轻。但是，在一些案件中，在判决前，他们的生态修复责任并没有得到切实的履行，法院仅仅根据行为人口头表达积极的态度予以从轻。

3. 刑事和解协议有局限

环境修复工程时间长、见效慢，怎样能履行和解协议，并能做到有效地执行解决协议，对解决问题至关重要。通过调解程序，使得生态环境得到恢复，被告得到从轻处罚。但也有可能是行为人想要减轻自己的惩罚，解决了量刑问题之后，却没有按照约定去做。

在司法实践中，行为人往往会选择性地达成协议。为了洗脱罪名，他们先达成了和解，但事后他们并没有遵守和解协议。刑事和解履行的未知性、变化性使得其执行过程中存在着一定的不确定性。不同于一般的刑事和解能够即时履行，环境修复的工程往往耗时长，这就要求犯罪行为人必须遵守义务。换句话说，行为人自身的品格或许起到了关键作用。所以若在协议的内容中不能明确行为人的履行义务和不履行后的救济方式，而只是达成了行为人应当如何履行义务的合意，这会导致后续一系列执行问题，会影响到刑事和解的适用，甚至可能成为加害方脱罪的工具。

4.环境犯罪刑事和解程序欠缺监督

生态修复工作的实施与考核往往耗时很久，因此，对生态修复措施的监督与落实应当成为环境犯罪治理的重要内容，然而，在很多案例中，法院都是"一判了事"，并未对是否完成等考核环节作出明确的规定。对于此类案例，笔者以中国裁判文书网上的判决书为样本进行分析，虽然法院判决书中对生态修复的执行与监督进行了文字说明，但是判决书中要求监督的主体各有偏差[①]，验收主体的多样化背后带来的是"有人判、无人管"的混乱现象。

（二）环境犯罪适用刑事和解的构建路径

1.扩张环境犯罪刑事和解的适用范围

我们需要采取一些措施在源头处预防环境犯罪，或在事后设想出一条能在环境污染或资源被破坏之后快速救济环境法益的道路。那么，刑事和解制度应当成为一个切入点，即从事后救济的考量角度，应当考虑将刑事和解制度明确纳入环境犯罪适用中。

（1）扩大适用类型

如果环境犯罪对环境被害者的人身与财产造成损害，这种情况即符合刑事和解的适用条件。同时，对于侵害自然资源物权的情况，例如，盗伐他人所有或承包经营管理的林木，既破坏了森林资源，又侵犯了他人财产权益，同样可以适用刑事和解。对于侵犯公益性环境法益的案件，只要受损的环境资源、生态要素、社会关系等法益可以恢复或替代恢复，也可以适用刑事和解。

（2）扩大适用对象

应将《刑事诉讼法》第288条规定的"涉嫌刑法分则第4章、第5章规定的犯罪案件"，扩展为有具体被害人或可由特定主体代表维护、处置公共利益的案件。对于存在具体受害人的案件，犯罪行为人可以与受害人协商达成和解。对于没有具体受害人的案件，当环境遭受损害时，环境权难以归属公民个人，检察机关可以介入进行和解工作。

（3）扩大适用阶段

目前，刑事和解制度的适用受到限制，只能在审判阶段考虑履行生

[①] 有的案件的验收主体为人民检察院或环境行政主管部门，有的案件由法院自己的执行部门对补植复绿协议的履行进行考察，有的案件的验收主体是两个以上组织共同验收。

态修复责任对量刑的影响。然而，将环境犯罪的刑事和解纳入各个阶段考虑的话，侦查阶段、审查起诉阶段以及审判阶段都可以将犯罪行为人履行修复义务和达成和解的情形作为量刑的依据，那么，生态修复情况可在刑事诉讼的各个阶段发挥作用。

2.刑事实体法裁量标准构建

（1）增设刑事和解制度，将生态修复明确为刑事辅助措施

建议在《刑法》总则中增加刑事和解的规定，并明确修复的内容。在行为人与被害人达成和解的情况下，可以减轻或免除行为人的刑罚。同时，对于"原态修复""代偿修复""代修复"等前置性条件刑事和解的情形，可以通过明确的法律规定以及完善相关规定的方式进行规范。

（2）明确规定刑事和解为法定量刑情节

目前，我国现有法律中，刑事和解制度仅在《刑事诉讼法》中有所规定，而《刑法》并未对其进行相应明确。这导致实体法与程序法规定不相协调，影响了刑事和解制度的落实。建议将环境犯罪治理适用刑事和解的情形纳入《刑法》中，将刑事和解明确为法定量刑情节，并规定不同的和解情形对应的量刑幅度。

3.确保和解协议的有效履行

（1）刑事和解

在环境犯罪中，刑事和解涉及复绿、生态修复等专业性较高且时间较长的任务。如果被告人难以实际履行修复责任，可选择缴纳生态修复费用以立即履行。然而，若被告人获得从宽处罚的判决却未真正履行生态修复责任，其不能凭借和解协议表达的赔偿态度作为从宽处罚的依据。相反，应缴纳一定的保证金，确保环境修复工作得以完成。

（2）和解协议

和解协议是刑事和解过程中的关键环节，通过审查和监督可以最大程度避免责任不履行的风险，为后续修复责任的履行奠定坚实基础。审查时应着重考虑受害人的自愿性，避免被迫和解。同时，要审慎评估约定的修复措施的可操作性和实施性，以防止漏洞和虚假承诺。和解协议中应明确不履行责任的司法风险提示和保证条款，以确保协议内容得到积极履行。为此，可采取保证金或人保等形式提供保障。

4.强化监督

（1）监督机制需构建各主体之间的监督关系

在我国，检察院是重要的具有举足轻重地位的监督角色；法院也应

有权监督，来保证效率和正义；环保部门、环保公益组织和司法鉴定机构因为具有判定污染因果关系、评估污染物质损害程度的专业知识，更要具备监督权；此外，受害方作为直接的利害关系方，强化受害方的监督可以提高案件处理的及时性。

（2）监督机制需要实质的监督内容

一方面，要监督合意的真实性和自愿性，一些学者提出在刑事和解完成后，即司法程序终止或者因和解而从轻、减轻处罚并执行完毕之后，同时规定加害人行为的考验期①。因此，可采用考察期制度确保和解协议有效执行，考验期根据加害人的罪刑而定。另一方面，也要监督生态修复，对环境修复建议应由具有专业知识的机构或部门进行监督记录或备案。

（3）环境犯罪刑事和解的救济措施

如果刑事和解的实施掺杂了加害人的不当利益和主持机关的不当追求，这可能意味着受害方的刑事诉求将被取代，刑事和解也可能成为加害方的庇护所。因此，考虑给予受害方一定程度的"和解撤销权"作为救济。然而，这种权利必须在其他监督主体的监督下适用，并且仅限于受害方在刑事和解过程中意志不自由或受胁迫的状态。受害人行使和解权后，原刑事和解协议无效。如果当事双方已经完成和解，可以作为刑事量刑的从轻因素。如果行为人未能完全按照和解协议履行义务或者拖延推迟履行义务，司法机关可以重新启动司法程序追责。保留司法程序的回转的可能性在一定程度上是对环境犯罪刑事和解失败的救济措施，而这种救济对于保护受害方的权益显得尤为重要。

第三节　环境刑事司法实证研究：以污染环境罪为例

为了解环境犯罪案件在司法实践中的惩治情况，笔者选择在司法实践中备受关注的污染环境罪为例进行多方面的实证研究。

第一种途径是通过"Alpha案例库"搜集2010—2020年间全国污染环境罪的大数据报告，对污染环境罪惩治情况作一个宏观把握。然后，对2021—2022年的污染环境罪的司法裁判情况单独检索，并与之前10年的数据进行对比分析。因为2021年《刑法修正案（十一）》将污染环境罪提升了污染环境罪的法定刑，通过比对数据，从中发现了提高法定刑

---

① 庄绪龙：《刑事和解保障论》，《法制研究》2010年第8期，第70-75页。

后相对从严的惩罚在实践中的效果如何。

第二种途径是课题组调研部分省份及地市污染环境罪的司法适用情况，与法律检索数据的比对，使数据相对更为精确，并且探索大数据背后潜在的原因。

第三种途径是抽样部分省份的法律判决文书，从中选取关键信息，分析各地差异，并与全国数据进行比对，找出相应的解决对策。本次选取的是江苏省、重庆市、辽宁省三地2019年、2020年两个年份污染环境罪的判决书。选取这三地的原因是它们都分别出台了关于环境污染刑事案件的审理指南。选取2019年、2020年，是因为这两个年份在全国污染环境罪中处于犯罪率相对较多的年份。其中，江苏省有89份文书，重庆市有39份文书，辽宁省有39份文书。

一、污染环境罪刑事司法惩治概览

（一）2010—2020年污染环境罪刑事司法惩治大数据分析

1.时空分布

（1）时间来源

2014年，污染环境罪出现井喷式增长，这与2013年《解释》出台降低污染环境罪的入罪标准有关。2015年较2014年又有增长，2016年到2018年，案件数量总体呈上升趋势，逐年增多，再创新高。这可能与2016年《解释》的出台呈正相关有关。2019年数值达到顶峰，可能跟2019年《纪要》的指导作用有关，相关政策的指引使得污染环境罪判决大量增加。2020年出现小幅回落（见表5-14）。

表5-14　2010—2020年全国污染环境罪件数分布情况

年份	2010	2011	2012	2013	2014	2015	2016	2017	2018	2019	2020
件数	1	2	5	53	1078	1764	2131	2796	2877	3865	2893

（2）地域分布

表5-15是2010—2020年全国污染环境罪地域分布情况。在地域行政区划上，污染环境罪数量最多的是浙江省，数量为3609件，其次是河北省2974件、广东省2257件、山东省1849件、江苏省1620件。其他地区案件数量均为三位数。浙江一个省份占到全国数量的20%，非常引人注目，这既跟其经济较为发达有关，也跟其严厉打击污染环境罪的力度有

关。浙江、河北、广东、山东、江苏都属于经济较发达地区。在前十位的省份里面没有西部地区，可见，污染环境罪与地区经济发展状况有关。

表5-15   2010—2020年全国污染环境罪地域分布情况

地区	浙江	河北	广东	山东	江苏	河南	福建	安徽	辽宁	江西
件数	3609	2974	2257	1849	1620	768	678	500	457	382

2.案件当事人情况

（1）被告人主体结构

在2010—2020年全国污染环境罪的17465个案例中，单位犯罪仅有1106件（见表5-16），其他全是自然人犯罪，这跟人们认知中"污染的都是大企业，单位是污染环境的主力军"略有出入。但这跟笔者调研东部某省份的数据差异不大，笔者调研山东省2017—2021年的1173件污染环境案件中，有102家单位承担责任，占比8.6%，高于全国数据2点多个百分点，这也许跟东部发达地区有关。调研河南省355起污染环境案件中，单位犯罪仅3起，从比例来看，单位被告仅占0.08%。从判决书也可以看出，有些自然人也是在企业工作的，只不过是作为自然人犯罪来追诉的。从全国来看，这个数据比例适宜。追诉单位犯罪的案件数量较少。

表5-16   2010—2020年全国污染环境罪被告人主体统计表

类别	件数	占比（%）
自然人犯罪	16359	93.7
单位犯罪	1106	6.3

（2）被告人（自然人）性别及年龄情况

就被告人性别来看，被指控污染环境罪的女性被告人为1294人，其余全部为男性被告人，占比为92.5%。其中未成年人犯罪仅有5例，超过75岁的被告人有73例。

（3）被告人（自然人）学历情况

表5-17为根据数据库中查明的相关统计年度全国污染环境刑事判决书中被告人文化程度分布表。从被告人学历情况来看，初中文化及以下

水平的比例为79.94%，高中文化水平的比例为13.09%，大专文化及以上水平的比例为6.97%。样本中，初中文化的被告人几乎占了案件总量的八成，可见污染环境案件的被告人文化水平越低，环境犯罪概率越高。

表5-17　2010—2020年全国污染环境罪被告人文化程度统计表

文化程度	人数	占比(%)
初中文化及以下	10200	79.94
高中	1670	13.09
大专文化及以上	889	6.97
总计	12759	100

（4）被告人被采取强制措施情况及聘请律师情况

第一，被告人被采取强制措施情况。从统计数据来看，全国污染环境案件被告人在审判阶段处于取保候审状态的有9314人，45%的被告人处于被逮捕的在押状态，另有675名被告人处于监视居住状态。与传统犯罪比较，污染环境案件的取保候审比例是比较高的。

第二，被告人聘请律师情况。从统计数据来看，全国污染环境案件中被告人聘请律师辩护的案件有8412起，占总案件的46.62%，另外有409名被告人获得了刑事法律援助，其余的被告人未聘请律师辩护。与我国刑事辩护率整体情况相比，污染环境案件的刑事辩护率不算太低，可能跟污染环境案件专业性较强，当事人往往缺乏相关法津知识和专业知识难以自我辩护有关。

3.刑罚分布

（1）刑种适用情况

表5-18表明，全国污染环境罪适用罚金刑较多，剥夺政治权利和没收财产的适用较少。有10839件案件适用了有期徒刑，有2092件案件适用了拘役。由此可见，有期徒刑和剥夺财产的财产刑是全国污染环境罪的主要惩罚措施。吊销营业执照以及禁止从事某种行业资格的资格刑比较少见。

表 5-18　2010—2020年全国污染环境罪刑罚分布情况

刑种	附加刑			主刑					缓刑		免予刑事处罚
	罚金	剥夺政治权利	没收财产	管制	拘役	有期徒刑	无期徒刑	死刑	拘役缓刑	有期徒刑缓刑	
件数	12306	8	6	5	2092	10839	0	0	871	4229	95

（2）有期徒刑适用情况

表5-19将有期徒刑划分为3年以下、3年以上10年以下、10年以上的刑期区间，在被判处有期徒刑的被告人中，有94.86%的被告人判处3年以下有期徒刑，判处3年以上10年以下有期徒刑的只占5.06%，判处10年以上有期徒刑的仅有9起。这说明我国污染环境罪总体是倾向于"轻刑化"。

表 5-19　2010—2020年全国污染环境罪有期徒刑适用统计表

刑期区间	人数	占比（%）
3年以下	10632	94.86
3年以上10年以下	567	5.06
10年以上	9	0.08

（3）缓刑的适用情况

表5-18可以看出，全国污染环境罪判处缓刑的共有5100起。其中拘役判处缓刑的871起，占拘役案件总量（2092件）的41.63%；有期徒刑判处缓刑的4229起，占有期徒刑案件总量（10839件）的39.02%。

（4）罚金刑的适用情况

表5-20是全国污染环境罪罚金区间分布情况。统计表明，罚金为1万元至5万元的，占到了总量的一半以上；1万元以下占到了二成多；5万元以下的罚金几乎达到了78%，50万元以上的罚金仅239人。可见，全国污染环境罪的罚金数额整体上是偏低的。笔者在河南省和山东省调研时发现，罚金刑适用大部分是并处罚金，单处罚金适用比较少。

表5-20　2010—2020年全国污染环境罪罚金金额统计表

罚金区间	人数	占比(%)
1万元以下	3896	24.96
1万元至5万元	8192	52.48
5万元至10万元	1985	12.71
10万元至50万元	1299	8.32
50万元以上	239	1.53

（5）量刑情节分布

在表5-21污染环境罪量刑情节统计中：自首的有7252件，占比48.07%；被告人悔罪的有4424件，占比29.32%；坦白的有2206件，占比14.62%。这三种量刑情节相对来说占比较高。与之相对，被告人退赃退赔的，占比1.34%；预缴罚金的，占比2.05%；生态修复的，占比2.57%；赔偿的，占比1.02%。可见，跟恢复性司法相关的量刑情节仍然是污染环境犯罪中的一个薄弱项。

表5-21　2010—2020年全国污染环境罪量刑情节统计表

种类	量刑情节								
	谅解	退赃退赔	自首	坦白	和解	预缴罚金	悔罪	生态修复	赔偿
数量	41	202	7252	2206	112	309	4424	338	153
占比（%）	0.27	1.34	48.07	14.62	0.74	2.05	29.32	2.57	1.02

4.案件审理情况

全国污染环境罪主要集中在一审。一审案件有12770件，二审案件有2408件，一审上诉率约为18.86%（见表5-22）。

表5-22　2010—2020年全国污染环境罪审级分布情况

审理程序	一审	二审	执行
件数	12770	2408	1964

通过对审理期限的统计可以看到，当前条件下的审理时间大多是处在30日内、1—90日的区间，平均审理时间为77日（见表5-23）。

表5-23　2010—2020年全国污染环境罪审理期限分布情况

审期	30日内	31—90日	91—180日	181日—1年	1年以上
件数	4345	4426	1922	932	227

通过对二审裁判结果的统计可以看到：当前条件下，维持原判的有1467件，占比为60.92%；撤回上诉的有484件，占比为20.10%；改判的有252件，占比为10.47%（见表5-24）。由此可见，上诉率和改判率占比较高，审理期限也相对较长。

表5-24　2010-2020年全国污染环境罪二审裁判结果分布

裁判	维持原判	改判	撤回上诉	发回重审	其他
件数	1467	252	484	108	97
占比（%）	60.92	10.47	20.10	4.49	4.03

（二）与2021—2022年污染环境罪刑事司法惩治大数据对比分析

笔者按照上述条件检索2021年、2022年全国污染环境罪司法适用情况，将有变化的地方表述如下：

1.案件总量逐渐下降

2021年，污染环境罪案件总量为1184件，2022年为197件。案件数量总体呈下降趋势。这可能与2021年《刑法修正案（十一）》的出台提高了污染环境罪的刑期标准以及中央生态环境保护督察组的积极督办有关。

从表5-25可见两个区间相比，3年以下有期徒刑的占比下降3.69%，10年以上有期徒刑的占比上升0.06%。

表5-25　2010—2020年与2021—2022年污染环境罪有期徒刑适用
占比对比统计表

刑期区间	2010—2020年占比（%）	2021—2022年占比（%）
3年以下	94.86	91.17
3年以上10年以下	5.06	8.69
10年以上	0.08	0.14

表 5-26 是 2019—2022 年污染环境罪判处 7 年以下有期徒刑适用统计表。2019 年，判处"3 年以下"与"3 年以上 7 年以下"有期徒刑数量分别是 621 人、174 人。2020 年，判处"3 年以下"与"3 年以上 7 年以下"有期徒刑数量分别是 525 人、200 人。然而，就判处"3 年以上 7 年以下"及"3 年以下"人数来说，2021 年相对于 2019 年、2020 年同类别占比有所扩大。2022 年，判处"3 年以下"与"3 年以上 7 年以下"比例达到 1：1。可见，《刑法修正案（十一）》出台后，对于污染环境罪的总体量刑影响较大。

表 5-26　2019—2022 年污染环境罪七年以下有期徒刑适用统计表

刑期区间	年份			
	2019	2020	2021	2022
3 年以下	621 人	525 人	263 人	44 人
3 年以上 7 年以下	174 人	200 人	169 人	44 人

2.罚金刑数额向上浮动

从表 5-27 中的罚金刑数额来看，2010—2020 年与 2021—2022 年，1 万元以下罚金和 5 万元至 10 万元罚金占比变化较小；2021—2022 年，1 万元至 5 万元罚金占比略微下降；2021—2022 年，10 万元至 50 万元罚金和 50 万元以上罚金占比略微上升。可见，《刑法修正案（十一）》出台后，减少了较低的罚金数额，提高了较高的罚金数额。

表 5-27　2010—2020 年与 2021—2022 年全国污染环境罪罚金刑金额
占比对比统计表

罚金区间	2010—2020 年占比（％）	2021—2022 年占比（％）
1 万元以下	24.96	25
1 万元至 5 万元	52.48	50.64
5 万元至 10 万元	12.71	12.93
10 万元至 50 万元	8.32	9.29
50 万元以上	1.53	2.14

3.生态修复渐受重视

从表5-28中的量刑情节比对中，2021—2022年的谅解、退赃退赔、坦白、和解、预缴罚金比起2010—2020年均略微上升，生态修复占比上升4.65%。自首、赔偿占比略微下降，悔罪占比下降4.67%。对比其他量刑情节很小的占比差，生态修复4点多个的占比差已经是很大的进步了，说明生态修复在污染环境罪中日渐受到重视。

表5-28　2010—2020年与2021—2022年全国污染环境罪量刑情节占比对比分布

种类	量刑情节								
	谅解	退赃退赔	自首	坦白	和解	预缴罚金	悔罪	生态修复	赔偿
2010—2020年占比（%）	0.27	1.34	48.07	14.62	0.74	2.05	29.32	2.57	1.02
2021—2022年占比（%）	0.36	2.14	46.38	14.81	0.89	2.59	24.63	7.22	0.98

4.缓刑适用继续走高

2021—2022年污染环境罪判处缓刑的有328起。拘役判处缓刑的有45起，占拘役案件总量（92件）的48.9%；有期徒刑判处缓刑的283起，占有期徒刑案件总量（666件）的42.5%。拘役缓刑和有期徒刑缓刑分别高于2010—2020年7个、2个百分点。可见，污染环境罪适用缓刑的比例相对较高。

5.案件审理程序变化较大

（1）上诉率提升

2021—2022年，污染环境罪一审案件数量824件，二审案件数量223件，上诉率为27.06%，相比2010—2020年的上诉率高出8点多个百分点（见表5-29）。

表5-29　2010—2020年与2021—2022年全国污染环境罪审级对比分布

审理程序	一审件数	二审件数	上诉率（%）
2010—2020年	12770	2408	18.86
2021—2022年	824	223	27.06

（2）审理期限的变化

2010—2020年，全国污染环境罪的36.66%的案件在30日内审结，74%的案件在90日内审结。2021—2022年，全国污染环境罪的41.98%的案件在30日内审结，72.75%的案件在90日内审结。30日内审结率方面，2021—2022年比2010—2020年上升5.32%，90日内审结率下降1.25%（见表5-30）。总体来说，30日内审理期限有所缩短，更有效率；1年以上审理期限有所增加，有可能是在审慎对待重大疑难环境问题。

表5-30　2010—2020年与2021—2022年全国污染环境罪
审理期限对比分布

种类	审理期限					平均时间（天）
	30日内	31—90日	91—180日	181日—1年	1年以上	
2010—2020年件数及占比	4345（36.66%）	4426（37.34%）	1922（16.22%）	932（7.86%）	227（1.92%）	77
2021—2022年件数及占比	322（41.98%）	236（30.77%）	125（16.3%）	55（7.17%）	29（3.78%）	81

（3）二审裁判结果对比

维持原判方面，两个区间年基本持平。2021—2022年比起2010—2020年，污染环境罪改判方面，下降了3点多个百分点；撤回上诉方面，下降了8点多个百分点；发回重审方面，上升了6点多个百分点（见表5-31）。

表5-31　2010—2020年与2021—2022年全国污染环境罪
二审裁判结果对比分布

种类	裁判			
	维持原判	改判	撤回上诉	发回重审
2010—2020年件数及占比	1467（60.92%）	252（10.47%）	484（20%）	108（4.48%）
2021—2022年件数及占比	134（60.09%）	16（7.18%）	26（11.66%）	24（10.76%）

二、污染环境罪司法惩治情况分析

（一）污染环境罪案件呈波浪式分布

从前述两个阶段污染环境罪的案件数量来看，在2013年《解释》、2016年《解释》、2019年《纪要》、2021年《刑法修正案（十一）》分别生效的时间节点，均引起污染环境罪案件数量的起伏变化，总体来看，呈现"低—高—低"的波浪式分布。

从全国范围来看，污染环境罪的数量从2020年开始下降，尤其是2022年出现断崖式下降，这与《刑法修正案（十一）》出台、污染环境刑事解释修订和全国范围中央环保督察严厉查处污染环境行为有明显关系。

从外部活动来看，这也与当时的新冠肺炎疫情有关，民众因减少了自身活动使得整体的刑事犯罪率下降。

从地方上看，在环境犯罪率下降的省份中，浙江省下降幅度最大。当时的浙江省人民检察院检察长贾宇指出，浙江已经初步形成公益保护的浙江模式，"以整改为主，以赔偿、修复、劳务代偿为辅，通过检察履职，呵护我们的绿水青山"，从这一点看，地方采取的具有当地特色的政策也可以使犯罪案件下降。

将来的污染环境案件走势如何，持续走低，还是会反弹？目前有学者分析2021年环境犯罪出现断崖式下跌的原因时曾这样描述："在假设其他变量没有明显改变的情况下，新冠肺炎疫情防控的公共政策作为介入因素，是导致2021年我国生态环境犯罪数量大幅下降的主要原因。但疫情终将过去，该领域的犯罪发案数量可能会快速反弹。"短期内人们的观念没有明显改变，污染环境罪高发、多发的态势仍有可能存在，人们对此应保持清醒认识。

（二）案件分布集中

1.犯罪主体集中

（1）犯罪主体主要集中于自然人

被告人为男性的比例远高于女性，占到90%以上且学历普遍偏低，未成年人和老年人占比较少。犯罪主体主要集中于自然人，单位犯罪认定相对较少。从笔者对江苏、辽宁、重庆三地2019—2020年的污染环境罪裁判文书统计来看，单位犯罪地区差异比较大。江苏省有34起单位犯罪，占比38.2%；辽宁省有2起单位犯罪，占比5%；重庆市有3起单位犯罪，占比7%。自然人主体集中在无业人员、农民和个体劳动者中。

（2）共同犯罪人数较多且从犯多于主犯

2010—2022年，共同犯罪案件有5783起，占到污染环境犯罪总案数的1/3。笔者查找了全国2019年、2020年、2021年3年共同犯罪的判决书发现，2019年主犯493人、从犯820人、胁从犯2人，2020年主犯386人、从犯650人、胁从犯1人，2021年主犯155人、从犯237人、胁从犯1人。从江苏、辽宁、重庆三地2019—2020年的判决书来看：江苏有55起共同犯罪，占比61.7%；辽宁有9起共同犯罪，占比23%；重庆有6起共同犯罪，占比15.3%。可见从犯数量众多，高于主犯数量。

2.地域分布集中

如上所述，污染环境罪分布于发达地区多于不发达地区。就同一省份来说，基本也是如此。笔者调研的河南省污染环境罪的地域分布就呈现了跟经济发展正相关的态势。河南省涉及16个地市有不同数量的污染环境罪，其中洛阳、新乡、焦作、南阳、许昌排名前5位，这些地市恰恰也是河南省经济实力排名靠前的地市。从地域来看，西部地区和北部地区相对较多。这些地区经济发达，一般有大型生产型企业，导致排污量较大。

3.犯罪行为集中

笔者调研发现，在污染环境罪中，占据突出位置的是非法排放、倾倒、处置有毒有害物质行为。在"严重污染环境"的情形里面，犯罪行为集中于通过渗井渗坑等逃避监管的方法处理废物、非法排放、倾倒、处置危险废物3吨以上等行为。

（三）从宽缓到日趋严厉的处罚趋势

1.《刑法修正案（十一）》出台前污染环境罪总体处罚宽缓

（1）取保候审率较高

根据统计，污染环境罪几乎一半的被告人被取保候审，根据现行司法实践，一般被取保候审的被告人在法院审判时定罪较轻。

（2）主刑相对较轻

对于一些犯罪情节较轻的被告人，判处了拘役，占到1/5。主刑中，有期徒刑占据大部分比重，其中有期徒刑3年以下又占到有期徒刑的9成多，3年以下有期徒刑中，1年以下有期徒刑占据比重最多。没有判处无期徒刑和死刑的案件，有95起免予刑事处罚。

（3）缓刑适用率较高

笔者对江苏、辽宁、重庆三地样本文本进行搜集，对于缓刑适用的数据如下：辽宁省39起污染环境案件，被告人56人，缓刑人数39人，缓刑适用率为69.6%；江苏省89起污染环境案件，被告人252人，缓刑人数100人，缓刑适用率为39.6%；重庆市39起污染环境案件，被告人45人，缓刑人数8人，缓刑适用率17%。三地缓刑适用率平均为42%。

结合三地对于污染环境罪缓刑适用的态度可以分析三地缓刑适用的情况。重庆高院对于不积极进行生态修复的，明确不适用缓刑，因此，重庆适用缓刑较少。江苏规定了几种不适用缓刑的情形（不包括未积极生态修复），并且也规定了可以适用缓刑的情形（例如，采取应急措施、挽回全部损失或赔偿损失、缴纳生态修复金等）。辽宁高院对适用缓刑没有限制情形，由此，辽宁的缓刑率适用较高。

（4）罚金金额比较低

因为污染环境罪是并处或单处罚金刑的，故每个案子都有罚金刑，并处多，单处少。判处50万元罚金刑的案件仅有259起，判处10万元至50万元罚金刑的案件有1386起，判处5万元至10万元罚金刑的案件有2106起，判处1万元至5万元罚金刑的案件有8666起，其余4130件罚金刑均在1万元以下。

从现有裁判文书的判决结果来看，对于在判决前主动履行罚金刑的，可以适用缓刑或者判处较短刑期的拘役。一些单位甚至在实施犯罪前已经考虑到罚金，这种以破坏环境为代价的发展不可取，也不可持续。但由于罚金数额1万元至5万元占到了50%左右，若污染环境罪以营利为目的，罚金较少尤其是对单位犯罪的威慑作用则不明显，罚金较低则难以弥补修复环境的费用。

2.《刑法修正案（十一）》出台后污染环境罪呈现从严处罚迹象

《刑法修正案（十一）》将污染环境罪"后果特别严重"改为"情节严重"，并增加了"处7年以上，并处罚金"这一档法定刑，这体现了对于污染环境罪从严处罚的理念。通过2021年、2022年污染环境罪的司法裁判情况，可以看出实践中呈现出一定的法律效果："3年以下有期徒刑"判决有所减少，3年到7年有期徒刑判决有所上升，罚金刑中"较低金额减少、较高金额上升"等。

（四）刑罚适用较为单一

目前，我国的污染环境罪规定了有期徒刑、拘役、罚金的刑罚方式。没有强制恢复的刑罚辅助措施，但是如果犯罪人有能力对造成的伤害进行修复，应给予犯罪人修复的机会。有期徒刑对环境直接修复的意义有限，即使有罚金刑，也难以弥补修复环境的费用。如修复具有可实现性，可酌情考虑减少有期徒刑。虽然近几年生态修复的适用率相比之前有所提升，但是对于污染环境罪来说是远远不够的，应该扩大污染环境罪的非刑罚辅助措施。

（五）污染环境罪的量刑情节宽泛

1.自首认定比例较高

污染环境罪案件中，自首占比将近一半。从河南省司法实践来看，有些认定自首的案件都是在行政执法机关发现违法行为并进行调查后，被告人再主动到公安机关投案的情形，此类案件也多数被认定为自首。

2.从轻、减轻情节的认定较宽泛

调研中发现，法院对于从轻、减轻量刑的辩护意见采纳度较高，即便不存在自首、立功等法定从轻量刑情节，针对如实供述，确有悔改表现等酌定量刑，法院还是予以采纳的，这也是导致污染环境罪"轻刑化"的一个原因。

3.适用认罪认罚从宽制度的比例不断提升

司法实践中，危险驾驶罪，盗窃罪，走私、贩卖、运输、制造毒品罪，故意伤害罪几个犯罪适用认罪认罚的案件数量相对较高。随着认罪认罚制度的深入开展，污染环境案件也越来越多地适用认罪认罚制度，据笔者调研统计，近5年来污染环境罪认罪认罚率达到了50%。这也在一定程度上导致污染环境犯罪被告人获得了从轻处罚，从而呈现出刑罚轻缓化样态。

（六）污染环境罪审理程序相对平稳

污染环境罪七成多的案件审理期限基本在3个月内完结，2010年至2020年污染环境罪平均审理时间77天，2021—2022年平均审理时间81天，相差不大。污染环境罪相对于其他类型犯罪，存在因果关系不好认定、危害从发现到显现持续时间较长的特点，3个月的审理期限也算比较合适的。污染环境罪二审案件大部分维持原判，改判率不高。笔者分析，其中认罪认罚从宽制度不但减少了庭审时间，也大幅缩短了审理期限。实施认罪认罚制度后，对于提高司法效率有非常明显的作用。

三、污染环境罪刑事司法惩治中存在的问题

（一）人身、财产和环境三种法益的司法适用困惑

有学者[①]统计了2013—2020年污染环境罪司法解释中18项入罪标准

---

① 赵睿英：《污染环境罪入罪标准及其认定——评"两高"2016年污染环境罪司法解释》，《北京理工大学学报》（社会科学版）2022年第5期，第169-179页。

的适用情况，2016年《解释》18项中司法适用的常用条款集中于4项（第2项、第3项、第4项、第5项），其他条款处于闲置状态，其中闲置条款多集中于人身法益和财产法益，由此引发关于污染环境犯罪侵害法益究竟为何的争论。因此，2023年《解释》将一部分集中于人身法益和财产法益的条款从入罪标准挪到了升档标准。

司法审判实践中，以人类利益为导向侧重保护环境法益的观念仍是大部分法院的认可理念，也有法官直接认为"污染环境罪的刑法保护对象为环境法益本身"[①]。此外，兼顾人类与环境共同利益的裁判观念也渐渐增多。如本案中涉案生产医药中间体过程中产生的滤渣、蒸馏残渣系具有毒性的危险废物，随意处置不仅会严重污染水体、大气和土壤，而且会对周边群众的生命健康造成损害，危害巨大[②]。但是，随着《刑法修正案（十一）》的颁布和2023年《解释》的出台，关于环境犯罪的法益内涵变得丰富，故而树立明确的环境法益观有利于为刑法规制环境犯罪行为提供明确的界定标准。

（二）污染环境罪的犯罪形态混乱

笔者统计文书时发现，对于污染环境罪是行为犯还是结果犯，抑或既是结果犯又是行为犯，在裁判文书里面表述不统一。大部分文书对于此问题避而不谈，少部分文书对此表明了态度。

第一，法院认为是行为犯的居多，在（2018）冀0209刑初154号判决书中，法官还专门就此问题展开说理："环境污染行为一般具有污染结果的缓释性，即污染行为与污染结果往往时间间隔较长，导致因果关系认定困难。如果将本罪界定为结果犯，可能会因为因果关系认定的困难而放纵犯罪。另一方面，环境污染行为通常涉及面广，污染结果一旦出现，将对环境和公众的人身、财产造成巨大损失，某些危害结果甚至是难以逆转的。如果将本罪认定为结果犯会导致刑事打击过于滞后，不利于环境保护，故不论是从立法本意，还是具体法律条文看，污染环境罪不属于结果犯。"

第二，笔者还找到两份法院认为是结果犯的判决书，法官认为"行为人的非法排污行为是否构成犯罪，应以其行为所造成的后果认定，即排放污染物并达到严重污染环境的程度"。还有三份判决书认为"污染环境罪根据不同的客观表现可分为结果犯及行为犯"，法官认为从本条的立法本意来看，污染环境罪具有行为犯、结果犯等综合性特征，既可以认

---

① （2016）浙0604刑初1047号判决书。
② （2019）苏8601刑初12号判决书。

定为结果犯，也可以认定为行为犯，也就是说只要行为人非法排放的污染物浓度达到了法定的认定标准，即如果行为人的行为方式、行为后果符合该条的规定，不论是故意还是过失，都构成污染环境罪。

（三）罪过形态存在争议

污染环境罪的罪过行为学界一直有争议，有过失说、故意说、复合罪过说等，在司法实践中也一直未有定论，大部分判决文书中都回避这一问题。

笔者在判决文书中没有找到支持过失说的案例，其原因可从法官的说理中窥见一斑："从刑法及相关司法解释关于污染环境罪的罪状表述和行为特征分析，污染环境罪的罪状中并未使用过失犯罪特征的表述，行为人违反国家规定实施排放、倾倒或者处置有害物质的行为时，对严重污染环境的结果显然是可以预见并且存在希望或者放任的意志要素的。此外，我国刑法规定，过失犯罪法律有规定的才负刑事责任，且从司法解释规定该罪具有共同犯罪的情形分析，因法律规定共同犯罪只存在于故意犯罪中，因而污染环境罪也不应属过失犯罪。"

关于主观故意认定的争议焦点有96份文书，认定间接故意的有92份文书。仅有2份判决文书主张复合罪过说，其中1份文书表述"经查，根据《刑法》第338条规定，污染环境罪主观方面可以是故意，包括直接故意和间接故意，在特定情况下也可以是过失"。另1份文书说理如下：从本条的立法本意来看，污染环境罪既可以是结果犯，也可以是行为犯，也就是说只要行为人非法排放的污染物浓度达到了法定的认定标准，不论是故意还是过失，都构成污染环境罪。还有一部分文书在说理中注明行为人应当是"明知的"。可见司法实务中对此存在模糊不清的认识。

四、未来污染环境罪刑事惩治需要关注和思考的方面

（一）污染环境罪案件数量渐趋平稳，但也要警惕反弹

从全国范围来看，2020年，污染环境罪首次出现下降且连续3年下降。从地方数据来看，污染环境罪排名第一和第三的浙江省、河北省惩治数量在大幅上升之后近年来开始出现下降趋势。笔者预测污染环境罪未来可能会趋于稳定状态，因为随着近年来密集运用刑罚手段治理环境污染，在社会上也起到了预防功能，社会公众对于"污染环境可能会被逮捕和追诉"有了一定认识，中央生态环境保护督察组的高频度抽查以及"回头看"的开展，使污染环境的高发态势有了一定的改观。但是，近3年污染环境罪的下降与当时的新冠肺炎疫情有关，不只污染环境罪，

其他刑事案件总量也呈下降趋势。

现阶段由于日常生活恢复至疫情之前，应重视污染环境罪的数量反弹问题。从统计数据表可知，初中学历以下人士占到犯罪人的八成左右，而且疫情防控期间犯罪率的降低会使基层减少对环境污染的关注。基层群众自治组织应发挥普法的作用，使普通群众了解污染环境会遭到刑罚的惩罚，从而使犯罪人避免犯罪。

（二）要加大对污染环境罪单位犯罪的处罚力度

1.提高法人犯罪的罚金额度

污染环境罪罚金数额普遍偏低，这也是有原因的。污染环境罪的被告人文化程度偏低，经济情况不好，收入也微薄，对他们判处的罚金虽然不高，但对于他们的承受能力是相适应的。但是，法人犯罪所判处的罚金往往低于其违法所得，所以惩治单位犯罪时要加大罚金刑力度，使其违法成本大于违法收益以遏制犯罪。

2.对单位处罚要从严

一些污染企业被追究污染环境的责任后，出于对企业经济发展、银行还贷等事项的考虑，往往仅追究有关责任人的刑事责任，对单位处罚过松，这也导致有些企业有恃无恐。因此，对于多次出现污染事件的企业要从严追责。司法实践中，有些法官发现符合单位犯罪构成的而检察院没有起诉的，法院可以要求检察机关追加被告单位。

3.引入"先单位责任人后单位"的分步式责任认定模式

"先单位责任人后单位"是指在环境污染事件发生以后，应先确定单位责任人的刑事责任，在确定单位责任人的刑事责任以后，再对单位本身的刑事责任进行考量，主要是从单位组织管理机制进行考察，最终确定对单位的刑事处罚。按照此逻辑，出现污染事件后，先考量单位责任人，如果其无责任则撤销案件，如果其有责任则对其施加刑罚。同时考量其单位组织管理，如果单位组织管理无过错则不罚单位，如果单位组织管理有过错则判处单位罚金。

（三）污染环境犯罪应谨慎适用缓刑

对于污染环境罪缓刑适用的研究，理论界有四种看法：一是限制适用。其观点是当前生态破坏严重且生态环境破坏后难以复原，虽然修复环境是适用缓刑的有利条件，但缓刑适用过多会导致刑罚目的大打折扣，并且也不是恢复环境的有效途径，因此，应该严格限制缓刑适用。二是积极适用。其观点是污染环境不直接造成人身财产损害，民众心理易接受，并且适用缓刑让行为人自己去修复环境，节省社会成本。三是支持适用。其观点是当下政府对环境修复成效并不明显，应遵循恢复性司法的要求，更多适用修复性措施，让行为人参与到受损环境的后续修复中。四是配套使用。判处缓刑时采取相应的刑罚辅助措施，在判处缓刑的同时判决禁止令，预防其重操旧业、再次犯罪，以达到最佳刑罚效果。

对此，笔者的看法是：一方面，污染环境罪适用缓刑有其必要性。污染环境罪是法定犯，相比自然犯，其主观恶性不强，适用缓刑可以避免监禁刑的弊端。缓刑与恢复性司法的理念有契合之处，两者都关注到"在刑事诉讼期间，受损的生态环境并没有得到及时修复，环境可能会进一步恶化"，所以两者都重点关注犯罪的损害后果，着力于及时有效地修复受损的生态环境。另一方面，在我国司法实践中，缓刑的适用往往意味着犯罪行为轻微，大量适用缓刑会给公众一种污染环境不是恶劣犯罪的错觉，并且只要愿意缴纳罚金就能避免"蹲牢房"，这显然不利于污染环境罪的预防效果。此外，有环境群体性事件时常见诸报端，可见民众对于污染环境的民愤比较大，污染环境罪缓刑适用过多无疑会与民众情感对立，不利于判决的社会效果的实现。现实中生态修复除了需要时间和金钱成本外，还需要有环境科学技术的支撑，所以犯罪人对生态修复的效果也不尽如人意。据此，笔者认为我国当前对于污染环境罪缓刑适用还需谨慎。

（四）教义学视域下规范污染环境罪的司法适用

我国当前对于污染环境罪从严治理背后隐藏的侵犯的运益是什么？犯罪既遂形态究竟是行为犯、结果犯，还是危险犯？污染环境罪的罪过形式是过失、故意，还是复合罪过，抑或择一罪过？持不同的观点对司法适用有何不同影响？这是学界和司法实务界都要面对的共同问题。这里要厘清污染环境罪的法益、罪过、犯罪形态、构成要件与罪责等问题，要通过刑法教义学来展开分析。刑法教义学与刑事政策相结合，可以解释污染环境罪司法适用中出现的疑难案件，避免同案不同判。基于此，在第六章第一节笔者专门详细阐述规范污染环境罪司法运用的教义学进路——污染环境罪解释论。

第六章　完善规范刑法学：环境刑法解释论与立法论

第一节　环境犯罪解释论：以污染环境罪为例

刑法教义学的研究近年来相对比较活跃，正如有学者所言："立法活跃化为刑法教义学发展带来新的契机，在教义学上从体系性建构转向问题思考，对立法所提出的难题予以充分展开，能够增强刑法教义学的'应变'能力。"[①] "在政法法学与教义法学之间，中国刑法应选择法教义学；在教义法学与社科法学之间，中国刑法应选择法教义学。"[②]

对于刑法教义学与刑法解释学之间的关系还有争议，有学者认为刑法教义学就是刑法解释学[③]，但有学者认为刑法教义学所研究的问题要比刑法解释学广，"刑法教义学的核心是刑法解释，是以刑法适用为使命的理论研究"[④]。可见，在刑法解释论这点上，学者意见是一致的，在此，笔者通过刑法解释论来探究污染环境罪（环境犯罪罪名里，污染环境罪的争议尤为激烈，在此，以污染环境罪为例来条分缕析），法益能否支撑严厉的刑事治理，持行为犯、结果犯、危险犯不同既遂形态的观点对于司法实践有何影响，主观罪过是故意还是过失也没有达成共识。因此，通过刑法解释学厘清法益、犯罪形态、主观罪过，以达到对污染环境罪的争议问题的正本清源。

刑法解释学能够架起规范立法与司法实践之间的桥梁，一方面，根据第五章刑事司法适用中存在的问题，本章以刑法解释论对污染环境罪展开研究，遵循"法律不是被嘲笑的对象"，可以指导司法机关准确认定和惩治犯罪。另一方面，"立法层面是通过刑法解释，明确法律规范中存

[①] 周光权：《论立法活跃时代刑法教义学的应变》，《法治现代化研究》2021年第5期，第1-13页。

[②] 刘艳红：《中国法学流派化志趣下刑法学的发展方向：教义学化》，《政治与法律》2018年第7期，第110-124页。

[③] 张明楷：《也论刑法教义学的立场：与冯军教授商榷》，《中外法学》2014年第2期，第357-375页。

[④] 陈兴良：《刑法教义学的逻辑方法：形式逻辑与实体逻辑》，《政法论坛》2017年第5期，第117-124页。

在的矛盾之处、有违明确性原则之处或处罚漏洞等，从而促进立法改进，确保法律良善"①。总之，通过刑法解释论对污染环境罪进行诠释，可为刑法立法和司法实践提供更有说服力的理论依据。

一、污染环境罪的法益界定

如今关于污染环境罪的多种学说争议，都与对于环境犯罪所保护的法益究竟为何有关，不同的法益学说对应不同的结论。正如有学者所言："无论是立法论还是解释论，法益均是无法回避的首要议题。"②作为刑法中的法益，在整个教义学中处于核心地位③。

（一）学界对于环境犯罪法益的争议

关于污染环境罪的法益评述很多，大多是笼统地从人类中心主义法益、非人类中心主义法益、生态的人类中心主义法益论来解读。笔者详细搜集了学界近年来对于环境犯罪法益的争论，并将各种学说梳理分析，比较其细微差异，从中探求最契合我国当今环境犯罪所需要的保护法益。

第一，国家环境管理秩序或者国家环境管理制度④。此学说一般经常出现在教材里面。我国刑法中的犯罪客体实际上就是大陆法系中的刑法法益，两者从评价标准来看是一回事。

第二，正常的生态环境。所谓"正常的生态环境"是指人类生存和发展的空间及其中可以直接和间接影响人类生存和发展的各种自然因素未被严重污染⑤。

第三，人本的环境资源质量。有学者认为"我国环境保护法并不禁止对环境资源的利用，其禁止的是对环境资源质量的污染和破坏"⑥。

第四，人类中心主义法益观。有学者认为"现代人类中心主义则在强调人类主体地位之同时也关注环境"⑦。

① 姜涛：《法教义学的基本功能：从刑法学视域的思考》，《法学家》2020年第2期，第29-44页，第192页。
② 古承宗：《刑法的象征化与规制理性》，元照出版有限公司，2019，第107页。
③ 劳东燕：《风险社会中的刑法：社会转型与刑法理论的变迁》，北京大学出版社，2015，第38页。
④ 高铭暄、马克昌主编《刑法学》（第七版），北京大学出版社．高等教育出版社，2016，第581页。
⑤ 田国宝：《我国污染环境罪立法检讨》，《法学评论》2019年第1期，第163-171页。
⑥ 刘伟琦：《处置型污染环境罪的法教义学分析》，《法商研究》2019年第3期，第89-102页。
⑦ 童德华、张成东：《环境刑法法益的反思与坚守——基于污染环境罪的分析》，《广西大学学报》（哲学社会科学版）2020年第5期，第70-76页。

第五，环境权。环境权概念是晚近以来环境法领域出现的重要概念，随着环境权理论研究的日趋深入，有学者认为污染环境罪的客体就是环境权[①]。

第六，生态环境安全。有学者把生态环境安全的保护对象界定为"能源资源安全""生态红线安全""生物安全""国际环境安全"[②]。

第七，环境本位。有学者认为"立法者不再把人作为万物的主宰……环境资源本身成为刑法所要保护的对象，具有刑法上的独立意义与价值"[③]。

第八，公众的生命健康和环境效用。这里的"环境效用"是指环境与人的关联，意味着环境作为全体国民的"公共财产"意义上的有用性[④]。

第九，二元集合法益。有学者认为"集合法益应具备目标属性的个体法益和基础属性的超个体法益之整合二元性，受其决定，环境法益应界定为以个体法益保护为目标的生态环境体系性法益"[⑤]。

第十，分层次的生态法益观。有学者认为"生态法益是法律实现的包括人在内的生态主体对生态要素及生态系统的利益需求"[⑥]。生态法益区分为可类型化形态（指传统的人身与财产法益）与不可类型化形态（指其他生态法益）[⑦]。

第十一，生态学的人类中心的法益论。有学者认为"只要生态学的法益与人类中心主义的法益不相抵触，就需要保护生态学的法益"[⑧]。此

---

① 李希慧、李冠煜：《环境犯罪客体研究——"环境权说"的坚持与修正》，《甘肃政法学院学报》2012年第1期，第52-62页；杨宁、黎宏：《论污染环境罪的罪过形式》，《人民检察》2013年第21期，第5-10页；魏思婧：《环境犯罪客体研究》，博士学位论文，昆明理工大学环境科学与工程学院，2017，第47-73页。

② 穆斌：《生态环境的法益观研究》，《中国政法大学学报》2020年第3期，第14-25页、第206页。

③ 王勇：《环境犯罪立法：理念转换与趋势前瞻》，《当代法学》2014年第3期，第56-66页。

④ 石亚淙：《污染环境罪中的"违反国家规定"的分类解读——以法定犯与自然犯的混同规定为核心》，《政治与法律》2017年第10期，第52-65页。

⑤ 李川：《二元集合法益与累积犯形态研究：法定犯与自然犯混同情形下对污染环境罪"严重污染环境"的解释》，《政治与法律》2017年第1期，第39-51页。

⑥ 焦艳鹏：《法益解释机能的司法实现——以污染环境罪的司法判定为线索》，《现代法学》2014年第1期，第108-120页。

⑦ 焦艳鹏：《生态文明保障的刑法机制》，《中国社会科学》2017年第11期，第75-98页、第205-206页。

⑧ 张明楷：《污染环境罪的争议问题》，《法学评论》2018年第2期，第1-19页。

学说支持者甚多，在此基础上有学者提出"生态和人类双重法益说"①、"人类本位的生态法益"②、"环境本位思想限定说"③、"生态—人类法益论"④。

（二）对于环境法益各学说的评析

第一种秩序法益将污染环境罪所属的节标题"妨害社会管理秩序"作为保护法益过于笼统。

第二种和第三种提法"正常的生态环境""人本的环境资源质量"与环境保护法相结合有其可取性，但是可操作标准不强。

第四种人类中心主义法益观因忽视环境法益的合理性和独立地位，不利于培养环境保护责任意识和环保观念。现代的人类中心主义比如"开明人类主义"和"弱人类中心主义"将人类利益与环境法益相互调和，但"环境法益的集合性仅仅体现在个体人身和财产法益的累加上，人本主义视角的还原验证逻辑并未动摇"⑤。

第五种环境权的含义目前尚不明确。

第六种生态环境安全，从非传统安全视角来界定生态法益。正如有学者提出"当安全作为刑法保护的首要价值时，引发了法益论的全面崩溃"⑥。因此，笔者不赞成生态环境安全这种提法。

第七种环境本位说是生态中心主义法益观。生态中心主义是生态伦理学的主流学说，在当前环境伦理学中有较大的研究空间，但是直接引入会过于扩大刑法的保护范围。

第八种公众的生命健康和环境效用说，是依据2016年《解释》提取出来的说法，该解释被众多学者批评，有越俎代庖立法之嫌，故依据此解释得出的观点也不可取。

第九种二元集合法益揭示集合法益的一元主义定性之弊，有其理论优

① 李永升、袁汉兴：《污染环境罪的司法困境与出路——以生态和人类双重法益为中心》，《湖北社会科学》2021年第1期，第141-151页。
② 房慧颖：《污染环境罪预防型规制模式的省察与革新》，《宁夏社会科学》2022年第4期，第92-99页。
③ 秦冠英、李国歆：《论污染环境罪的保护法益与构成要件——兼议要素分析模式下犯罪故意的修正》，《中国刑警学院学报》2021年第4期，第39-46页。
④ 徐海东：《污染环境罪司法适用问题研究》，博士学位论文，西南政法大学经济法学院，2021，第48页。
⑤ 李川：《二元集合法益与累积犯形态研究：法定犯与自然犯混同情形下对污染环境罪"严重污染环境"的解释》，《政治与法律》2017年第10期，第39-51页。
⑥ 刘艳红：《中国刑法的发展方向：安全刑法抑或自由刑法》，《政法论坛》2023年第2期，第60-72页。

势。但是，根据集合法益推出的累积犯有待商榷，例如，有学者认为污染环境罪不是累积犯，从此意义上说，不宜一概将环境法益归入集体法益①。

第十种分层次的生态法益观中，根据法益位阶划分，将人的生态法益置于首要标准，将对秩序法益的侵害作为重要标准，并将其他非人类主体（主要是动植物尤其是感知类动物）也作为度量标准。笔者认为，随着社会的发展，这种生态法益观将会成为历史的必然。

在我国现阶段，采用第十一种生态学的人类中心主义的法益论可以是很好的过渡，它承认生态法益的独立价值，但生态法益必须和当代人类以及后代人类的生存空间和条件具有相关性。

（三）生态学的人类中心主义法益论再阐释

1.采用生态学的人类中心主义法益论的价值

（1）具有文理上的根据

《刑法》第338条没有禁止环境利益的描述，2013年《解释》、2016年《解释》、2023年《解释》中，都承认了环境利益的独立性。在这里需要澄清的是，倡导保护独立的环境利益并不等于生态中心主义法益观，前者指与人类相关联的生态环境，后者指整个生态系统。

（2）贴合刑法法益保护理念精神

法益不可能是一成不变的，它随着社会生活的变化而变化并不断充实自己的内涵。面对人类中心主义法益观对于环境犯罪治理的捉襟见肘，及时跟进生态学的人类中心主义的法益论是时代发展的需要。

（3）满足我国现今经济发展和生态文明建设的需要

目前，我国仍然是发展中国家，发展是第一要务，将人类法益和生态法益作为环境保护法益，实现了经济建设和生态文明建设的统一。

（4）符合阻断层法益保护理念

所谓"阻挡层法益保护"是指法律为了保护1法益（背后层）而对2法益（阻挡层）予以规范的方式。在生态学的人类中心主义法益论看来，生态法益是阻断层法益，人类法益是背后层法益。通过处罚生态法益，避免对背后人类利益的损害，这是阻断层法益保护理念的体现。类似的情况还有为了避免毒品流通而设立非法持有毒品罪。可见，生态学的人类中心主义法益论符合我国刑法规范。

（5）顺应环境犯罪法益发展趋势

从上述大陆法系和英美法系国家环境法益的保护来看，越来越多的

---

① 张明楷：《集体法益的刑法保护》，《法学评论》2023年第1期，第44-58页。

地区将环境法益纳入刑法保护范围内。我国台湾地区在2018年因其"日月光半导体公司排污案"的无罪宣判引发社会强烈反响之后紧急对其有关规定中的第190条之一"流放有毒物质罪"进行修改，确立了生态学的人类中心法益观作为法益保护理念。从生态规律来看，人类利益与生态利益有其一致性，人类要重视将社会发展规律和环境要素利用规律在环境承受最大值内进行人类活动，以维系整个生态系统稳定，实现人类的可持续发展。

2.生态学的人类中心主义法益论的内在逻辑关系

生态学的人类中心主义法益论包含了生态的法益和人类的法益两种法益，两者之间的关系是怎样的？

有学者认为"只要生态学的法益不与人类中心主义的法益相冲突，就必须受到刑法的保护。也依然可以认为，环境法益最终可以还原为个人法益。或者说，保护环境最终也是为了保护人类中心主义的法益"①。

有学者认为两者之间存在递进关系，要把生态法益作为前提和基础加以保护，进而实现对于人本法益的保护，因此，人本法益和生态法益不是简单叠加，不能把两者看作同等地位或者择一关系②。

但是，也有学者指出"生态"以及"人类"的保护法益处于平行关系，满足其中的一个要件都可以构成犯罪③。采取环境、人身、财产并列，从而实现环境法益与人身法益、财产法益并重保护的局面。

笔者认为，首先，生态的法益与人类的法益是一种并列关系，只要是违反了其中之一，就可构成本罪；其次，保护环境的法益不是以行为人侵犯他人生命、身体、健康以及财产损失为必要，多重法益之间具有独立性，互不隶属。

二、污染环境罪的行为构造类型归属

（一）行为犯与结果犯的争论

关于行为犯与结果犯，有四种提法：

1.结果犯

有观点认为，《刑法修正案（八）》最直观的变化表现为"从双结果

① 张明楷：《污染环境罪的争议问题》，《法学评论》2018年第2期，第1—19页。
② 郝艳兵：《污染环境罪的适用困境及其纾解》，《河南警察学院学报》2021年第1期，第66—75页。
③ 徐海东：《污染环境罪司法适用问题研究》，博士学位论文，西南政法大学经济法学院，2021，第55页。

犯到单一结果犯的转变"①。也有观点认为，刑法第338条中的"严重污染环境"指的是严重污染环境的结果，而不是严重污染环境的行为。2016年《解释》第1条第9、11、14、15、16、17项是现实结果的情形，第1、2、3、4、5、6、7、8、10、12、13项是推定将会导致现实结果的情形②。

2.行为犯

有学者认为"污染环境罪不是结果犯而是行为犯，因为随着风险社会的来临，刑法的调整范围在不断前移，行为犯、抽象危险犯的罪名不断增多"③。也有学者认为"从预防刑法观提出污染环境罪的基本犯应该从结果犯转化成行为犯"④。

3.行为与结果共存

有学者认为"相对于生态学的法益而言，污染环境罪既可能是行为犯，也可能是结果犯"⑤。有学者指出"污染环境罪的立法规定是一个典型的结果犯，而司法解释将其变成行为犯与结果犯的集合体，主张通过再次修改《刑法》第338条的方式规定本罪为行为犯和结果犯"⑥。

4.情节犯

最高人民法院研究室法官喻海松指出《刑法修正案（八）》将刑法第338条由结果犯转化为情节犯⑦，也有学者赞同"情节犯解释污染环境罪是当前司法解释的最佳选择"⑧。

（二）实害犯与危险犯的争论

关于实害犯与危险犯，有三种提法：

1.实害犯

有学者认为《刑法修正案（八）》的修改只是实害结果上的变化，

---

① 张志钢：《摆荡于激进与保守之间：论扩张中的污染环境罪的困境及其出路》，《政治与法律》2016年第8期，第79–89页。

② 童德华、张成东：《环境刑法法益的反思与坚守——基于污染环境罪的分析》，《广西大学学报》（哲学社会科学版）2020年第5期，第70–76页。

③ 李涛：《污染环境罪属于行为犯而非结果犯》，《检察日报》2016年11月9日第003版。

④ 齐文远、热娜古·阿帕尔：《污染环境罪的基本犯：从结果犯到行为犯》，《警学研究》2022年第4期，第2页、第5–14页。

⑤ 张明楷：《污染环境罪的争议问题》，《法学评论》2018年第2期，第1–19页。

⑥ 严厚福：《污染环境罪：结果犯还是行为犯——以2015年1322份"污染环境罪"一审判决书为参照》，《中国地质大学学报》（社会科学版）2017年第4期，第56–65页。

⑦ 喻海松：《污染环境罪若干争议问题之厘清》，《法律适用》2017年第23期，第75–81页。

⑧ 黄旭巍：《污染环境罪法益保护早期化之展开——兼与刘艳红教授商榷》，《法学》2016年第7期，第144–151页。

并不改变实害犯的本质①。也有学者认为"处置型污染环境罪应当属于实害犯，司法解释将该罪理解为行为犯或危险犯的条款是一种对立法的误解"②。

2.危险犯

有学者认为污染环境罪法益被修正为危险犯，只要行为人的行为达到了严重污染环境的程度即可构成犯罪，而无须有严重结果的存在③。

危险犯又分为具体危险犯和抽象危险犯。一是具体危险犯。有学者举了污染环境罪的具体危险犯的既遂形态的司法示例④，还有学者认为"从《刑法修正案（十一）》的立法结构上可以确认污染环境罪的具体危险犯的犯罪类型，可以解释为以基本犯为具体危险犯+结果加重犯的混合模式"⑤。二是抽象危险犯。有学者反驳了上述具体危险犯的既遂形态的司法示例，提出"实害犯应转义为抽象危险犯，并论证双重抽象危险犯"⑥。也有学者提出"从污染环境罪条文保护的集体法益即环境法益的抽象性出发，可以将其理解为抽象危险犯"。还有学者认为"2016年《解释》实质上确立了污染环境罪的抽象危险犯，对这种重刑主义倾向应保持警惕"⑦。此外，还有学者提出"准抽象危险犯"⑧。

3.实害犯与危险犯共存

有学者提出"相对于人类中心主义的法益而言，污染环境罪的基本犯大体上是抽象危险犯，但相对于生态学的法益而言，污染环境罪的基本犯则是侵害犯"⑨。有学者建议"在实害犯的基础上设置污染环境罪的

---

① 姜文秀：《污染环境罪与重大环境污染事故罪比较研究》，《法学杂志》2015年第11期，第70-76页。
② 刘伟琦：《处置型污染环境罪的法教义学分析》，《法商研究》2019年第3期，第89-102页。
③ 李梁：《中德两国污染环境罪危险犯立法比较研究》，《法商研究》2016年第3期，第167-173页；王勇：《环境犯罪立法：理念转换与趋势前瞻》，《当代法学》2014年第3期，第56-66页。
④ 安然：《污染环境罪既遂形态的纠葛与厘清———复合既遂形态之提倡》，《宁夏社会科学》2016年第1期，第40-46页。
⑤ 赵睿英：《污染环境罪入罪标准及其认定——评"两高"2016年污染环境罪司法解释》，《北京理工大学学报》（社会科学版）2022年第5期，第169-179页。
⑥ 张志钢：《摆荡于激进与保守之间：论扩张中的污染环境罪的困境及其出路》，《政治与法律》2016年第8期，第79-89页。
⑦ 房慧颖：《污染环境罪预防型规制模式的省察与革新》，《宁夏社会科学》2022年第4期，第92-99页。
⑧ 陈洪兵：《解释论视野下的污染环境罪》，《政治与法律》2015年第7期，第25-37页。
⑨ 张明楷：《污染环境罪的争议问题》，《法学评论》2018年第2期，第4-19页。

抽象危险犯"①。

（三）行为构造类型形态辨析

1.厘清行为犯、结果犯、实害犯与危险犯的概念与关系

关于行为犯、结果犯、实害犯与危险犯是学者讨论非常激烈的问题，从2013—2023年，相关争论从未停息，愈演愈烈。但是也要看到，有些学者没有厘清行为犯与结果犯、实害犯与危险犯是两套并行的犯罪类型划分，它们之间错综复杂的关系使得有些学者在混淆使用这些概念。

（1）行为犯、结果犯、实害犯与危险犯的概念

第一，行为犯和结果犯的概念

在学界，对于行为犯和结果犯的概念有两种不同说法，很多时候争议的焦点就是双方在不同的定义下来进行解读，以至于有"鸡同鸭讲"的情况出现。有学者定义结果犯不仅要实施行为，还必须发生法定的犯罪结果才构成既遂，而行为犯只要法定犯罪行为完成就构成既遂②。还有学者从行为终了到结果发生是否存在间隔来区分，如存在时间间隔是结果犯，不存在时间间隔则是行为犯③。这里笔者采用两种定义，即行为犯与结果犯都存在结果，行为是行为与结果同时发生，结果犯是视为终了后结果才出现。

第二，实害犯与危险犯的概念

构成要件的实现以对法益造成现实侵害为必要的犯罪，就是实害犯（侵害犯）；构成要件的实现以对法益造成侵害的危险为必要的犯罪，就是危险犯④。从该定义可以看出，法益对于这对概念的区分起着重要作用，不同的法益就会得出不同的行为构造类型。

（2）行为犯、结果犯、实害犯与危险犯的关系

有些学者会用"实害犯或结果犯已不能把握污染环境罪的成立条件或者不能适应打击环境犯罪的需要，要从行为犯或危险犯角度来进行预防性刑法或者环境犯罪早期化"这样的说法，其言外之意就是将结果犯等同于实害犯，行为犯等同于危险犯。德国学者认为结果犯可以是实害犯，可以是具体危险犯，例外的情形还可以是抽象危险犯。抽象危险犯既可以是行为犯，也可以是结果犯⑤。在日本学界几乎没有争议地认为，

---

① 姜文秀：《污染环境罪的抽象危险犯》，《学术交流》2016年第9期，第90-95页。

② 高铭暄、马克昌主编《刑法学》（第七版），北京大学出版社、高等教育出版社，2016，第149页。

③ 张明楷：《刑法学》上册（第五版），法律出版社，2016，第168页。

④ 山中敬一：《刑法总论》，成文堂，2015，第174页。

⑤ 张志钢：《摆荡于激进与保守之间：论扩张中的污染环境罪的困境及其出路》，《政治与法律》2016年第8期，第79-89页。

具体危险属于结果，具体危险犯属于结果犯①。张明楷教授也走出四者完全可以交叉，如行为犯可能是危险犯，而危险犯也可能是结果犯②。那么，有些学者认为结果犯转化为危险犯的说法则是值得推敲的。

2.行为构造类型形态的抉择

（1）行为犯与结果犯并存

行为犯与结果的认定，也要结合侵害的法益来分析。着眼于人类法益，因为它是背后法益，在危害前置法益生态环境后，不会立马导致人类法益损害，存在时间上的间隔，因此，可以说是结果犯。着眼于环境法益，在危害生态环境的同时，有可能会立马出现污染环境的后果，但由于环境犯罪危害后果有其特殊性，有可能很长一段时间才发生危害后果，因此，就这个层面来说，有可能是结果犯，也有可能是行为犯。因此，着眼于生态学的人类中心主义法益观，对于人类人身、财产法益而言，是结果犯；对于环境法益而言，既可以是行为犯，也可以是结果犯。

（2）实害犯与抽象危险犯并存

第一，设置危险犯的必要性。古典刑法自由主义理论主要保护社会秩序与人类自由，强调刑法明确性，要求行为造成实害结果，从历史角度来看具有进步意义，在当下也仍有现实意义，大多数学者认同我国《刑法》第338条立法是指实害犯。

然而，风险刑法以科学概率和统计学为基础，对危害行为进行建模。只要行为人实施了某种行为，就可以认定为有害，而不需要有实际的伤害结果。风险刑法理论、环境刑事政策、积极的一般预防理论和生态法益观为危险犯的增设提供了理论依据，使其提前干预危害环境犯罪行为，由"事后惩罚"向"源头控制"转变。此外，环境犯罪自身的特点，如危害潜伏期长、犯罪原因复杂、危害结果滞后、因果关系难以判定以及造成的生态环境破坏难以恢复等，都要求刑法提前介入。

第二，危险犯限于抽象危险犯。在环境危险犯的具体形态上，有的学者主张设立抽象危险犯③，有的学者主张设立过失危险犯④，还有的学者主张"环境刑法在增设危险犯时，需要以具体危险犯为主，以抽象危

① 张明楷：《论刑法中的结果》，《现代法学》2023年第1期，第164-181页。
② 张明楷：《刑法原理》，商务印书馆，2011，第153页。
③ 谢杰、王延祥：《抽象危险犯的反思性审视与优化展望——基于风险社会的刑法保护》，《政治与法律》2011年第2期，第75-81页。
④ 赵秉志：《环境犯罪及其立法完善研究：从比较法的角度》，北京师范大学出版社，2011，第147页。

险犯为辅；以故意危险犯为主，以过失危险犯为辅"①。对法益保护而言，按照对其介入保护的时间顺序来说，结果犯介入保护最晚；具体危险犯不要求实害结果只要法定的危险状态，介入保护相对较早；抽象危险犯不需要出现具体的危险，介入保护更早；累积犯认为即使污染行为没有显示危险，也有处罚必要，处罚更为提前，是介入保护更早的类型。

目前，结果犯与具体危险犯在法益保护的预期效果稍显无力②，累积犯比抽象危险犯更过分扩张刑罚权，基于法益保护的需要与刑法规范目的的实现以及风险社会中法益保护前置化的要求，可以增置抽象危险犯。因此，环境犯罪形态出现竞合，从实害犯转变到实害犯与抽象危险犯并存，同时要注意两者的衔接。正如有学者提出："为了兼顾谦抑性与环境犯罪治理的有效性，可以尝试设立一种将危险犯与结果犯相结合的罪名结构模式。具体而言，就是在同一环境犯罪罪名中，既规定危害行为发生的罪责，也规定产生特定危害结果后的罪责，而后者的量刑显然是要超过前者的。"③也就是说，危险犯轻于实害犯，或者将实害犯作为危险犯的结果加重犯升格刑，并且抽象危险犯不宜全面扩展于所有的环境犯罪，仅限于危害特别严重的环境犯罪，防止过度犯罪化。

第三，抽象危险犯应包括结果因素。随着风险社会到来，预防刑法观崛起，抽象危险犯越来越多地出现在立法或司法解释中。有学者认为"法官在认定抽象危险犯时，只需要判断是否实施了刑法分则规定的行为，无须从行为中再行继续判断是否产生抽象危险"④，日本也有学者持此观点⑤。在抽象危险犯中，以往结果要素在行为不法认定的核心地位在抽象危险犯里几乎被抛弃，这也导致抽象危险犯容易扩张刑罚权。结果包括实害结果与危险结果，危险结果又包括具体危险结果与抽象危险结果⑥。结果要素始终是表征法益侵害的核心基础，抽象危险犯同样具有结果要素，需要"结合特定的关联对象体现外部世界自然性或社会性变化，

① 李希慧、董文辉、李冠煜：《环境犯罪研究》，知识产权出版社，2013，第80-81页。
② 张明楷：《污染环境罪的争议问题》，《法学评论》2018年第2期，第1-19页。
③ 韩轶：《环境犯罪刑事法规制的立法与归责》，《社会科学辑刊》2018年第2期，第94-100页。
④ 冯军：《论〈刑法〉第133条之1的规范目的及其适用》，《中国法学》2011年第5期，第138-158页。
⑤ 井田良：《刑法各论》，弘文堂，2007，第41页。
⑥ 张明楷：《论刑法中的结果》，《现代法学》2023年第1期，第164-181页。

并进一步转化为一种具有危险的特殊事件，以此征表[1]法益侵害危险，作为法益危险的间接证明"[2]。

通过结果形塑行为不法这一理念，从而限缩其刑罚射程范围。在通过解释适用抽象危险犯时要进行规范目的性的限定解释，并且这种合目的性的解释只能限缩构罪范围，不能扩张。

第四，对于抽象危险犯应设置反证条款。2023年《解释》第1条第5项、7项规定的内容存在结果推定的情形，但是没有规定允许行为人反证的条款。司法机关在考虑方便入罪的同时也要设计出罪条款，不能以保护法益为名侵犯未造成污染事实的行为人的权益。如果被告人提出充足的证据证明没有存在事实性的环境污染结果，可以作为出罪的理由。抽象危险犯可以通过从具体案件中证明环境污染行为对环境法益或者个人法益无法造成损害而反证出罪。因此，未来修订司法解释时应设置反证条款。

三、污染环境罪的罪过形态辨析

（一）关于罪过形态的学说

1.过失说

该学说认为污染环境罪的主观方面是过失[3]。有学者认为"若认为本罪的罪过形式为故意，则会出现罪刑不相适应的情况"[4]。还有学者认为，《刑法修正案（八）》虽然对罪名作了修改，但污染环境罪的主观罪过形态仍然是过失，该法条的修改只是为了解决刑法介入环境污染的滞后性问题[5]。

2.复合罪过说

第一种说法混合罪过说，认为"污染环境罪的主观罪过通常是故意，

---

[1] 也称"犯罪征表说"，是刑法主观主义关于犯罪的一种学说。这一学说认为，犯罪是对社会安全秩序的危害，当存在危及社会安宁秩序的可能性时，应当预防犯罪的发生，而不必等待实际侵害发生。因此，犯罪被视为行为人恶性的征表，只要有足以表明反社会性的象征，犯罪即告成立，而行为的现实性则不在考虑之列。这种观点强调的是犯罪的预防和打击，而非仅仅是对已经发生的犯罪行为进行惩罚。

[2] 臧金磊：《水污染环境犯罪刑事司法裁量研究》，博士学位论文，西南政法大学法学院，2020，第48页

[3] 高铭暄、马克昌主编《刑法学》，北京大学出版社、高等教育出版社，2017，第585页。

[4] 冯军：《污染环境罪若干问题探讨》，《河北大学学报》（哲学社会科学版）2011年第4期，第19-21页。

[5] 姜俊山：《论污染环境罪之立法完善》，《法学杂志》2014年第3期，92-99页。

但也可以由过失构成"①。第二种说法为二元罪过说，认为"污染环境罪可以由故意构成，也可以由过失构成，并针对故意犯和过失犯配置不同的刑罚"②。第三种说法为模糊罪过说，认为"无论行为人是故意还是过失，亦不管行为人对于可能造成严重污染环境的后果持希望、放任态度，只要行为人对可能造成严重污染环境的结果具有预见可能性即可"③。

3.择一说

该学说认为"污染环境罪的罪过形式既包括故意又包括过失，这是就规范层面而言的；就具体的个案而言，行为人的罪过形式不可能既是故意又是过失，而只能是二者中的一种，要么是故意，要么是过失"④。

4.严格责任

第一种是设置严格责任归责原则对某些缺乏犯意的污染环境行为追究刑事责任⑤。第二种是设置相对的严格责任，"通过实体上的推定以及程序上的反推两种路径，来具体锁定行为人在实施污染环境时的主观过错"⑥。

5.故意说

以张明楷教授为代表的学者认为，污染环境罪的主观罪过应当为故意。

（二）对于罪过形态学说的评析

1.对于过失说的评析

（1）过失说的理由

一是从立法沿革角度阐释污染环境罪从重大环境污染事故罪演变而来，虽为不同罪名，实质是同一罪行，理应承袭过失的主观心理状态。二是基于污染环境罪法定犯性质阐释主观上具有过失的心理才能实施该行为。三是从法定刑不变倒推主观过失也不变。

---

① 喻海松：《污染环境罪若干争议问题之厘清》，《法律适用》2017年第23期，第78-81页。

② 李梁：《污染环境罪的罪过形式：从择一到二元》，《甘肃社会科学》2021年第1期，第108-115页。

③ 陈洪兵：《模糊罪过说之提倡——以污染环境罪为切入点》，《法律科学》（西北政法大学学报）2017年第6期，第89-100页。

④ 田国宝：《我国污染环境罪立法检讨》，《法学评论》2019年第1期，第163-171页。

⑤ 张瑞萍、赵凤宁：《风险视阈下环境犯罪法益保护及行为构造——以污染环境罪为例》，《重庆理工大学学报》（社会科学）2021年第7期，第118-126页。

⑥ 徐海东：《污染环境罪司法适用问题研究》，博士学位论文，西南政法大学经济法学院，2021，第144页。

（2）过失说的反驳

一是污染环境罪罪名沿革对客观方面进行修改后并不能直接得出主观方面不变的结论，随之而变的主观内容在立法上也是常有之事。二是用罪刑的轻重来反推主观罪过有悖逻辑，因为按照刑法的立法原理，法定刑幅度应该由犯罪构成作为考量而推导出来，而非先制定法定刑再逆推犯罪构成①。随着《刑法修正案（十一）》提高了污染环境罪的法定刑幅度，这个理由更是不攻自破。三是目前自然犯主观以故意居多，但是法定犯未必都是过失犯，再则自然犯和法定犯的界限是会变化的，仅仅从自然犯与法定犯区分的角度来论证污染环境罪属于过失犯，不具有说服力。

2.对于复合罪过说的评析

（1）复合罪过说的理由

一是现有条文罪状无法推出污染环境罪的主观罪过排斥故意或过失的结论。二是从立法原意来看，《刑法修正案（八）》对污染环境罪的修改就是矫正之前的主观方面，使之既包括过失也包括故意。三是主观罪过并非非此即彼，故意与过失也并非泾渭分明。四是从国外立法考察，《德国刑法典》和《芬兰刑法典》都规定有复合罪过。五是复合罪过说既包括故意又包括过失，能够无死角地对污染环境行为进行保护，不至于放纵犯罪。六是最高人民法院发布的典型案例中既包括故意犯罪又包括过失犯罪。

（2）复合罪过说的反驳

一是不符合我国立法现状。主张复合罪过的学者，用《刑法》第397条规定的故意和过失来佐证其论点。这个法条有相应的文理依据，但污染环境罪并没有类似的描述。二是立法原意不能成其论据。立法原意的不明确性使其既能成为混合罪过说的根据，也可以成为其他学说的根据。三是没有正确理解"法律有规定"。《刑法》第15条第2款中的"法律有规定"，这里的"法律"不包括司法解释，也不包括国外的法律规定（国情不同，国外环境刑法只能作为参照而不是模板）。四是模糊说对故意与过失进行模糊处理，有违罪责刑相适应的原则，存在处罚上的不合理性。

---

① 姜文秀：《污染环境罪的主观心态》，《国家检察官学院学报》2016年第2期，第108-117页、第175页。

3.对于择一说的评析

（1）择一说的理由

一是最贴合立法原意，《刑法》第338条的罪状中没有规定罪过要素以及相关的提示用语，故意说和过失说都是选择了罪状中的部分含义，因而择一说符合立法原意。二是符合从严的环境刑事政策。择一说既穷尽了法条文义，又严格区分故意和过失，因而是贯彻严厉打击环境犯罪的刑事政策的不二选择。三是与生态文明建设理念一致。故意说与过失说对文义作了缩小解释，混合罪过说与"存疑时有利被告人"的原则不兼容。择一说可以把故意过失纳入规制范围，并且不存在违反"存疑时有利于被告人"的情形。

（2）择一说的反驳

一是不利于实现责任主义。择一说解决了罪过分配问题，但是没有解决刑罚问题，对于故意和过失配置同一刑罚幅度，无法有效贯彻责任主义的深层构造。二是不利于实现刑罚个别化。它从逻辑上理顺了罪过形式，但只解决了罪的个别化，没有解决根据个别化之后的罪刑配置或宣告个别化的刑。三是不利于实现刑法公正和预防犯罪。对不同罪过不加区别地适用同一刑罚，显然是无法体现公平正义原则的，同样会使持过失心态的行为人对于与持故意心态的行为人遭受相同幅度的惩罚感到不公平，不利于预防犯罪。

4.对于严格责任的评析

（1）严格责任的理由

坚持严格责任的话，要从以下三个方面论证其合理性：一是有利于实现刑罚目的。对于主观不再坚持故意过失，对于严重污染环境的行为人予以追责，可以实现特殊预防。通过对污染环境行为予以严厉打击，可以威慑社会其他人员，起到一般预防的效果。二是符合罪刑相适应原则。如果从主观难以认定并对污染环境的行为不予追责，这种放任不管就违反了罪刑相适应原则。三是有利于追诉程序方便。环境犯罪主观心理不好认定，为了避免举证困难，运用严格责任利益降低证明负担。

（2）严格责任的反驳

一是英美法系的严格责任在适用时有着极其严格的适用规则（一般适用于轻罪），不同法系移植过来很可能遭遇水土不服。在我国当前司法实践中，轻微的污染环境行为有可能以行政法或民事法来调整，适用严格责任并不具有必然性。二是与我国刑法规定的罪刑法定原则相悖。当前刑法规定的犯罪构成，在主观方面要求故意和过失。适用严格责任违反了罪刑法定原则。三是人权保障受到冲击。适用严格责任不需要考虑故意过失，虽然在打击污染环境方面效果显著，但是处罚范围随之扩大，不符合刑法的谦抑性，也可能导致公民的人权无法得到保障。

（三）对于故意说的提倡

1.故意说的批判理由

一是从过失犯修改为故意犯缩小了打击范围，出现罪刑失衡，并且将过失污染环境行为进行无罪化处理也不符合从严的环境刑事政策。二是过失排污导致环境污染，在2011年之前还可以依据重大环境污染事故罪规制，而现在可能不构成污染环境罪，这让人难以接受。

2.故意说的提倡

（1）立法上的依据

一方面，符合文理解释。在2011年之前，重大责任事故罪罪状中用"事故"一词，从中可以看出契合过失犯的表征。而《刑法修正案（八）》发布以后，"事故"一词不复存在，删除了过失犯的文理依据。污染环境罪的罪状表述中只有对客观行为特征的描述，未涉及主观表述，因此，本罪主观方面是故意，完全符合文理解释。

另一方面，符合罪刑相适应原则。《刑法修正案（十一）》把污染环境罪的法定刑"情节特别严重"的处7年以上有期徒刑及罚金，这意味着本罪主观方面为故意。因为法定刑的提升既是考虑到污染环境犯罪行为的社会危害性，也从侧面体现了行为人的主观恶性较强，很显然，故意比过失的主观恶性要大。污染环境罪法定刑的提升虽然不能直接推定污染环境罪的主观罪过为故意，但是过失说明显与最高刑15年有期徒刑不相匹配。

（2）司法上的依据

2016年《解释》、2019年《纪要》、2023年《解释》和司法实践均承认故意犯罪，因为共犯、未遂问题均存在于故意犯罪中。2019年《纪要》规定了主观故意推定规则以及未遂的认定。2023年《解释》第8条规定："明知他人无危险废物经营许可证，向其提供或者委托其收集、贮存、利用、处置危险废物，严重污染环境的，以共同犯罪论处。"司法实践中，法院在裁判文书中明确认定为故意的数量也明显占据优势。

（3）符合法益变更的倾向

人类中心主义法益论可能持有过失说，故意说的观点则倾向于采取生态法益论或者生态学的人类中心主义的法益论，采取生态学的人类中心主义的法益论至少可以推出具有间接故意的心态。正如有学者所言：

"刑法解释使得污染环境罪的客观构成要件呈现出多种不同的法益侵害构成要件混杂的结果，围绕着本罪主观罪过产生的争论，不过是如何理解和切割'严重污染环境'内涵的重现或转述而已。"①法益观的转变，使抽象危险犯对污染环境罪的结果证明标准明显降低，符合结果要件的案件越来越多地扩大，因此，并不会出现放纵犯罪的情形。

（4）符合刑法谦抑性

环境犯罪治理是一项系统性工程，环境治理体系的正常运转，既要处理好与环境行政法、民法的有效衔接，也要实现实体法与程序法的良好运行。也就是说，刑法不是治理环境犯罪的唯一手段，更多情况下它应该处于补充性地位，刑罚权的发动必须遵循谦抑性原则。抽象危险犯能够将刑罚的发动时间提前，处罚范围扩大后能够涵盖所有环境犯罪行为。如果承认复合罪过说，可能会造成处罚范围不当扩大，甚至架空罪刑法定原则。较轻污染的行为直接由行政法处罚，过失造成人身、财产损害的行为可依据实际情形考虑认定其他罪名。因此，故意说既可以满足风险社会下治理环境犯罪的需要，又不会过度扩张犯罪圈，无须再引入过失犯。

第二节　环境犯罪立法论

一、环境犯罪立法理念的科学化

（一）法益扩张：确立生态的人类中心主义法益观

针对环境犯罪所保护的法益，现如今存在三种学说，分别是纯粹的人类中心主义法益观、纯粹的生态学主义法益观以及生态学人类中心主义法益观。首先，纯粹的人类中心主义法益观是人本主义本位，侧重于对于人身财产和生命、安全的保护，将人身权益作为其保护的法益。纯粹的生态主义法益观是生态主义本位，侧重于针对生态环境法益进行保护，将各类环境因素作为其保护的法益。生态学人类中心法益观中和了上述两者的观点，将对于人类生存发展有着重要影响的环境因素作为环境犯罪所保护的法益。

首先，该法益观符合环境刑法制度的立法宗旨。《刑法修正案（八）》的出台，表明中国环境刑法承认了自然环境本身的内在价值。

---

① 张志钢：《摆荡于激进与保守之间：论扩张中的污染环境罪的困境及其出路》，《政治与法律》2016年第8期，第79-89页。

《刑法修正案（十一）》的出台，再次表明环境保护与资源保护并重。其次，该法益观有利于环境刑事法律体系整体法益概念的统一。鉴于环境犯罪的行政从属性特征，需结合环境相关的法律法规进行定罪处罚，在考察除刑法典外的环境法律法规之后，笔者发现在"保障人体健康"之外的相关法律法规中普遍规定了"保护和改善环境"的内容。再次，该法益观有助于区分环境犯罪的犯罪化和非犯罪化。该法益观在保护人类利益的基础上，构建了当前环境媒介、动植物等生态法益的内涵。相比之下，它不再涵盖无法还原为与人的生命健康、自由财产等相关联的环境法益，使得生态环境领域的犯罪化与非犯罪化更加清晰明确，同时增强了对与人类利益相关的生态法益的保护。最后，纯粹的人类中心主义法益观使得生态环境法益没有得到应有的保护，纯粹的生态主义法益观使得人类自身的发展会受到不同程度的限制，生态学人类中心主义法益观将生态环境法益的保护地位提升至作为独立的法益进行保护，这样对于人身权益也给予了相对周延的保护，完美地契合了如今所提倡的人与自然和谐共生的理念。

（二）目标调整：确立环境犯罪预防性立法观

预防性立法理念是刑事一体化理念的体现，在当前强调治理体系和治理能力现代化的同时，要认识到环境犯罪预防比治理更为急迫。因为在环境犯罪中，环境的犯罪行为对于生态环境所造成的损害往往是范围较广、程度较深，并且有可能一旦造成实害结果就会导致生态环境的永久丧失、难以恢复。因此，环境刑事立法应突出风险防范。

对待现代风险虽然不能过于冒进，但更不能过于守旧，而应该正视现实，在考虑刑法谦抑精神的前提下大胆地借鉴风险社会理论，适当引入风险社会防范风险的措施规制环境风险，法益保护早期化、犯罪前置化之类的措施在应对重大环境风险方面应当适当采用。

例如，2021年《刑法修正案（十一）》对"污染环境罪"的修订就是这一理念的体现，呈现出从事后制裁到积极预防的立法转向，具体表现为扩大犯罪圈并增设新罪名，干预时间前移化，从严从重处罚严重破坏环境的行为。一方面，明确刑法的立法范围，合理划定犯罪圈，既要扩展环境刑法的规制范围，实现刑法介入的早期化，适当增加环境犯罪的危险犯，也不能迫于形势盲目扩大环境犯罪圈。另一方面，立法上明确刑罚的范围，在制裁方法上不能片面依靠刑罚，而要综合运用刑罚和恢复性制裁措施。

（三）思维转换：确立环境犯罪环境修复理念

生态环境的整体性和唯一性决定了生态环境被损害后应尽可能恢复到原来的状态，现行的环境修复是依靠司法手段推进和实现的，尚缺乏系统性的法律规范予以支撑，这就需要在环境刑法中确立生态恢复论。以生态恢复论为指引，构建环境保护和修复制度是环境刑法现代化的目标①。

一方面，完善与生态环境修复相关的法律规定。将生态环境修复措施纳入环境治理的重要手段之中，使其成为治理环境问题不可或缺的组成部分。这种法律规定不仅应当明确修复措施的具体内容和方式，还要明确责任主体的义务，确保修复工作能够得到切实有效的实施。另一方面，我们需要更加具体地界定环境修复措施的适用范围，以确保其能够在实际情况中得到准确应用。通过对不同类型的环境犯罪和不同程度的环境损害进行分类，可以制定相应的修复措施，使其与犯罪的性质和影响相匹配。这将有助于避免修复措施的过度或不足，从而更好地实现环境修复的目标。

二、环境犯罪立法模式的科学化

（一）我国环境犯罪立法模式存在的问题

目前，我国刑法对环境犯罪的立法体例设置存在着若干问题：

第一，对环境犯罪的重视程度较低。环境犯罪作为对生态环境和社会秩序造成严重影响的行为，在当今全球面临环境危机的背景下，其重要性不容忽视。然而，现行刑法对环境犯罪的专节式较低位阶的立法并未能充分体现其重要性，未能赋予其应有的位阶地位。

第二，环境犯罪被归入妨害社会管理秩序罪一章，这与其双重法益不相符。环境犯罪涉及的是整个社会和人类生存的生态环境问题，而非仅仅局限于社会管理秩序的影响。虽然学者们对环境犯罪的法益还存在诸多争议，尚未达成共识，但对环境犯罪客体的独立性问题已经达成了普遍共识。环境犯罪的性质与妨害社会管理秩序罪明显不同，将环境犯罪放置此章已经不合时宜。

第三，环境犯罪罪名分散在不同章节，导致立法不协调。环境犯罪的行为形式多样，涉及范围广泛，因此，其罪名也应该有一个统一而

---

① 周峨春：《环境刑法现代化的理论阐释与实现机理》，《重庆理工大学学报》（社会科学）2021年第12期，第175–183页。

明确的归属。然而，现行刑法将环境犯罪罪名分散于多个章节之中①，这样的立法体例使得对环境犯罪的集中治理存在困难，也容易造成立法上的混乱和不协调。

（二）我国环境犯罪立法模式的构想

1.环境犯罪立法模式概览

（1）根据立法体例来划分

1）刑法典模式

刑法典章节模式即将环境犯罪的罪状及其法定刑在刑法典中加以规定，同时在刑法或者特别环境刑法中规定环境犯罪。典型的如《德国刑法典》和《俄罗斯联邦刑法典》。这种模式有利于保持刑法的权威性，关注度高，一般预防的作用大，但刑法典稳定性高，不能很好地、及时地适应犯罪变化的新形势。

2）附属刑法模式

附属刑法模式指在刑法典以外的其他环境行政法规中对环境犯罪加以规定。典型的就是英美法系国家。其优势在于随环境行政法规的变化而相应变化，灵活性高，有利于司法操作。但这种模式下环境犯罪立法处于从属地位，环境行政法中规定的罪刑效力不如刑法典效力高，不利于突出保护生态环境。更由于环境行政法规较多，其刑事条款分散分布不能系统化，从而导致环境刑法的存在不是很明显。

3）单行刑法模式

单行刑法模式指将环境犯罪规定于刑法典之外的专门的刑事法律中，以单行环境刑法为核心，以其他形式为辅助。如《日本公害犯罪制裁法》。单行刑法模式条文的针对性比较强，能够适应环境犯罪不断变化的现实状况来调整立法。既弥补刑法典章节模式不灵活的缺点，又弥补附属刑法欠缺权威性的缺点。但是单行刑法的协调性较差，尤其与刑法典的规定往往难以完全协调，其中的特别规定会损害刑法典的稳定和权威②。

（2）根据行为、结果以及罪过形式规定的方式来划分

1）统合性立法模式

在这种立法模式下没有对行为、结果以及罪过形式等作出明确规定

---

① 环境犯罪包括《刑法》分则第6章第6节规定的"破坏环境资源保护罪"；《刑法》第408条规定的环境监管失职罪；第2章"危害公共安全罪"、第3章"破坏社会主义市场经济秩序罪"中第2节"走私罪"等章节也规定了部分环境犯罪。

② 傅学良：《刑事一体化视野中的环境刑法研究》，中国政法大学出版社，2015，第98页。

且往往用一个罪名包括了所有的行为、结果、罪过形式等。统合模式的优点是其高度概括性能够灵活应对环境污染犯罪的变化，将所有行为、结果、罪过形式统合在一个犯罪中，使刑罚设置简单，减轻控方的证明责任，有利于刑事责任追究。然而，统合模式的弊端是使刑法规定丧失明确性，弱化刑法的人权保障机能，使刑事司法活动具有较大的伸缩性，不利于贯彻责任主义。目前我国采取此种模式。

2）分立性立法模式

这种模式下把各种污染环境的行为、结果以及罪过形式分开规定，罪状描述比较精细，且针对不同行为、结果以及罪过形式设置了不同罪名或不同情形，进而规定了不同的刑罚。分立模式的优点是污染环境罪的立法比较详尽、明确，给司法机关提供了明确的操作规程，对司法活动的约束比较有力，有利于保障人权，同时严格区分故意犯和过失犯，配置不同的刑罚，有利于贯彻责任主义。分立模式的缺陷是立法封闭性较强，难以适应变化的社会生活，以及难以适应工业化社会的转型和问题叠加的挑战。德国采用此种模式。

2.我国环境犯罪立法模式的建置

环境犯罪的立法模式主要涉及两个方面：一是环境犯罪的立法体例，即采取刑法典、单行刑法还是采取附属刑法规范的立法方式；二是刑法典关于环境犯罪的立法方式，即是否设置专门的环境犯罪章节①。由此，笔者按照环境犯罪的立法体例、是否专章设置以及借鉴分立模式这三方面逐一探讨环境犯罪立法模式。

（1）我国环境犯罪立法体例选择

1）我国环境犯罪立法体例的学说争议

近年来，我国环境犯罪立法由零散的单行刑法和附属刑法规范向刑法典的集中统一立法收拢，刑法对环境领域的调控范围日益扩张，环境犯罪圈日趋膨胀。这里需要说明的是，刑法可以分为普通刑法与特别刑法，普通刑法就是刑法典，特别刑法包括单行刑法和附属刑法。

我国环境刑事立法体例的走向，学者们有不同的争议，先后提出了"刑事法典+特别刑法体例"②、"单一刑法典体例"③、"单行刑法模

---

① 赵秉志：《中国环境犯罪的立法演进及其思考》，《江海学刊》2017年第1期，第122–132页，第238页。

② 戴玉忠、刘明祥：《和谐社会语境下刑法机制的协调》，中国检察出版社，2008，第40页。

③ 赵秉志：《中国环境犯罪的立法演进及其思考》，《江海学刊》2017年第1期，第122–132页，第238页。

式"①、"单行刑法+附属刑法体例"②、"刑法典+环境单行刑法体例"③、"刑法典+独立型附属刑法体例"④、"环境附属刑法立法体例"⑤。上述争议又可以归纳为"单一化立法体例"和"多元化立法体例",目前多元化立法体例得到提倡。

2) 我国环境犯罪立法采取"刑法典+独立型附属刑法体例"

第一,我国的法律传统使得我们不能完全采用附属刑法模式。这种模式不符合我国环境刑法的发展模式,也会破坏刑法的完整性。

第二,我国现阶段也不可能采用单行刑法模式,因为"如果允许环境刑法游离于刑法典之外独立行走,那么,更具有必要性的军事刑法、经济刑法必然也会乘势登场,最终难免会形成刑法典被肢解的格局"⑥。此外,这一立法模式不仅要打破刑法典的统一立法模式,还要在立法内容上协调其与刑法、刑事诉讼法相关规定之间的关系,需要解决的问题众多,其可行性甚低⑦。这从恐怖主义立法中也可窥见一斑,2015年《中华人民共和国反恐怖主义法》也没有刑事实体法和程序法的内容。

第三,笔者提倡"刑法典+独立型附属刑法体例"。附属刑法模式又分为"依附型附属刑法"⑧与"独立型附属刑法"⑨,目前我国现阶段主流学说是"刑法典(为主)+依附型附属刑法(为辅)"的复合立法模式,在依附型附属刑法中,没有明确规定具体的罪行和法定刑,而常常倾向于采用"空白罪状"的方式进行规定。这种方法的意义在于,当新

---

① 吴献萍、刘有仁:《环境犯罪立法特色与机制评析——以巴西为例》,《环境保护》2018年第21期,第61-64页。

② 苏永生:《环境犯罪的独立性和体系性建构》,《中国地质大学学报》(社会科学版)2018年第5期,第23-33页。

③ 张道许:《风险社会视阈下环境刑法的发展变化与立法面向》,《江西社会科学》2019年第9期,第1161-170页。

④ 程红、牙韩选:《环境犯罪"独立型附属刑法"立法模式之合理证成》,《广西民族大学学报》(哲学社会科学版)2020年第2期,第181-188页。

⑤ 焦艳鹏:《总体国家安全观下的生物安全刑法治理》,《人民论坛·学术前沿》2020年第20期,第36-45页。

⑥ 高铭暄、徐宏:《环境犯罪应当走上刑法前台——我国环境刑事立法体例之思考》,《中国检察官》2010年第2期,第3-5页。

⑦ 赵秉志:《中国环境犯罪的立法演进及其思考》,《江海学刊》2017年第1期,第122-132页,第238页。

⑧ "依附型附属刑法"指在非刑事法律规范中没有规定具体罪状和法定刑,仅存在类似"构成犯罪的,依法追究刑事责任"的原则性、指引性规定,定罪量刑完全依附于刑法的规定。

⑨ "独立型附属刑法"指在非刑事法律规范内容上明确规定具体罪状和法定刑,可以直接作为定罪量刑的依据。

兴产业的发展引发了新型的生态环境犯罪时，能够填补刑法在涵盖方面的不足，同时保持刑法典的普遍适用性。然而，大量使用空白罪状也为司法人员带来了一些挑战，因为解释这些罪状可能会呈现出机械性倾向，还可能导致刑法与行政法之间的衔接问题。因此，饱受争议的主流学说主要就是因为依附型附属刑法的缺陷所致，独立型附属刑法的灵活性能够有效应对不断涌现的环境风险，满足刑法风险防控的需要。其独立罪名和法定刑强调了环境行政法律规范，同时提醒违反行政规范的法律后果，确保了环境法规的有效执行，同时扩大了刑法在生态环境保护方面的适用范围。正如有学者所言："'独立型附属刑法'模式的优越性在于其更有利于刑法与其他部门法的协调统一，使环境犯罪的罪刑规范更趋合理，能及时因应复杂多变的环境犯罪现实，契合当下环境刑法的立法方向，应成为环境刑法立法模式改革的应然选择。"①

（2）我国环境犯罪立法方式的选择

1）环境犯罪是否应该设立专章的争议

多数学者主张环境类犯罪与妨害社会管理秩序罪侵犯的客体不一致。环境犯罪的客体是生态利益，而妨害社会管理秩序罪的客体是社会的管理秩序，把两种不同类型的客体法益罪名置于统一的篇章之内，会扰乱刑法体系。因此，应该将环境犯罪从"妨害社会主义管理秩序"一章中脱离出来，再整合散见于其他章节的有关环境犯罪罪名，成立专章。有学者呼吁"不妨以危害生物安全行为入刑为契机，增设新的涉及生物安全的罪名，并就包括生物安全犯罪在内的环境犯罪进行专章立法，实现环境刑法的体系化发展"②。

也有学者认为，现阶段，关于环境法益是否独立于人的利益仍存在争议，且其他法益如知识产权、产品质量等也同样重要。一旦环境法益单独成章，其他两个是否设立专章？因此，将环境犯罪作为独立章节填充进立法体例中，虽有一定意义，但需慎重考虑，以避免现有体例的动静过大③。还有学者提出采取在第6章设立环境犯罪小章立法体例建置

①　程红、牙韩选：《环境犯罪"独立型附属刑法"立法模式之合理证成》，《广西民族大学学报》（哲学社会科学版）2020年第2期，第181-188页。

②　汪千力：《生物安全视角下的环境刑法立法研究》，博士学位论文，中南财经政法大学刑事司法学院，2022，第90页。

③　付立庆：《中国〈刑法〉中的环境犯罪：梳理、评价与展望》，《法学杂志》2018年第4期，第54-62页。

模式①。

　　2）环境犯罪专章在分则中的位序和名称的争议

　　有学者提出设立"危害环境罪"，排列在刑法典分则第5章"侵犯财产罪"之后、第6章"妨害社会管理秩序罪"之前②；有学者主张像《俄罗斯联邦刑法典》一样，将环境犯罪并入"危害公共安全罪"一章③；有学者倡议专章表述为"污染环境和破坏生态罪"并设置于危害公共安全罪之后④；有学者主张应放置在"侵犯公民的人身权利、民主权利罪之后，侵犯财产罪之前"⑤；有学者主张环境犯罪危及了生态安全，应紧跟"危害公共安全罪"放置其后⑥；有学者提议为凸显环境安全这一法益的独立性与重要性，以"危害环境安全罪"专章加以规定⑦。

　　3）环境犯罪专章建置的论证

　　现有的专节式设置以环境管理秩序代替环境法益，消弭了环境法益的独立性，环境法益的独立化需要超越复杂法益或混合法益的限制，明晰人类法益与环境法益之间的差异。为此，有必要对环境犯罪专章化，既是环境法益独立性和环境犯罪自身特殊性的要求，也体现对生态环境的高度重视。拓展环境犯罪罪名的范围，实现多样化配置刑罚，有助于该类犯罪本身的类型化及其治理。因此，环境犯罪的立法方式进行转变是必然之举。具体论证如下：

　　第一，环境犯罪罪名体系较为完善，满足成立专章的需求。侵犯财产罪一章有13个罪名也可以作为一章，破坏环境资源罪一节就已经有16个罪名，再加上其他章节的相关环境犯罪罪名数量足够成立专章。

　　①　该学者建议在第6章之外设立小章，如：第6章之一"环境犯罪"。参见高思洋：《我国环境犯罪立法体例建置研究》，《长江大学学报》（社会科学版）2017年第1期，第120-124页。
　　②　李恒远、常纪文：《中国环境法治》（2008年卷），法律出版社，2009，第219页。
　　③　在《俄罗斯联邦刑法典》中，"生态犯罪"作为一章，规定在第9编《危害公共安全和社会秩序的犯罪》中。参见颜九红：《环境犯罪罪名体系之科学构建》，《法学杂志》2009年第9期，第56-58页。
　　④　苏永生：《环境犯罪的独立性和体系性建构》，《中国地质大学学报》（社会科学版）2018年第5期，第23-33页。
　　⑤　牛忠志：《环境犯罪的立法完善——基于刑法理论的革新》，博士学位论文，西南政法大学法学院，2013，第6页。
　　⑥　姜俊山：《风险社会语境下的环境犯罪立法研究》，博士学位论文，吉林大学法学院，2010，第89页。
　　⑦　张旭：《我国环境犯罪立法的梳理与前瞻》，《东北师大学报》（哲学社会科学版）2016年第4期，第98-103页；汪千力：《生物安全视角下的环境刑法立法研究》，博士学位论文，中南财经政法大学刑事司法学院，2022，第6页。

第二，有学者认为"如果选择专章立法体例模式，突破我国传统十章式的刑法分则建构模式，会出现牵一发而动全身的局面"①。在1979年当时的刑法典修订过程中，曾有将环境犯罪独立设章的考虑，然而最终选择了大章制的方式。1979年刑法典采用的大章制是八章，1997年刑法典采用的大章制是十章。随着社会生活的变迁，要根据具体法益的变迁来调整大章制，而不能固守保有十章的分则结构。

第三，有学者主张采用在第六章设置小章来解决环境犯罪的独立性②，这就涉及大章制与小章制的争议问题。在1997年刑法修订的时候，采用大章制还是采用小章制当时是存在争议的。但立法机关在考虑以后，实际上是采取折中的办法，大体上维持大章的分类，只不过是增加了两章。在刑法分则第三章和第六章，章下设节，把大章制和小章制融合起来，由此可见，第六章已经融合了大章和小章，因此，在第六章再设小章从逻辑上说不通。

第四，综上所述，在现有刑法体系下设立环境犯罪专章最为合适。纳入专章的包括当前《刑法》第6章第6节的16个罪名、《刑法》第3章第2节中的"走私废物罪""走私珍贵动物、珍贵动物制品罪""走私珍稀植物、珍稀植物制品罪"，同时将针对生物多样性危害的有关罪名吸纳进来，形成环境犯罪罪名体系的系统性和完整性。

4）环境犯罪专章名称和位阶的确定

成立专章的名称称之为"危害生态环境罪"，放置在"破坏社会主义市场经济秩序罪"一章之前、危害公共安全罪一章之后。一方面，环境犯罪所侵害的法益的中心在于不特定多数人的身体健康、生命和财产安全以及人类赖以生存的生活环境和生态环境，与危害公共安全的犯罪比较接近。另一方面，从国外立法来看，环境犯罪跟危害公共安全犯罪位阶比较紧密。例如，《挪威一般公民刑法典》将环境犯罪规定在第14章"危害公共安全"的重罪里面；《德国刑法典》分则第28章、29章规定的分别是"危害公共安全的犯罪"和"环境犯罪"；《俄罗斯联邦刑法典》第24章、25章、26章规定的分别是"危害公共安全的犯罪""危害居民健康和公共道德的犯罪"和"环境犯罪"；《奥地利刑法典》分则第七章是危害公共安全和环境的应受处罚的行为；《瑞士联邦刑法典》第7章是

---

① 付立庆：《中国〈刑法〉中的环境犯罪：梳理、评价与展望》，《法学杂志》2018年第4期，第54-62页。

② 高思洋：《我国环境犯罪立法体例建置研究》，《长江大学学报》（社会科学版）2017年第1期，第120-124页。

危害公共安全的重罪和轻罪，第8章针对大众健康的重罪和轻罪规定了环境犯罪；《西班牙刑法典》第16编是破坏国土资源、城市规划、历史遗产和环境罪，第17编是危害公共安全罪；《越南刑法典》第17章、8章、19章规定的分别是破坏环境罪、毒品犯罪和危害公共安全公共秩序罪。

（3）我国环境犯罪对分立模式的借鉴

污染环境罪采用统合模式的现实理由在于有效应对多样化且不断演变的污染环境行为，以满足加强环境保护打击力度的需求。兜底条款也是为了应对迅速变化的污染行为。

第一，分立模式下不能将对环境造成污染但刑法没有规定为犯罪的行为或者一些模棱两可的行为认定为犯罪，其背后的保障人权理念值得在立法中借鉴。第二，分立模式下污染环境罪拆分为具体环境要素的独立罪名，并且根据不同环境要素的不同特点设立各自的罪状，并配置与污染程度相适应的刑罚，更体现了刑罚个别化。第三，类型化思维值得借鉴。以行为方式与行为对象为标准，对生态环境犯罪进行规定，能够适应不同类型的生态环境犯罪行为的规制需要。第四，设立污染环境罪的危险犯包括对人的危险犯和对环境的危险犯[1]。第五，针对六同的基本行为类型基本犯，以及同一犯罪的不同形态、危害结果的不同，设置了不同的刑罚[2]，实现了刑罚的分立。

三、环境犯罪罪名体系的科学化

结合本书第二章第二节对我国环境犯罪的行为类型的考察分析，以下归纳总结我国环境犯罪罪名存在的一些不合理之处。

（一）环境犯罪罪名体系不合理

1.罪名覆盖面不广[3]

《中华人民共和国环境保护法》对"环境"用概括加列举的方式进行界定，其涵盖范围比较宽广，而现行刑法规定的环境犯罪罪名，只涵盖了该法所保护的部分环境要素，很多环境要素都没有被包含进去。一是

---

[1] 李梁：《污染环境罪立法模式之中德比较研究》，《刑法论丛》2019年第3期，第490-518页。

[2] 李梁：《中德两国污染环境罪危险犯立法比较研究》，《法商研究》2016年第3期，第167-173页。

[3] 环境的概念涵盖范围比较宽广，现行刑法规定的环境犯罪罪名，只涵盖了该法所保护的部分环境要素，很多环境要素都没有被包含进去。因此，环境犯罪罪名相对于环境的概念来说覆盖面不广。

缺失对海洋污染、噪声污染、光污染的处罚；二是对草原、湿地的保护阙如；三是虐待动物没有被纳入刑法保护；四是我国仅规定了非法采集人类遗传资源、走私人类遗传资源材料罪，生物资源相关的各环节，例如，非法获取、转让、开发、出口生物资源及其研究成果，非法进行生物资源专利申请以及相关管理部门在生物资源管理过程中的渎职行为，都应在刑法中设置相应罪名；五是生物安全方面也存在保护不足，例如，大量获取个人生物信息进行违法犯罪的行为、转基因犯罪、疫情防控期间传染病数据造假、违规开展实验行为、非法研制生物武器行为、瞒报传染病疾病行为等也应纳入刑法规制之中。因此，应结合上述环境犯罪行为研究中需要加以刑法保护的相关环境犯罪罪名进行增补完善。

2. 罪名精细化和体系化不够

第一，目前环境犯罪罪名规定得比较笼统，比如污染环境包含很多环境要素，如大气污染、水污染、土壤污染、固体废物污染、噪声污染等，没有根据基本环境要素对污染环境罪进行分解规定。第二，环境犯罪罪名比较分散，除了《刑法》第6章第6节之外，第3章第2节和第6章第4节也涉及了环境犯罪罪名，这不利于形成层次分明、重点突出的体系化罪名结构。对环境犯罪的罪名进行类型化更有利于保护生态环境，其优点在于"可以比较不同犯罪种类危害程度的大小，可以揭示同类环境犯罪的本质，从而科学地划定同类环境犯罪圈的范围，最后组成环境刑法罪名的体系"[①]。

3. 罪名规定不严密

一是非法处置进口的固体废物罪和擅自进口固体废物罪，仅限于进口的固体废物，而气体和液体废物的危害也很大。二是非法占用农用地罪仅规定非法占用行为，对于荒地、滩涂、山沟等其他类型的土地的破坏没有被纳入刑法加以保护，仅规定了非法占用，对于其他破坏行为没有包括进去。三是对明知是盗伐、滥伐的林木而进行非法加工以及出售，要和收购和运输行为一并处罚，因为容易形成一条犯罪产业链。四是森林资源犯罪缺乏盗窃珍贵林木加重刑罚的情节，寄藏、占用、加工等行为未纳入犯罪圈。五是《刑法修正案（十一）》将国家公园和国家级自然保护区这类自然保护地纳入刑法保护范围，地方自然保护区和自然公园不在其中。六是动物保护范围太窄，仅包括珍贵、濒危的野生动物，不包括一般野生动物。七是非法捕捞水产品罪中的"水产品"更倾向于

---

① 傅学良：《刑事一体化视野中的环境刑法研究》，中国政法大学出版社，2015，第137页。

体现经济价值，用"非法捕捞水生动植物罪"更能体现生态价值。八是非法采集人类遗传资源、走私人类遗传资源材料罪存在一定复杂性并且成本高，更多是由单位构成，只将主体设定为自然人存在漏洞。

（二）环境犯罪罪名体系的完善

1.罪名设计的体系化

（1）环境犯罪实现类型化分类

1）学界争议

环境犯罪可以运用类型化来扩充环境犯罪规制范围，正如有学者所言："各罪立法不能只是面向具体问题解决，而是首先当以总体性范畴为基准观察事物本质，把握犯罪类型。"①

关于环境犯罪的类型化，学者们有不同的看法。有学者认为，可分为损害私权利的环境犯罪和不当使用公权力的环境犯罪两类，前者可进一步细分为污染生态环境的犯罪和破坏自然资源的犯罪，后者可细分为玩忽职守类型的犯罪、滥用职权类型的犯罪以及徇私舞弊类型的犯罪②。有学者认为，包括污染环境的犯罪和破坏生态的犯罪两大类，前者既需要对污染环境罪进行分解，也需要增加新的犯罪类型，后者不仅需要增加新的犯罪类型，而且需要设立整体意义上的破坏生态罪③。有学者认为，根据环境犯罪侵害法益的不同，将环境犯罪分为污染环境类犯罪、损害资源类犯罪和侵害动物类犯罪三大类④。有学者主张，将环境犯罪划分为"污染环境的犯罪""破坏自然资源的犯罪"和"与环境犯罪相关的犯罪"三类⑤。还有观点主张，将环境犯罪划分为"污染环境的犯罪""危害生态资源的犯罪""其他可能危害环境的犯罪"三类⑥。

2）环境犯罪划分

根据环境法教材以及民法典，将环境问题分为污染环境和生态破坏两类。笔者进一步细化，建议在刑法分则设立"生态环境犯罪"专章并按照行为类型分为环境污染犯罪、损害资源类犯罪、侵害动物犯罪、危害生物多样性犯罪四种类型。第一类环境污染犯罪包括污染环境罪、非

① 王志远：《论我国刑法各罪设定上的"过度类型化"》，《法学评论》2018年第2期，第148-155页。
② 颜九红：《环境犯罪罪名体系之科学构建》，《法学杂志》2009年第9期，第56-58页。
③ 苏永生：《环境犯罪的独立性和体系性建构》，《中国地质大学学报》（社会科学版）2018年第5期，第23-33页。
④ 焦艳鹏：《刑法生态法益论》，中国政法大学出版社，2012，第147页。
⑤ 刘仁文：《环境资源保护与环境资源犯罪》，中信出版社，2004，第289页。
⑥ 杨春洗：《危害环境罪的理论与实务》，高等教育出版社，1999，第169页。

法处置固体废物罪、走私废物罪、擅自进口固体废弃物罪等罪名。第二类损害资源类罪包括损害土地资源、损害植物资源、损害矿产资源、损害林木资源等罪名。第三类侵害动物犯罪包括非法捕捞犯罪、非法狩猎犯罪、侵害动物物种犯罪、虐待动物犯罪等罪名。第四类危害生物多样性犯罪包括遗传资源获取（生物剽窃）犯罪、生物安全犯罪[①]、生物入侵犯罪。

（2）现有罪名的修改完善

1）细化环境污染犯罪

第一，将"口袋罪"污染环境罪进行拆分，分别为大气污染罪、水体污染罪、土壤污染罪。第二，对于"废物"犯罪行为对象的限定不一致，应该统一为"固态废物、液态废物和气态废物"。

2）严密损害资源类犯罪

第一，将盗窃珍贵林木作为林木资源犯罪加重刑的情节，将寄藏、占用、加工等破坏林木资源的行为未纳入犯罪圈。第二，设置破坏自然保护地罪，将地方自然保护区和自然公园纳入保护。

3）调整侵害动物类犯罪罪名

第一，将"危害濒危、珍贵野生动物罪"修改为"危害野生动物罪"。第二，将"非法捕捞水产品罪"修改为"非法捕捞水生动植物罪"。

4）修正危害生物多样性犯罪

将非法采集人类遗传资源、走私人类遗传资源材料罪主体设定为自然人和单位都可以构成该罪。

（3）增设新的环境犯罪罪名

现行刑事立法对于环境保护的范围较为狭窄，对于生态环境要素的保护不完全。从危害生态平衡的角度出发，对生态环境的各个要素和组成部分要予以同等重视。但是，作为犯罪处理的许多行为种类没有被包括进来，由此，需要增设新的环境犯罪罪名。

第一，环境污染犯罪增设海洋污染罪、释放噪音罪、光污染罪等罪名。第二，损害资源类犯罪增设破坏土地罪、破坏草原罪、破坏湿地罪。第三，侵害动物犯罪增设虐待动物罪，将在公众中传播虐待动物视频和在未成年人面前虐待动物作为法定加重的量刑情节。第四，危害生物多样性犯罪新增罪名，增设侵犯生物资源犯罪（包括非法勘测、获取、转让、出口生物资源行为，非法转让生物资源研究成果行为，非法申请与

[①] 生物刑法当前为环境刑法所涵摄，属于环境刑法的子系统；但也有学者认为，生物刑法需要从环境刑法中分离，发展并提倡生物刑法。

生物资源有关的专利行为等）、转基因犯罪（包括走私转基因食品、非法研制转基因食品、非法生产销售转基因食品、非法人体转基因试验行为）、传染病数据造假罪、非法研制生物武器罪、瞒报传染病疾病罪。

四、环境犯罪刑罚体系的科学化

（一）环境犯罪刑罚体系不完备

1.法定刑配置存在不足

（1）我国环境犯罪法定刑与国外环境犯罪法定刑比较①

以污染环境罪为例，我国污染环境罪法定刑有三个档次，分别是3年以下有期徒刑或者拘役、3年以上7年以下有期徒刑、7年以上有期徒刑。《德国刑法典》污染环境处5年以下自由刑或罚金，加重情节分别处6个月—10年自由刑和1—10年自由刑②。《俄罗斯联邦刑法典》规定污染大气、水体、海洋的，处1年以下劳动改造或3个月以下拘役；人员健康受损的，处1—2年劳动改造，或3年以下剥夺自由刑；致人死亡的，处2—5年剥夺自由刑③。《奥地利联邦共和国刑法典》规定故意影响环境的，处3年以下自由刑或罚金刑④。《芬兰刑法典》规定，环境犯罪分为侵害环境和侵犯环境两类，侵犯环境法定刑高于侵害环境。侵害环境处罚金或2年以下监禁，加重的侵害环境，处4个月—6年监禁；侵犯环境处罚金或6个月以下监禁⑤。《挪威一般公民刑法典》规定，污染自然环境致使生物的数量减少的，处6年以下监禁；蓄意污染空气、水、土壤的，处10年以下监禁；造成伤亡的，处15年以下监禁⑥。《瑞士联邦刑法典》规定，污染饮用水处5年以下重惩役或1个月以上监禁刑⑦。《西班牙刑法典》规定破坏自然资源和环境罪，处2—5年徒刑，并处8—24个月罚金，同时处以剥夺行使其职业或职位的权利1—3年⑧。《越南刑法典》规定，污染空气、水、土壤，处罚金或者处3年以下监外改造或者6个月

---

① 国外有些国家污染环境罪是复合罪过，将故意和过失分别处以不同刑罚，笔者仅选取故意犯的法定刑设置。

② 《德国刑法典》，徐久生、庄敬华译，中国方正出版社，2004，第160页。

③ 《俄罗斯联邦刑法典》，黄道秀等译，中国法制出版社，1996，第128-129页。

④ 《奥地利联邦共和国刑法典》，徐久生译，中国方正出版社，2004，第73页。

⑤ 《芬兰刑法典》，肖怡译，北京大学出版社，2005，第133-134页。

⑥ 《挪威一般刑法典》，马松建译，北京大学出版社，2005，第35页。该法典也称《挪威刑法典》，此处实际是同一部法律。另注：关于国外法律名称，同一部法律，参考版本不同，译称存在有异情况，笔者在引用该名称时，尊重参考的该原版译称。

⑦ 《瑞士联邦刑法典》，徐久生、庄敬华译，中国方正出版社，2004，第72页。

⑧ 《西班牙刑法典》，潘灯译，中国检察出版社，2015，第147页。

以上3年以下有期徒刑；造成很严重后果的，处2年以上7年以下有期徒刑；造成特别严重后果的，处5年以上10年以下有期徒刑①。《巴西环境犯罪法》规定，污染环境处1—4年监禁和罚金，符合规定的五种情形之一的，处1—5年监禁②（见表6-1）。

表6-1　国外刑法典环境犯罪、危害公共安全罪、侵犯财产罪罪刑一览表

刑法典	环境犯罪刑罚	侵犯财产罪刑罚	危害公共安全罪刑罚
德国	污染环境罪：故意犯罪处5年以下自由刑或罚金；过失犯罪处3年以下自由刑或罚金； 特别严重：6个月—10年自由刑；1—10年自由刑。	盗窃罪：5年以下自由刑和罚金； 严重的：3个月—10年自由刑。	纵火罪：1—10年自由刑；情节轻的处6个月以上5年以下自由刑； 纵火致死的，处10年以上自由刑或终身自由刑。
俄罗斯	污染大气、水体、海洋：1年以下劳动改造或3个月以下拘役； 人员健康受损的，处1—2年劳动改造，或3年以下剥夺自由； 致人死亡的，处2—5年剥夺自由。	盗窃罪：罚金或强制性工作或1—2年劳动改造或4—6个月拘役或3年以下剥夺自由； 符合四种情形的，处罚金或2—6年剥夺自由； 符合四种情形的，处5—10年剥夺自由，并处或不并处没收财产。	爆炸纵火等恐怖行为：处5—10年剥夺自由； 有预谋或多次实施，处8—15年剥夺自由； 有组织实施或过失致人死亡，处10—20年剥夺自由。
奥地利	故意影响环境：处3年以下自由刑或罚金刑； 过失影响环境：处1年以下自由刑或罚金刑。	盗窃罪：处6个月以下自由刑和罚金； 严重的盗窃，处3年以下自由刑； 入室或携带武器盗窃，处6个月—5年自由刑； 抢劫性盗窃，根据情形，处6个月—5年自由刑、5—15年自由刑。	纵火：处1—10年自由刑； 造成他人死亡或造成数人重伤的或多人处于困境的，处5—15年自由刑； 数人死亡的，处10—20年自由刑或终身自由刑。

---

① 《越南刑法典》，米良译，中国人民公安大学出版社，2005，第81页。
② 《巴西环境犯罪法》，郭怡译，中国环境科学出版社，2009，第16-17页。

刑法典	环境犯罪刑罚	侵犯财产罪刑罚	危害公共安全罪刑罚
芬兰	侵犯环境:处罚金或6个月以下监禁; 过失犯罪,处罚金或1年以下监禁; 环境损害:处罚金或2年以下监禁; 加重的环境损害,处4个月—6年监禁。	盗窃:处以罚金或1年6个月以下的监禁; 轻微盗窃,处以罚金; 加重的盗窃,处以4个月以上4年以下的监禁。	纵火:处4个月—4年监禁; 加重犯,处2—4年监禁。
挪威	故意或者严重过失污染自然环境致使生物的数量减少,处6年以下监禁; 蓄意或者严重过失,污染空气、水、土壤,处10年以下监禁; 造成伤亡的,处15年以下监禁。	盗窃罪的,处罚金或者3年以下监禁; 严重的盗窃罪,处罚金或者6年以下监禁。	火灾、爆炸、洪水、海损、铁路或者航空事故的,处2年以上21年以下监禁; 致人员死亡或者造成身体、健康遭受重大损害的重罪的说明:类似我国刑法有关故意伤害的规定另说法。
瑞典	从森林、田野非法取走正在生长的树、草,以损害罪处罚金或6个月以下监禁; 严重的,以重损害罪处4年以下监禁。	轻微盗窃的,以轻微盗窃罪处罚金或6个月以下监禁; 盗窃罪,处2年以下监禁。	放火罪和危及公众的毁灭罪,处2—8年监禁; 不太严重的,处1—3年监禁; 严重的,处6—10年固定期限的监禁或终身监禁。
瑞士	污染饮用水:处5年以下重惩役或1个月以上监禁刑。	盗窃罪处5年以下重惩役或监禁刑; 行为人为职业犯的,处10年以下重惩役或3个月以上监禁刑。	纵火,处重惩役; 纵火危害公共安全的,处3年以下以重惩役; 只造成微小损失的,可科处监禁刑。

续表6-1

刑法典	环境犯罪刑罚	侵犯财产罪刑罚	危害公共安全罪刑罚
西班牙	破坏自然资源和环境罪:处2—5年徒刑,并处8—24个月罚金,同时处以剥夺行使其职业或职位的权利1—3年;严重损害人类健康的,在法定刑幅度内取较重幅度处罚。	盗窃罪的,处6—18个月徒刑;加重行为,处1—3年徒刑。	放火未危及他人生命、肢体完整但造成了伤害的,按照严重程度,分别处1—3年徒刑、3—5年徒刑并处12—24个月罚金、4—8年徒刑;致他人生命、肢体置于危险的,处10—20年徒刑。
越南	污染空气、水、土壤,处罚金,或者处3年以下监外改造或者处6个月以上3年以下有期徒刑;造成很严重后果的,处2年以上7年以下有期徒刑;造成特别严重后果的,处5年以上10年以下有期徒刑。	盗窃罪处3年以下监外改造或3个月以上3年以下有期徒刑;造成严重后果的,处2年以上7年以下有期徒刑;造成特别严重后果的,处7年以上15年以下有期徒刑。	放火造成严重后果的,处3年以下监外改造或者6个月到5年有期徒刑;造成很严重后果的,处3年以上8年以下有期徒刑;造成特别严重后果的,处7年以上12年以下有期徒刑。

据此,有学者认为"中国环境犯罪的刑罚处罚总体上明显高于国外境外的立法"[①]。但也有学者认为"外国立法中,环境犯罪的法定刑配置普遍不高,源于他们的轻刑格局;而我国的环境犯罪法定刑配置,绝对数较外国高,但基于我国的重刑体系,显得偏低了"[②]。

根据上述争论,我们对比一下外国刑法典对环境犯罪、侵犯财产罪、危害公共安全罪的处罚情况,之所以用侵犯财产罪和危害公共安全犯罪来类比环境犯罪,因为财产价值是生态环境的重要价值之一,过去也长期在环境犯罪立法中突出环境资源的经济价值。环境刑法属于经济刑法;

[①] 赵秉志:《中国环境犯罪的立法演进及其思考》,《江海学刊》2017年第1期,第122-132页、第238页。

[②] 牛忠志:《环境犯罪的立法完善——基于刑法理论的革新》,博士学位论文,西南政法大学法学院,2013,第160页。

环境刑法也属于安全刑法，而环境安全价值的重要性逐步接近公共安全。

这里，笔者从三类犯罪中选取典型罪名进行比较，主要是污染环境罪、盗窃罪、放火罪三个罪名的比较（见表6-1）。《德国刑法典》中，污染环境罪和盗窃罪法定刑幅度一致，基本刑是5年以下自由刑和罚金，最高刑是10年自由刑；纵火致死的，判10年以上自由刑或终身自由刑。《俄罗斯联邦刑法典》中，污染环境罪、盗窃罪、放火罪分别对应的最高法定刑为5年剥夺自由、10年剥夺自由、20年剥夺自由。《奥地利联邦共和国刑法典》中，污染环境罪、盗窃罪、放火罪分别对应的最高法定刑为3年剥夺自由、15年剥夺自由、20年剥夺自由。《芬兰刑法典》中，污染环境罪、盗窃罪、放火罪分别对应的最高法定刑为6年监禁、4年监禁、4年监禁，污染环境罪处罚力度最大。《挪威一般公民刑法典》中，污染环境罪、盗窃罪、放火罪分别对应的最高法定刑为15年监禁、6年监禁、21年监禁，污染环境罪处罚力度高于盗窃罪。《瑞典刑法典》中，损害林木罪、盗窃罪、放火罪三罪分别对应的最高法定刑为4年监禁、2年监禁、终身监禁，损害林木罪处罚力度高于盗窃罪。《瑞士联邦刑法典》中，妨害饮用水罪、盗窃罪、放火罪三罪分别对应的最高法定刑为处5年以下重惩役、10年以下重惩役、3年以下重惩役，妨害饮用水罪处罚力度高于放火罪。《西班牙刑法典》中，破坏自然资源和环境罪、盗窃罪、放火罪三罪分别对应的最高法定刑为处5年有期徒刑、5年有期徒刑、3年有期徒刑，这里破坏自然资源和环境罪处罚高于盗窃罪，与放火罪法定刑持平。《越南刑法典》中，污染环境罪、盗窃罪、放火罪分别对应的最高法定刑为10年有期徒刑、15年有期徒刑、12年有期徒刑。我国污染环境罪、盗窃罪、放火罪对应的最高法定刑为15年有期徒刑、无期徒刑、死刑。

根据以上对比，有些国家虽然污染环境罪法定刑比较轻缓，但跟其刑法典规定的其他类别的罪名法定刑对比就可以看出，国外污染环境罪法定刑并不轻缓，有的国家与盗窃罪持平，有的国家超过盗窃罪，有的国家甚至超过危害公共安全罪。因此，国外环境犯罪法定刑较轻的结论是在我国的刑法体系范围内得出的，不是与德国、瑞士、西班牙、瑞典、挪威等国的刑法相比的结论。即使同为亚洲国家，经济发展不及我国的越南，三罪最高法定刑均为有期徒刑，我国三罪最高法定刑差别较大，说明我国刑罚结构仍是重刑结构。在这种结构下，污染环境罪法定刑处于较低的法定刑配置，而这还是《刑法修正案（十一）》在提高了污染环境罪的法定刑的基础上。

（2）环境犯罪法定刑与侵犯财产罪和危害公共安全的法定刑比较

1）三类罪的法定刑档次设定比较

第一，在这16种环境犯罪中，设有1个法定刑档次的犯罪有7种，占比43.7%，占到所有环境犯罪的近一半；设有2个法定刑档次的犯罪有5种，占比31.2%；设有3个法定刑档次的犯罪有4种，占比23.5%。

第二，在13种侵犯财产犯罪中，是以2个法定刑档次起步，其中设有2个法定刑档次的犯罪有7种，占比53.8%；设有3个法定刑档次的犯罪有6种，占比46.1%。

第三，在这33种危害公共安全犯罪中，设有1个法定刑档次的犯罪有7种，占比21.2%；设有2个法定刑档次的犯罪有22种，占比66.6%；设有3个法定刑档次的犯罪有4种，占比12.1%。

第四，三类罪的法定刑档次比较。相比之下，三类犯罪设有1个法定刑档次的占比，分别为43.7%、0%、21.2%。环境犯罪设有1个法定刑档次的犯罪数量较多，设有2个法定刑档次的占比分别为31.2%、53.8%、66.6%，设有2个法定刑档次的犯罪数量最少（见表6-2）。

2）三类罪的法定最高刑配置比较

第一，16种环境犯罪的最高法定刑均是有期徒刑，没有无期徒刑和死刑的配置。有4个犯罪法定最高刑是15年有期徒刑，有1个犯罪法定最高刑是10年有期徒刑，有4个犯罪法定最高刑是7年有期徒刑。设有1个法定刑档次的7种犯罪中，3个犯罪的法定最高刑是5年有期徒刑，4个犯罪的法定最高刑是3年有期徒刑（见表6-2）。

表6-2　我国现行刑法对环境犯罪的罪刑设置一览表

序号	罪名	法定刑档次	最高主刑	最低刑	附加刑
1	污染环境罪	3	15年有期徒刑	拘役	罚金
2	非法处置进口的固体废物罪	3	15年有期徒刑	拘役	罚金
3	擅自进口固体废物罪	2	15年有期徒刑	拘役	罚金
4	非法捕捞水产品罪	1	3年有期徒刑	罚金	罚金
5	危害珍贵、濒危野生动物罪	3	15年有期徒刑	拘役	罚金或者没收财产
6	非法猎捕、收购、运输、出售陆生野生动物罪	1	3年有期徒刑	管制	罚金

序号	罪名	法定刑档次	最高主刑	最低刑	附加刑
7	非法狩猎罪	1	3年有期徒刑	罚金	罚金
8	非法占用农用地罪	1	5年有期徒刑	拘役	罚金
9	非法采矿罪	2	7年有期徒刑	管制	罚金
10	破坏性采矿罪	1	5年有期徒刑	拘役	罚金
11	危害国家重点保护植物罪	2	7年有期徒刑	管制	罚金
12	盗伐林木罪	3	15年有期徒刑	管制	罚金
13	滥伐林木罪	2	7年有期徒刑	管制	罚金
14	非法收购、运输盗伐、滥伐的林木罪	2	7年有期徒刑	管制	罚金
15	非法引进、释放、丢弃外来入侵物种罪	1	3年有期徒刑	拘役	罚金
16	破坏自然保护地罪	1	5年有期徒刑	拘役	罚金

第一，在13种侵犯财产犯罪中，抢劫罪的最高法定刑为死刑；盗窃罪、诈骗罪、抢夺罪、职务侵占罪这4种罪的最高法定刑为无期徒刑；挪用资金罪和敲诈勒索罪的最高法定刑为15年有期徒刑；聚众哄抢罪的最高法定刑为10年有期徒刑；有4种罪名的最高法定刑为7年有期徒刑；侵占罪的最高法定刑为5年有期徒刑（见表6-3）。

表6-3　我国现行刑法对侵犯财产犯罪的罪刑一览表

序号	罪名	法定刑档次	最高主刑	最低刑	附加刑
1	抢劫罪	2	死刑	3年有期徒刑	罚金或者没收财产和剥夺政治权利
2	盗窃罪	3	无期徒刑	管制	罚金或者没收财产
3	诈骗罪	3	无期徒刑	管制	罚金或者没收财产
4	抢夺罪	3	无期徒刑	管制	罚金或者没收财产
5	聚众哄抢罪	2	10年有期徒刑	管制	罚金
6	侵占罪	2	5年有期徒刑	罚金	罚金

序号	罪名	法定刑档次	最高主刑	最低刑	附加刑
7	职务侵占罪	3	无期徒刑	拘役	没收财产和剥夺政治权利
8	挪用资金罪	3	15年有期徒刑	拘役	无
9	挪用特定款物罪	2	7年有期徒刑	拘役	无
10	敲诈勒索罪	3	15年有期徒刑	管制	罚金
11	故意毁坏财物罪	2	7年有期徒刑	罚金	罚金
12	破坏生产经营罪	2	7年有期徒刑	管制	无
13	拒不支付劳动报酬罪	2	7年有期徒刑	拘役	罚金

第二，在33种危害公共安全犯罪中，最高法定刑为死刑的罪名有7种，最高法定刑为无期徒刑的罪名有3种，最高法定刑为15年有期徒刑的罪名有8种，最高法定刑为10年有期徒刑的罪名有1种，最高法定刑为7年有期徒刑的罪名有7种，最高法定刑为5年有期徒刑的罪名有1种，最高法定刑为3年有期徒刑的罪名有4种，最高法定刑为1年有期徒刑的罪名有2种（见表6-4）。

表6-4 我国现行刑法对危害公共安全犯罪的罪刑设置一览表[①]

序号	罪名	法定刑档次	最高主刑	最低刑	附加刑
1	放火罪、决水罪、爆炸罪、投放危险物质罪、以危险方法危害公共安全罪	2	死刑	3年有期徒刑	剥夺政治权利
2	破坏交通工具罪	2	死刑	3年有期徒刑	剥夺政治权利
3	破坏交通设施罪	2	死刑	3年有期徒刑	剥夺政治权利
4	破坏电力设备罪、破坏易燃易爆设备罪	2	死刑	3年有期徒刑	剥夺政治权利

---

① 这里仅选取故意犯罪的刑罚。

序号	罪名	法定刑档次	最高主刑	最低刑	附加刑
5	组织、领导、参加恐怖组织罪	3	无期徒刑	管制	罚金或者没收财产和剥夺政治权利
6	帮助恐怖活动罪	2	15年有期徒刑	管制	罚金或者没收财产和剥夺政治权利
7	准备实施恐怖活动罪	2	15年有期徒刑	管制	罚金或者没收财产和剥夺政治权利
8	宣扬恐怖主义、极端主义、煽动实施恐怖活动罪	2	15年有期徒刑	管制	罚金或者没收财产和剥夺政治权利
9	利用极端主义破坏法律实施罪	3	15年有期徒刑	管制	罚金或者没收财产
10	强制穿戴宣扬恐怖主义、极端主义服饰、标志罪	1	3年有期徒刑	管制	罚金
11	非法持有宣扬恐怖主义、极端主义物品罪	1	3年有期徒刑	管制	罚金
12	劫持航空器罪	1	死刑	10年有期徒刑	剥夺政治权利
13	劫持船只、汽车罪	2	无期徒刑	5年有期徒刑	剥夺政治权利
14	暴力危及飞行安全罪	2	15年有期徒刑	拘役	无
15	破坏广播电视设施、公用电信设施罪	2	15年有期徒刑	3年有期徒刑	无
16	非法制造、买卖、运输、邮寄、储存枪支、弹药、爆炸物罪	2	死刑	3年有期徒刑	剥夺政治权利
17	违规制造、销售枪支罪	3	无期徒刑	5年有期徒刑	剥夺政治权利
18	盗窃、抢夺枪支、弹药、爆炸物、危险物质罪，抢劫枪支、弹药、爆炸物、危险物质罪	2	死刑	3年有期徒刑	无

续表6-4

序号	罪名	法定刑档次	最高主刑	最低刑	附加刑
19	非法持有、私藏枪支、弹药罪,非法出租、出借枪支罪	2	7年有期徒刑	管制	无
20	丢失枪支不报罪	1	3年有期徒刑	拘役	无
21	非法携带枪支、弹药、管制刀具、危险物品危及公共安全罪	1	3年有期徒刑	管制	无
22	重大飞行事故罪	2	7年有期徒刑	拘役	无
23	铁路运营安全事故罪	2	7年有期徒刑	拘役	无
24	交通肇事罪	3	15年有期徒刑	拘役	罚金
25	妨害安全驾驶罪	1	1年有期徒刑	管制	罚金
26	重大责任事故罪(强令违章冒险作业罪)	2	7年有期徒刑	拘役	无
27	强令、组织他人违章冒险作业罪	2	15年有期徒刑	拘役	无
28	危险作业罪	1	1年有期徒刑	管制	罚金
29	重大劳动安全事故罪(大型群众性活动重大安全事故罪)	2	7年有期徒刑	拘役	无
30	危险物品肇事罪	2	7年有期徒刑	拘役	无
31	工程重大安全事故罪	2	10年有期徒刑	拘役	罚金
32	教育设施重大安全事故罪	2	7年有期徒刑	拘役	无
33	消防责任事故罪(不报、谎报安全事故罪)	2	7年有期徒刑	拘役	无

第三，上述数据归纳如下：环境犯罪、侵犯财产罪、危害公共安全罪的法定最高刑为死刑的占比分别为0%、7.6%、21.2%，三类罪的法定最高刑为无期徒刑的占比分别为0%、30.7%、9%，三类罪的法定最高刑为15年有期徒刑的占比分别为25%、15.3%、24.2%，三类罪的法定最高刑为10年有期徒刑的占比分别为6%、7.6%、3%，三类罪的法定最高刑为7年有期徒刑的占比分别为25%、30.7%、21.2%，三类罪的法定最高刑为5年有期徒刑的占比分别为18.7%、7.6%、3%，三类罪的法定最高刑为3年有期徒刑的占比分别为25%、0%、12.1%。环境犯罪没有无期徒刑和死刑；法定最高刑为15年有期徒刑的占比与危害公共安全罪基本持平，超过侵犯财产罪；法定最高刑为10年、7年的有期徒刑中，环境犯罪居于其他两类罪的中间；法定最高刑为5年、3年的有期徒刑中，环境犯罪占比超过其他两类罪。综上，环境犯罪相比其他两类犯罪，自由刑配置最高的两类（死刑和无期徒刑）缺失，法定最高刑中自由刑相对高的配置居中，相对低的自由刑最多。

3）三类罪的法定最低刑配置比较

第一，在16种环境犯罪中，法定最低主刑为管制、拘役的分别有6种、8种犯罪，非法捕捞水产品罪和非法狩猎罪的法定最低刑可以是罚金（见表6-2）。

第二，在13种侵犯财产罪中，法定最低主刑为管制、拘役的分别有6种、4种犯罪，侵占罪和故意毁坏财物罪的法定最低刑可以是罚金。抢劫罪法定最低刑是3年有期徒刑（见表6-3）。

第三，在33种危害公共安全犯罪中，法定最低刑为10年有期徒刑的有1种，法定最低刑为5年有期徒刑的有2种，法定最低刑为3年有期徒刑的有7种，法定最低刑为拘役的有11种，法定最低刑为管制的有4种（见表6-4）。

可见，环境犯罪的法定最低刑低于其他两类犯罪。

4）三类罪的附加刑比较

第一，环境犯罪全部配置了罚金刑，仅有危害珍贵、濒危野生动物罪配置了没收财产（见表6-2）。

第二，侵害财产类犯罪除了3种罪名外，大多配置了罚金刑，有5种罪名配置了没收财产和剥夺政治权利（见表6-3）。

第三，危害公共安全犯罪有8种罪名配置了剥夺政治权利，有4种犯罪配置了罚金或者没收财产和剥夺政治权利，1种犯罪配置了罚金或者没收财产，6种犯罪配置了罚金（见表6-4）。可见，环境犯罪附加刑相对比较单一。

2.罚金刑的作用没有充分发挥

第一，罚金独立适用的范围较窄。罚金作为附加刑的一种，既可以附加适用也可以独立适用。然而，司法实践中，环境犯罪罚金刑多是并处，与自由刑合并使用。单处罚金适用较少，适用范围较窄，不能充分发挥罚金的作用。

第二，罚金数额模糊不清。无限额罚金导致环境犯罪罚金数额不明确。刑法的明确性原则既要在定罪方面体现，也要在量刑方面体现。因此，应该将罚金数额予以明确。

第三，罚金执行方式不完善。罚金落实是一大难点，实践中，被告人经济状况不好、家庭财产难以分割或者故意不配合，都导致罚金难以执行。

第四，环境犯罪中存在单位犯罪，法人没有生命和自由，不能适用生命刑和自由刑，但具有一定数量的财产，对其适用罚金刑成为处罚其犯罪的最佳方法。但是有相当一部分的犯罪单位通过实施环境犯罪的成本收益比对后，宁愿缴纳罚金以获取更大经济利益，可见，对单位环境犯罪适用罚金效果有待商榷。

3.缺乏资格刑的配合适用

俄罗斯、德国、法国、意大利、瑞士、韩国也有类似剥夺或者限制担任一定职务或者从事某种活动的权利或者资格的规定。而我国现有的资格刑主要是剥夺政治权利，没有剥夺犯罪分子从事某种特定职业或生产经营活动的权利。将资格刑应用于环境犯罪，有其他刑罚所没有的优势。不少企业就是利用其在从事经济活动中所取得的资格（比如行政许可）来实施犯罪的，而剥夺其特定资格就切断了其继续实施环境犯罪的可能性。采用资格不需要特定的执行场所、执行人员以及经费支出，所需刑事成本低也符合刑罚效益原则。

司法实践中，2022年福建晋江出台《关于对排放、倾倒、处置含重金属污染物构成污染环境罪判处"从业禁止"的实施意见（试行）》，规范从业禁止在污染环境案件中的适用，将排污地点敏感、排污方式隐蔽、环境污染再犯等情形纳入从业禁止范围，禁止污染环境罪犯3至5年内从事同种职业。因此，在环境犯罪中增设资格刑，也可以完善我国刑罚体系。

4.刑事辅助措施在环境犯罪刑罚体系中缺位

随着全球轻刑化的趋势以及贯彻宽严相济的刑事政策的需要，刑事辅助措施日益受到重视。当前环境犯罪也需要多元治理模式，刑事辅助措施的适用能弥补刑罚的不足，既节省司法成本使环境犯罪人较好地回归社会，又能恢复环境犯罪行为造成的生态损害。

目前，我国刑事辅助措施适用范围窄，种类也较少，环境犯罪的刑事辅助措施更是适用有限。刑事辅助措施尤其是环境修复，还存在立法上的缺位。前述环境刑法的矫正正义包括保障（预防）、补偿（修复）、惩罚，然而，"在现有的环境犯罪治理中，保障和惩罚已经得到了贯彻，而补偿还没有得到真正实现"[①]。

（二）重新配置环境犯罪的刑罚体系

1.环境犯罪主刑：争议与重置

（1）环境犯罪主刑的争议

有学者发现"将环境犯罪与危害公共安全罪相比较，整体上比危害公共安全的自由刑处罚较轻，仅相当于危害公共安全罪中的大多数过失犯罪的自由刑的幅度"[②]。也有学者提议"环境犯罪即使单列成章，也适宜与其具有相似特点的危害公共安全类犯罪进行比较，因该两类罪背后的法益性质都属于公共安全的大范畴"[③]。但也有学者从世界刑罚轻缓化趋势建议"中国目前正在大力推进死刑制度改革并力图以此促进刑罚结构的合理平衡。在此背景下，中国目前没有再提高环境犯罪法定刑的必要"[④]。

笔者认为，刑罚轻缓化有其进步性，值得提倡，也可以在保持环境犯罪原有处罚力度的基础上，整体推进刑罚轻缓化，这也可以看作环境犯罪刑罚的隐形提升。但是，目前在其他犯罪的法定刑设置普遍较重的情况下，如果只把环境犯罪的法定刑设置偏轻，则会给人一种错觉：环境犯罪的社会危害性不大，但环境法益不同于其他法益，环境犯罪的危害后果难以预测，其长远的危害往往高于一般的传统犯罪。因此，不能等待刑罚轻缓化的缓慢推进，在现阶段应该及时采取措施，使环境犯罪的法定刑配置得到合理的对待。

① 周峨春：《环境刑法现代化的理论阐释与实现机理》，《重庆理工大学学报》（社会科学）2021年第12期，第175–183页。
② 姜俊山：《风险社会语境下的环境犯罪立法研究》，博士学位论文，吉林大学法学院，2010，第102页。
③ 张道许：《风险社会视阈下环境刑法的发展变化与立法面向》，《江西社会科学》2019年第9期，第161–170页。
④ 赵秉志：《中国环境犯罪的立法演进及其思考》，《江海学刊》2017年第1期，第122–132页，第238页。

然而，根据当前的国情，首先，将环境犯罪提升到与危害公共安全罪的自由刑设置持平的局面存在阻碍，可以采取略低于危害公共安全罪的法定刑设置，环境犯罪的法定刑要稍高于或相当于财产犯罪，正如有学者所言："在强调环境犯罪的有效治理以及现有环境犯罪刑罚配置偏轻的现实面前，确有必要有所节制地适当提高环境犯罪的刑罚上限。"[①]"这种刑罚整体偏轻，在人类中心主义理念之下是可以理解的，但在现今环境本身已经成为我们保护重心的时候，这种刑罚结构需要及时作出调整。"[②]其次，保持刑法中其他章节的行为方式类似罪名的自由刑设置与环境犯罪中的相关罪名基本平衡，如盗伐林木罪和侵犯财产罪之间的平衡。再次，协调环境犯罪罪名之间的自由刑设置的不均衡现象。

（2）环境犯罪主刑的合理配置

第一，可以考虑污染水体罪、大气污染罪配置无期徒刑。成立专章污染环境罪分解后，借鉴分立模式可以根据不同特点配置不同刑罚，水污染和大气污染尤为突出，加之水或土壤的污染和侵害若永远或长期存在，属于不可修复的环境，可以将其配置无期徒刑，达到与侵犯财产罪法定最高刑持平，这也是贯彻环境修复理念的举措。环境分为可修复的环境和不可修复的环境。针对可修复的环境犯罪，刑罚比重可适当减少；针对不可修复的环境罪名，只能或主要依靠刑罚惩治。

第二，面对矿产破坏的现状，且矿产资源相对于林木资源属于不可修复的环境，可以将非法采矿罪提升至7年以上有期徒刑并处罚金，成为3个法定刑档次。与此对应，将破坏性采矿罪由5年有期徒刑提升为7年有期徒刑，成为2个法定刑档次。

第三，很多学者提到盗伐林木罪与盗窃的刑罚差异问题。盗伐林木罪配置无期徒刑可达到与侵犯财产罪法定最高刑持平。这里笔者不建议配置无期徒刑。一方面，林木属于可再生资源，可以通过环境修复来减少刑罚比重。另一方面，过于严厉的刑罚处罚不仅不能收到好的犯罪治理效果，而且容易导致刑罚的过剩。刑罚也要遵从谦抑原则，不是十分必要不配置重刑。

第四，非法狩猎罪和非法捕捞水产品罪。这两个罪名在实践中属于

① 付立庆：《中国〈刑法〉中的环境犯罪：梳理、评价与展望》，《法学杂志》2018年第4期，第54-62页。

② 王勇：《环境犯罪立法：理念转换与趋势前瞻》，《当代法学》2014年第3期，第56-66页。

多发常见罪名，其刑罚处罚也有一般预防的意义。《中华人民共和国长江保护法》《中华人民共和国黄河保护法》实施后，为了配合两部法律的有效实施，可以考虑将这两个罪名提升法定刑。一个途径是将其直接提高到5年有期徒刑，另一个途径是原有刑罚基础上设置一个加重法定刑档次，最高法定刑为7年有期徒刑。

第五，环境犯罪内部各个环境犯罪之间的法定刑梯次的合理搭配和不同的环境犯罪之间刑事责任的轻重协调。例如，走私珍贵动物、珍贵动物制品罪配置[①]了无期徒刑，危害珍贵、濒危野生动物罪，法定最高刑为15年有期徒刑；非法处置进口的固体废物罪，法定最高刑为15年有期徒刑，擅自进口固体废物罪，法定最高刑为10年有期徒刑。这两对罪名对象基本相同，社会危害性也相似，今后应该注意这种横向比较的不均衡现象。

2.环境犯罪罚金刑：调整与完善

各国对于罚金的适用方式各有差异，大体来说，澳大利亚新南威尔士州的《环境犯罪与惩治法》规定了限额罚金，《美国水污染法》规定了日罚金制，《西班牙刑法典》规定了月罚金制，《奥地利联邦共和国刑法典》规定了年罚金制，《俄罗斯联邦刑法典》规定了倍比罚金制。

（1）增加罚金刑独立适用

当前，环境犯罪罚金往往作为附加刑或替代刑，难以充分发挥其应有的作用。因此，建议将罚金刑独立适用于环境犯罪，独立适用罚金刑有助于实现刑事制度的多元化和差异化。环境犯罪的性质各异，可以根据不同的犯罪情节和损害程度决定罚金刑的单处或者并处，确保刑罚更加公平。这也能够避免过度依赖有期徒刑的情况，使刑罚更加灵活多样。

（2）取消无限额罚金

我国现有的无限额罚金备受争议，但也有学者认为立法者想把罚金的比例或者限度的确定交给司法解释来解决，以便保持刑法的稳定性。笔者认为，取消环境犯罪无限额罚金代之以限额罚金制，只需要在规定的上限与下限的幅度内裁量罚金。

（3）选择日额罚金与倍比罚金

有学者主张在污染环境型犯罪中规定日额罚金刑[②]。认为一次性惩罚

---

① "配置"为国内学者常用说法。参见马松建、赵吉平：《行贿罪刑罚配置的立法变迁与建构展望》，《中州学刊》第2024年第5期，第71-77页；曾粤兴、孙道镕：《论收买被拐卖妇女犯罪行为分类与法定刑配置》，《北京理工大学学报》（社会科学版）第2024年第3期，第123-133页。

② 傅学良：《刑事一体化视野中的环境刑法研究》，中国政法大学出版社，2015，第158页。

不足以禁止环境犯罪，采用日额罚金制可以根据污染的持续时间而相应进行连续处罚，增加犯罪者对刑罚的痛苦感受，并且现行《中华人民共和国环境保护法》已经规定了日额罚金。对于犯罪所得或造成的价值损失比较容易计算和确定的犯罪，如盗伐林木罪，可以适用倍比罚金制，通过对行为人处以犯罪所得数倍的罚金，增加其犯罪成本，促使其不敢轻易犯罪，从而实现对环境的保护。

（4）实行罚金易科制完善其执行方式

对于有能力缴纳罚金而不缴纳的，对其采取罚金刑易科自由刑，对于确实贫困无缴纳能力的人，也可以将罚金刑易科为劳役刑[①]。例如，缴纳不了罚金，可以代之以植树造林或者看护林区等形式。

（5）提高单位犯罪罚金刑的适用

环境犯罪属于贪利性犯罪，根据成本收益理论，对法人犯罪进行处罚时应提高罚金数额，使其破坏环境资源的违法成本远高于其违法收益，这应该是未来破坏环境资源罪治理应持的立场。

3.环境犯罪资格刑：引入与强化

（1）国外环境犯罪资格刑配置情况

第一，《西班牙刑法典》对多个环境犯罪罪名在主刑处罚外还规定了资格刑，例如第325条[②]。第二，新《法国刑法典》中对单位犯罪规定禁止从事职业性或社会性活动。第三，《巴西环境犯罪法》对法人资格刑的处罚包括"部分或全部中止其活动、暂时禁止其活动、禁止其与政府签订合同"。第四，《越南刑法典》第182至191条造成空气污染罪、污染水源罪、污染土地罪、进口不符合标准的淘汰技术机械或者物品罪、人类危险疾病传染蔓延罪、动植物危险疾病传播蔓延罪、破坏水产资源罪、毁坏森林罪、违反保护野生珍稀动物规定罪、违反自然遗产特别保护制度罪，全部都可以判处"在1年至5年内禁止担任一定职务、从事一定的行业或者工作"的刑罚。

（2）我国环境犯罪应配置资格刑

我国台湾地区水污染防治相关条例规定了勒令歇业。我国内地目前对于资格刑的设置比较单一，应扩大环境犯罪资格刑的种类。由于环境

---

① 吴献萍：《罚金刑在环境犯罪中的适用》，《法学杂志》2009年第7期，第53–55页。

② 《西班牙刑法典》第325条规定："违反法律或环境保护条例的相关规定，直接或间接向太空、地面、地下、地表流水、海洋、地下水或严重影响生态系统平衡的国境或水流汇集区域实施或试图实施释放、倾倒、辐射、开采、挖掘、掩埋、摧毁、排放、注入或沉淀、排放行为的，处2年至5年徒刑，并处8个月至24个月罚金，同时处以剥夺行使其职业或职位的权利1年至3年。"

犯罪主体中法人犯罪占了一定的比例，所以在设置资格刑种类时要考虑到自然人与法人的区别。第一，对于自然人，主要是禁止从事特定职业或剥夺担任特定职务的权利。具体来说，把所有环境犯罪罪名规定为"可以剥夺行为人行使其职业或职位的权利"来强化预防，通过剥夺其从业资格，从源头阻断其再次犯罪；也可以结合具体罪名分别规定更为具体的资格刑措施，比如规定对于非法捕捞、非法狩猎的行为人，可以暂时或永久剥夺其行使打猎、打捞的职业或职位；对非法排污或者破坏性采矿的行为人，可以限制或剥夺其排污许可权或采矿经营权；从事基因编辑犯罪的，暂时或永久剥夺其继续从事某种特定科研、生产活动的资格等等。第二，对于法人犯罪，可以设置停业整顿、限制或剥夺从事特定业务活动的资格、强制解散三种资格刑，并且三种资格刑是层层递进的关系。

4.刑事辅助措施：增设与拓展

（1）生态修复的法律属性是刑事辅助措施

在我国司法实践中，有6%的环境犯罪案件适用环境修复情节，法院判决的环境修复措施主要有补植复绿、增殖放流、土地复垦这几类，并且逐渐形成了特定犯罪的类型化修复。例如，在滥伐林木罪中，广泛适用补植复绿措施，在非法捕捞水产品罪中多采用增殖放流，在非法占用农用地罪中采取土地复垦的形式。

在适用方式上，有直接性修复、替代性修复以及赔偿金修复三种形式。关于环境修复的法律属性，有学者将其定位成一种刑罚附加刑，在对被告人判处缓刑的同时附加责令修复生态[1]，有学者主张可以将修复生态环境作为环境犯罪的刑事制裁方式[2]，大多数学者认为环境修复属于非刑罚处置措施[3]，也有学者定义为"刑罚辅助措施"[4]。不管是一种刑罚承担方式，还是一种非刑罚措施，目前环境修复措施主要是依据司法解释适用，在刑法中尚未明确规定。笔者认为，称为刑罚辅助措施更为合适，刑罚辅助措施不是行政处罚也不是民事制裁措施，具

① 毋郁东：《恢复性司法视野下的环境刑事司法问题研究——以古田县法院"补种复绿"生态补偿机制为例》，《福建警察学院学报》2016年第4期，第24-33页。
② 杨红梅：《生态环境修复中刑法正当性适用问题研究》，《云南师范大学学报》（哲学社会科学版）2019年第2期，第130-139页。
③ 蒋兰香：《生态修复的刑事判决样态研究》，《政治与法律》2018年第5期，第134-147页。
④ 高铭暄、郭玮：《论我国环境犯罪刑事政策》，《中国地质大学学报》（社会科学版）2019年第5期，第9-18页。

有刑事专属性。

（2）刑法应增设"环境修复"条款并拓展适用面

目前，适用环境修复，一种途径是通过非刑罚处罚方法中的赔偿损失。例如，有学者认为《刑法》第36条、第37条关于"赔偿经济损失"的规定都蕴含着环境修复的意思，并且2016年《解释》第17条第5款明确将环境修复费作为公私财产损失、生态环境损害的内容之一[①]。但有学者驳斥"环境修复责任包括消除危险、停止侵害、恢复原状、赔礼道歉等形式，在裁判中仅适用赔偿损失这一种形式，必然会限制环境修复责任发挥作用"[②]。《刑法》第37条规定的非刑罚处罚方式适用仅限于轻微的环境犯罪，且只能以赔偿损失的形式执行，那么，将大大缩小环境修复的适用范围。另一种途径是通过提起刑事附带民事诉讼请求犯罪行为人赔偿损失以修复生态环境，一方面用民事法来解决环境形式关系是否存在逻辑矛盾，另一方面依然是通过赔偿损失的方式，又回到了一种途径存在的问题，且民事赔偿最终能否用于环境修复也未可知。

那么，刑法中如何规定环境修复呢？由于环境修复具有特殊性，可以针对环境犯罪专门规定辅助措施，参照"赔偿经济损失"的规定，在《刑法》第36条增设一条"环境修复"的条款，即："由于犯罪行为而使环境遭受破坏的，对犯罪分子除依法给予刑事处罚外，应根据情况判处环境修复。"[③]《刑法》有了明确规定后，要把环境修复责任由破坏林业、渔业资源类犯罪扩展至所有环境犯罪中，不能抱着"哪里破坏，修复哪里"的朴素恢复论，不能短视于局部性修复，要着眼于全局性修复的转变。

---

①　臧金磊：《水污染环境犯罪刑事司法裁量研究》，博士学位论文，西南政法大学法学院，2020，第187页。

②　刘蕊：《环境刑事司法中生态修复责任应用研究》，《新东方》2021年第4期，第43-48页。

③　周峨春：《环境刑法现代化的理论阐释与实现机理》，《重庆理工大学学报》（社会科学）2021年第12期，第175-183页。

第七章　后望执行厘正:环境犯罪刑罚执行要注重恢复

第一节　环境犯罪刑罚执行的理念转换

一、从报应刑走向教育刑和恢复性司法

与传统司法相比，恢复性司法保护被害人权利，重视破坏关系之修复。环境犯罪刑罚执行的目的在于：一方面，犯罪分子的自由和权利受到限制和剥夺，使他们感到压力和痛苦；另一方面，关注已经遭受破坏的生态环境，通过执行能够对之进行恢复。环境犯罪刑罚执行应该把生态环境的恢复作为重要内容，从而避免仅惩罚环境犯罪人，但是遭受破坏的生态环境依然不能恢复。

2023年7月27日，最高人民法院发布《最高人民法院关于具有专门知识的人民陪审员参加环境资源案件审理的若干规定》第14条规定："具有专门知识的人民陪审员可以参与监督生态环境修复、验收和修复效果评估。"一般意义上，人民陪审员作为审判程序中合议庭的成员，不能参加执行工作。但考虑到环境修复的专业性，该规定作出了特殊规定，贯彻了保护优先、修复为主、公众参与的环境司法理念。

二、从刑罚执行封闭化走向刑罚执行社会化

利用破坏生态环境手段获取经济利益的事件频频发生，仅仅通过加重环境刑事立法的方法来消除环境犯罪并不现实，因此，我们必须重视用环境刑法刑罚执行的社会化来缓解这一矛盾。

一方面，监狱内刑罚执行社会化。监狱内的社会化主要是设法营造有利于罪犯回归社会的刑罚执行环境和教育改造环境。尽量采用激发罪犯的主动性、积极性和责任性的措施和方法，对罪犯进行管理和改造。通过一些过渡措施和机构，使罪犯从监狱到完全回归社会有一个逐步适应的过渡时间。利用社会力量参与对罪犯的教育改造，主要包括：亲情联系、社会帮教、利用网络技术便利罪犯等。

另一方面，监狱外刑罚执行的社会化。监狱外刑罚执行是刑罚执行社会化原则最明显和最集中的体现，主要体现在通过社区矫正代替监狱囚禁，通过环境缓刑促使犯罪人积极恢复环境等。

三、从刑罚执行分散化走向刑罚执行一体化

执行主体的多元化与立法的分散化引发了一系列弊端，分散化刑事执行立法带来立法滞后性问题、立法重复性问题、立法协调性问题、立法位阶问题，严重影响刑事执行效果的发挥。美国、日本、俄罗斯等国家也都陆续走上刑事执行一体化的道路，于是，刑事执行体制改革逐渐引起理论界与实践部门的关注。刑罚执行由一个部门主管，可避免多部门主管所形成的各行其是的局面，从而有利于刑罚执行的统一和公正的最终实现；同时，有利于队伍的职业化和工作的专业化。

现代刑罚执行制度已经不是简单的刑罚执行，而是更重视对罪犯的矫治工作，为预防犯罪服务。因此，积极稳妥、逐步建立专门的、统一的刑事执行司法体制是必要的、可行的。

第二节 环境犯罪刑罚执行的具体探讨

一、深化环境犯罪恢复性司法实践

不同于传统司法的"惩罚"，恢复性司法的核心思想就是"恢复"；不同于传统刑事司法中国家机关追究犯罪人的刑事责任，运用恢复性司法可以要求犯罪嫌疑人依法停止侵害、排除妨碍、恢复原状或者修复环境、赔偿损失等非刑罚措施，更注重被害人的保护，形成"加害人—调解人—受害人"模式。

（一）环境刑事司法引入恢复性司法的可行性分析

惩治环境犯罪仅仅依靠刑法处罚是不够的，如何在打击环境违法行为的同时也能修复生态环境，成为司法部门要思考的问题。当前日益严峻的环境犯罪现状要求司法部门采用多元化手段适应当前需要，以弥补传统司法的不足，为此，在环境刑事司法中引入恢复性司法具有可行性。

1.符合和谐文化与环境保护理念

一是符合和谐文化理念。在和谐社会构建的背景下，要尽可能减少社会矛盾，安定社会秩序。刑事司法顺应和谐文化的理念要从重视打击

转向事前预防，修复破坏了的生态环境，这也与当今的生态文明建设目标相一致。可见，和谐文化渐入人心为恢复性司法的应用奠定了基础。二是符合环境保护理念。生态系统有其内在的生态规律，受损的环境要素若得不到及时修复，时间长了就不可修复，或者不及时修复某一环境要素也会导致整个生态系统运行不畅。由此，适用恢复性司法有利于环境及时得到保护。

2.符合环境法益

恢复性司法符合环境法益的要求。长期以来，环境犯罪领域是以人类中心主义为主，近些年来，随着生态主义对法律的持续影响，以及法律出现的生态化趋势，环境法益日益深入人心。恢复性司法符合环境法益的要求，它既保护被害人的利益，又关注生态环境的修复。

3.符合环境犯罪自身性质

一是环境犯罪的隐蔽性。有些污染环境案件因其复杂性、高科技性，危害结果数十年甚至上百年才能显示出来。应运用恢复性司法及时对毁损的环境进行恢复，而不能坐等隐蔽的严重后果出现时再修复。二是环境犯罪的贪利性。西方国家一些学者将环境犯罪界定为"白领犯罪"范畴，考察环境犯罪行为的动机也大多是出于牟取经济利益。羊纯采用刑罚手段导致企业停产也不利于经济的进一步发展，运用恢复性司法能弥补传统刑事司法的不足。三是环境犯罪的法定性。学者们对于"环境犯罪是自然犯还是法定犯"争论很多。当前中国民众的环保意识虽然有所增强，但是还没有到像自然犯那样引起公众强烈的否定性评价的程度。环境犯罪的法定性是指危害生态行为虽然侵害或者威胁了环境法益，但没有明显违反伦理道德。这为环境恢复性司法提供了一个介入点。

4.境外环境恢复性司法的实践经验可供借鉴

《美国复垦法》促使采矿者必须考虑采矿区日后的生态复原问题；德国对于环境恢复的法律体系更为完备，《德国联邦矿产法》《德国水保护法》《德国矿山还原法》《德国土壤保护法》都有关于环境恢复的规定；俄罗斯规定不剥夺自由的环境犯罪人可用劳动改造去恢复被损害的环境；巴西的社区服务中要求犯罪者在保护区域从事无偿劳动；《波兰刑法典》规定环境罪犯必须履行道歉、赔偿损失、从事特定劳动的义务。

（二）恢复性司法在我国环境领域有广泛的适用空间

1.与传统文化和民族习惯法契合

一是与传统生态文化契合。我国人民在长期的生活过程中形成了保护环境的生态文化，格外重视保护水源，以一种感恩的心态对待动植物，这有利于恢复性司法的顺利实施。二是与民族习惯法契合。民族习惯法着眼于社会秩序的维护，在处理刑事案件时，注重加害人、被害人以及第三方（通常是当地人心目中有威望的人，如彝族的"德古"）参与，让被害人得到补偿的目标强于让加害人得到惩罚，这与恢复性司法"加害人—调解人—受害人"模式相一致。

2.符合轻刑化刑事政策

第二次世界大战后，各国出现了"轻轻重重"的刑事政策趋势。"轻轻"即对轻微犯罪处罚更轻，其表现就是扩大非犯罪化、非刑罚化处置。适应轻刑化政策的需要，恢复性司法处理模式悄然复兴，恢复性司法与我国实行宽严相济的刑事政策中的"从宽"一致。

3.符合我国经济发展水平和生态破坏现状

我国东部较发达，广大中西部地区经济发展水平不高。民族地区的传统习惯有以"财物抵罪"的特点，如在贵州黔东南苗族村寨里，针对偷盗以及毁坏庄稼等犯罪行为，加害人赔偿若干财物就不被追究责任[①]。这与民族地区的经济发展水平分不开，一方面，由于经济落后，人们更关心受损的经济利益得到补偿与恢复，因此，恢复性司法以罚代刑的理念易于接受；另一方面，由于贫困，过度开发，造成资源枯竭、生态退化，加之东部省份传统产业向中西部大规模转移的步伐正在加快，重蹈东部覆辙、"先污染后治理"的风险在中西部地区隐现[②]，这种现状要求尽快使用恢复性司法修复环境来保护青山绿水。

（三）环境恢复性司法的模式构想

恢复性司法是一种实践中的理论，具有多元性和相对性，由于地域资源的差异，恢复性司法应根据其地域特色而创新手段、措施。恢复性司法在生态环境犯罪领域作为一种新探索，还面临着很多的困境。比如，生态环境恢复性司法直接法理依据研究较少；实际适用范围过于狭窄，主要集中于毁坏林木案件和损害渔业资源案件等；恢复性措施单一；各地自行探索，缺乏体系性、不平衡性发展，地域分布不均，案由分布不均，所据标准各异，司法能动性不够；重判决而轻监督执行效果，重案件裁量阶段而轻全程化适用，重事后而轻事前等。

下面，根据现有的环境刑事司法实践，结合各地区自身的生态文化

---

① 黄彬：《农村民族地区大力推进刑事和解制度的法律研究——以贵州农村苗族地区为例》，《贵州民族研究》2012年第2期，第12—16页。

② 《环保篱笆没扎牢，污染企业仍在"上山下乡"》，据东方财富网，http://finance.east-money.com/news/1371，20150403493140759.html，访问时间为2015年4月3日。

和法律传统，适当借鉴域外的先进理念，对我国环境犯罪运用恢复性司法进行思考并提出模式构想。

1. 确立法律依据

我国关于恢复性立法的规定散见于相关环境保护法规中，如《中华人民共和国森林法》有关于恢复植被的规定，《中华人民共和国土地复垦法》中规定了复垦土地的责任承担形式，《中华人民共和国矿产资源法》中规定了开采者承担恢复环境的责任，但现行刑法没有关于恢复性司法的规定，也没有统一的生态恢复的法律规定来作为直接依据。

有些地方出台相关文件，层次高低有所差异。如有些县市就生态修复司法机制出台意见，但在实施过程中，由于效力层级较低容易引发质疑。2014年5月，福建省高院在全国率先出台了《关于规范"补种复绿"建立完善生态修复司法机制的指导意见（试行）》。最高人民检察院在2015年6月提出"把恢复性司法理念运用于生态环境司法保护实践"中。最高人民法院2016年颁布的《关于充分发挥审判职能作用 为推进生态文明建设与绿色发展提供司法服务和保障的意见》中明确提出："落实生态环境修复为中心的损害救济，统筹适用刑事、民事、行政责任，最大限度修复生态环境。"环境刑事案件中的环境修复也是完整体系中的一环，因此，可以参照刑法总则关于"赔偿经济损失"的规定，在《刑法》第36条增设一条"环境修复"的条款，即："由于犯罪行为而使环境遭受破坏的，对犯罪分子除依法给予刑事处罚外，并应根据情况判处环境修复。"

2. 明确适用条件

第一，扩大适用范围。域外对于恢复性司法的适用条件标准不一。有些国家仅适用于轻微刑事犯罪，有些国家适用范围较大，比较严重的刑事案件也能适用。我国当前对于恢复性司法的探索阶段大多适用于轻微生态环境犯罪。笔者认为，要扩大环境犯罪恢复性司法的适用范围，不仅应将环境恢复作为量刑情节适用，还可以将其作为刑事制裁方式加以适用。

第二，要取得加害人和被害人的同意。恢复性司法是通过调解商谈达成一致共识，使加害人认识到自己破坏环境的行为并愿意积极恢复，被害人也能谅解加害人，不能强行选择适用恢复性司法。至于是否必须有协商这一程序，考虑到环境法益具有公益性，被害人难以具体化，有学者提议"在环境犯罪的情况下，恢复性司法可不必严格遵循协商一致的原则，即法院作出的恢复环境的命令或非刑罚处罚措施亦可纳入环境恢复性司法的范畴"①。笔者同意这种观点。

第三，适用的对象是环境犯罪人，包括自然人和法人。适用对象须具有履约能力，若无履约能力可由他人代履行，可由亲朋好友代植，也可以由第三方代履行，国外立法很多采用这一方式。因为生态修复涉及专业性、技术性，破坏者有时也不具备修复能力，可交由第三方承担，加害人应承担生态修复费用。

第四，适用阶段广泛。国外对于恢复性司法的介入阶段规定各异，有些只适用于量刑阶段，有些适用于起诉审判阶段不适用于侦查阶段，有些适用于实施犯罪后至刑事司法程序结束的各个阶段。我国司法实践主要集中于审判阶段，不仅包括在量刑过程中的适用，还包括在刑事制裁中的适用。也有少数在检察阶段适用恢复性司法的案例。为了充分发挥环境恢复性司法在恢复被破坏生态环境中的作用，有必要扩大环境恢复性司法的适用范围。环境恢复性司法不仅要在刑事审判阶段推广应用，而且要在侦查、起诉和执行阶段推广应用。

3.完善保障机制

环境犯罪案件通常在以下两种情形下适用恢复性司法：一是加害人主动积极进行补植复绿等恢复性司法措施后，在量刑时可从轻处罚；二是判处刑罚后承诺进行补植复绿等措施可适用缓刑。

然而，林木漫长的生长周期以及不确定的存活率，令人担心其执行效果。此外，在实践中，也出现了各职能部门工作程序衔接不畅的情形。如果缺乏有效监督手段，长此以往，恢复性司法不但没有取得恢复生态的效果，反而放纵了犯罪，这急切需要完善保障机制。

一是重视判后监督。例如，法院可在判处被告人补种树木的同时，判决被告人对树木管护1年，由林业部门负责监督，以保证补种树木的存活率。尤其检察机关，需要承担对侦查活动、审判活动、刑罚执行、行政执法活动等的监督。

二是需要部门之间的协调配合。侦查机关、检察机关、审判机关自然成为实施恢复性司法的责任部门，林业、渔业、环保、国土资源、水务等相关行政执法部门则为协助职能。

三是跟进社区矫正制度。社区矫正是恢复性司法很重要的方式，社区矫正一些理念和恢复性司法理念完全契合。社区矫正离不开公民参与，并且应提供社区服务。社区矫正仍存在认知不够、专业队伍缺乏、志愿

---

① 杨红梅、涂永前：《环境恢复性司法：模式借鉴与本土改造》，《国外社会科学》2021年第3期，第71—82页，第159—160页。

者匮乏、经费短缺等问题。新形势下，必须有效发挥社区服务的积极作用，及时化解社区互助意识淡薄、居民参与不足、专业服务相对不足等突出问题。

（四）探索环境犯罪恢复性司法的责任形式

1.环境犯罪恢复性司法适用情况

笔者以"补植复绿""增殖放流""土壤修复""生态修复""土地复垦""生态修复金""代履行""异地补植"等为关键词，将案由改为"刑事"，审理法院不作限制，时间截至2023年8月1日之前，在裁判文书网上进行检索，结果如下：

第一，以"生态修复"为关键词，共检索到6139件裁判文书，其中非法捕捞水产品罪3052件、滥伐林木罪1020件、非法占用农用地罪587件、非法采矿罪523件、污染环境罪425件、非法狩猎罪377件、盗伐林木罪325件、危害重点保护植物罪200件、危害珍贵濒危野生动物罪101件。

第二，以"生态修复金"为关键词，共检索到1170件裁判文书，其中非法捕捞水产品罪671件、滥伐林木罪134件、污染环境罪102件、非法采矿罪86件、非法狩猎罪72件、非法占用农用地罪41件、盗伐林木罪33件、危害珍贵濒危野生动物罪31件。

第三，以"补植复绿"为关键词，共检索到1976件裁判文书，其中滥伐林木罪1112件，非法占用农用地罪456件，盗伐林木罪278件，危害重点保护植物罪83件，非法收购、运输盗伐滥伐林木罪47件。

第四，以"增殖放流"为关键词，共检索到1584件裁判文书，其中非法捕捞水产品罪1547件、污染环境罪11件。

第五，以"土地复垦"为关键词，共检索到10件裁判文书，其中非法占用农用地罪6件、非法采矿罪4件。

第六，以"土壤修复"为关键词，共检索到163件裁判文书，其中污染环境罪158件、非法占用农用地罪5件。

第七，以"代履行"为关键词，共检索到49件裁判文书，其中滥伐林木罪15件、污染环境罪15件、非法占用农用地罪9件、危害珍贵濒危野生动物罪5件、非法采矿罪4件、盗伐林木罪1件。

第八，以"异地补植"为关键词，共检索到126件裁判文书，其中非法占用农用地罪57件、滥伐林木罪51件、盗伐林木罪11件、危害重点保护植物罪5件、非法采矿罪2件。

2.环境犯罪恢复性司法的责任形式探析

第一，从以上统计可以看出，目前恢复性司法在实践中主要采取"生态修复""生态修复金""补植复绿""增殖放流"的责任形式。尤其是生态修复覆盖了破坏环境资源犯罪中的所有罪名，适用最多的罪名非法捕捞水产品罪达到3052件，适用最少的罪名破坏性采矿罪4件。从案件地域分布来看，重庆、江苏、福建、贵州等省份相对较多，这些省份往往是环境司法专门化发展较快、环境法庭较多的省份，积极探索着"专门化法律监督+恢复性司法实践+社会化综合治理"的生态检察模式。

第二，环境恢复性司法出现了类型化责任形式。"补植复绿"主要存在于滥伐林木罪、非法占用农用地罪和盗伐林木罪判决中；"增殖放流"主要存在于非法捕捞水产品罪的判决中；"土地复垦"主要存在于非法占用农用地罪和非法采矿罪的判决中；"土壤修复"主要存在于污染环境罪的判决中。因此，针对不同类型犯罪，可以适用不同的环境恢复性司法责任形式。具体说，对于非法狩猎案件，行为人主动积极放生野生动物的，可酌情从轻处罚；对于盗伐林木案件，要求缴纳生态修复资金用于种植树木；对于污染环境案件，交纳危险废物处置费、运输费的，量刑可从宽处置；对于非法占用农用地案件，可责令复垦土地；对于非法捕捞水产品案件，鼓励行为人投放鱼苗或其他水产品。

第三，"补植复绿，恢复植被"的责任形式，跟盗伐、滥伐林木案件居多有关。这些区域也较早践行了新的环境司法理念和措施。在实践中，由当地林业行政主管部门负责"补植复绿"基地，一般设立在生态重点保护区、生态薄弱区。由检察院、法院、公安局、林业和草原局协商制定"复植补种"基地实施方案，就基地范围、树种选择、造林密度、种植规范、每亩造价、幼林管护、造林时间、档案管理等事项作出规定。在司法实践中，异地补植也是一种新的执行方式，"恢复原状"不仅仅指就地恢复原有环境状况，如果就地恢复确有困难，可以"异地补植"，达到生态平衡。从上述统计来看，代履行和异地补植也占据一定比例，通过替代方式或在其他受损地区的区域异地执行，避免了传统赔偿责任形式的机械和僵化适用，不仅有助于在替代修复措施的适用下恢复被破坏的生态环境，而且实现了对违法者的惩罚，并为其提供了弥补的机会。

二、创新环境犯罪缓刑制度

（一）环境犯罪适用缓刑存在的问题

在环境犯罪的刑罚适用中，缓刑是一种常用的刑罚执行措施。实践中，也有坚持环境犯罪慎用缓刑的，认为环境污染刑事案件中，一些判决量刑过轻，刑不当罪，裁量缓刑适用的空间比较大，导致企业主获得缓刑后，依然可以从事生产经营。进入20世纪以后，缓刑人数在许多国家明显增多。缓刑作为一种日益受到重视的监禁替代措施，已经成为现代国家使用频率最高的刑罚辅助手段之一。与此同时，在缓刑实施过程中，越来越多的实践问题也日渐显现出来。

第一，基于恢复性司法的重要性，很多地方法院以环境修复为导向，将其作为缓刑适用考量因素中的重头戏，由此产生将环境修复行为作为悔罪表现的决定性标准甚至唯一认定标准。只关注是否积极采取利于环境修复的措施，忽略了一些被告本身不具有生态修复的可能性，甚至有省份出台相关文件"不积极进行环境修复，不适用缓刑"，这一政策反而对那些具备实力的犯罪人利好，由此产生实质上的不平等，也会产生花钱免刑的不良社会效果。

第二，对"积极修复环境"的界定不清楚，在司法实践中认定范围过大，有些法院将口头承诺积极修复环境也作为量刑情节。积极修复环境在多大程度作为缓刑适用的有利情节需要进一步探讨。对此，一方面，要统一污染环境罪适用缓刑标准。针对各地对于缓刑适用不一导致的同案不同判，应该出台缓刑统一适用标准。类型化列举"积极修复环境"以明确的方式既限制法官的自由裁量权，又增加在司法实践中的可操作性。另一方面，增加判处缓刑的听证程序，并在缓刑考验期内增加生态修复的义务。

（二）环境犯罪缓刑适用听证程序

缓刑听证能促使法官更好地履行职责，全面调查被告人的情况，从而增强缓刑适用的透明度和公开性。通过听证，让公民更多地参与司法程序，也有助于增加司法活动的透明度。各方发表意见，能够为法官提供更全面、更客观的决策依据，从而保证缓刑裁决的公正合理。

例如，2023年8月25日，河南省鹤壁市淇滨区检察院对廉某某等四人滥伐林木罪举行公开听证，其中廉某某曾于2016年因滥伐林木罪被判处刑罚，本次案发时已达78岁高龄。听证过程中，四名犯罪嫌疑人均认罪认罚，自愿补种树木228棵，廉某某自愿多拿出600元购买树木用于补植复绿以弥补其滥伐林木造成的损失。随后，听证员集体评议，一致同意四人适用缓刑的量刑建议。对于廉某某，听证员认为其虽有前科，依法应酌情从重处罚，但考虑到其年事已高，且愿意多拿出600元购买树木，虽然数额不大，但对于家住农村且无劳动能力的廉某某来说，已经体现出惩罚，对其适用缓刑，既体现宽严相济的刑事政策，又罚当其罪。

缓刑听证也是落实环境犯罪从"治罪"到"治理"理念的重要举措，通过公开听证，使犯罪嫌疑人从"森林资源破坏者"转变为"森林生态修复者"，既修复了生态环境，又消弭了社会对抗，增进了社会和谐。

（三）环境犯罪缓刑禁止令的适用

1.环境犯罪适用缓刑禁止令与环境犯罪资格刑的区别

禁止令，是人民法院对犯罪分子宣判管制、宣告缓刑的同时，判决禁止其从事特定活动，进入特定区域、场所，接触特定的人的命令。环境刑事禁止令与资格刑制度的禁止行为模式相仿，但两者又存在区别。

第一，从适用性质上看，环境资源刑事禁止令并不是一种新的刑罚方式，环境资源资格刑应作为一种新的刑罚方式列入附加刑制度，单独适用或与主刑合并适用。

第二，在适用期限上，环境刑事禁止令是在管制执行期间或缓刑考验期间适用的，环境犯罪资格刑是从刑罚执行完毕之日或者假释之日起开始计算期限。

第三，就适用内容看，环保刑事禁止令主要围绕罪名及具体犯罪行为施以行为禁止，而环境犯罪资格刑既可施以职业禁止，也可施以行为禁止。

第四，从主体上看，环境犯罪资格刑的被执行人是刑罚执行完毕的人员，而环境刑事禁止令的被执行人则为正在执行刑罚的罪犯。禁止令是对非监禁刑的一项社会管理创新，是配合管制、缓刑等刑罚制度执行的一项特别措施。法院通过宣告禁止令，对于犯罪分子具有很强的针对性和巨大的威慑作用，一旦被告人违反禁止令，就可能被撤销缓刑，执行原判刑罚。

2.扩大环境犯罪适用缓刑禁止令的适用

有学者统计，"2011年刑事禁止令制度创制开始仅有3件环境资源案件应用，到2019年适用数量达到352件，环境资源刑事禁止令的适用呈现出逐年递增的趋势。其大面积地应用于环境资源审判实践中，特别被强制适用于污染环境案件的缓刑犯中"①。截至目前，环境犯罪适用缓刑数量相对较多，但是禁止令适用相对还是偏低。

例如，2022年3月2日，南充蓬安县人民法院发出首张环境资源类犯罪刑事禁止令；2023年6月1日，丹东市元宝区人民法院发出环境资源类案件的首份"从业禁止令"；2023年8月18日，珲春林区基层法院审理环资刑事案件发出首份禁止令。因此，可以扩大环境犯罪适用缓刑禁止令的适用，秉持"保护优先、预防为主"的司法理念，积极探索"禁止令"对生态环境保护的预防性、及时性。

三、完善环境罪犯社区矫治

在实践中，一些环境犯罪案件适用缓刑的同时宣告刑事禁止令。从现有保安处分②措施的执行主体来看，禁止令是由社区矫正部门负责执行。由此，在社区矫正中，对于判处缓刑禁止令的社区矫正人员不应当简单地停留在对当事人外在行为的监督上，对当事人的思想进行矫正更加符合刑事禁止令的功利目的。

要积极探索社区矫正生态修复机制。第一，应将生态环境损害修复纳入社区矫正工作体系。要依托生态环境司法修复基地，将补植复绿、增殖放流、复垦土地、修复土壤、净化水域等修复生态环境举措纳入社区矫正方案。督促社区矫正人员进行补植复绿、增殖放流、复垦土地等环境修复公益活动，制定专人档案，将履行效果纳入个人矫正方案，详细记录每次开展修复活动的情况，规范个案管理工作。第二，强化监督，确保生态修复效果。不仅要引入专业的机构，如环保组织和技术团队，提供专业的评估和指导，还要邀请群众代表参与监督，发挥群众的力量，共同见证和推动生态修复工作的顺利进行。同时，建立反馈评价机制，以季度为单位开展修复评估，对社区矫正对象的修复效果进行科学评估，作为衡量其回归社会的重要标准。这种评估机制不仅能够激励社区矫正对象积极参与生态修复工作，还能够为相关部门改进工作提供有益的参考。

---

① 胡宇行：《管窥环境资源刑事禁止令制度》，《中国资源综合利用》2020年第12期，第137-139，第153页。

② "保安处分"是指一些国家基于保护社会的秩序与安全的需要，除行使刑罚权之外，对于具有社会危险性的特定行为人，适用的医疗、禁戒、强制工作、监禁、禁止驾驶、禁止执业、监督出行、驱逐出境等具有司法处分性质的保安措施。

第八章　下对预防措施：环境犯罪预防策略

犯罪预防最通常的定义是指所有旨在减少由国家法律认定的犯罪所造成损失的私人措施和国家政策，这种私人措施和国家政策不包括刑法的执行，简言之就是包括各种预防和减少犯罪行为的措施。

不同的学者有不同的犯罪预防分类模型。国外有学者依据干预的阶段和目标，将其分为一、二、三级预防。一级预防所针对的是与整个居民中的犯罪相关的因素和环境。例如，对未成年人进行早期干预，以改善他们在教育和其他领域的发展机遇。二级预防是指针对被认为"具有危险"的人群或环境的预防，其目的是阻止犯罪的发生。例如，情景干预措施（如安装闭路监控系统）、在学校实施减少逃学的项目、邻里守望。三级预防以已然的犯罪人和犯罪环境为目标，其目的是减少将来的犯罪。例如，监狱治疗项目、为多次受害的银行安装防弹玻璃等①。

我国一般将犯罪预防分为司法预防、社会预防和情景预防。上述分类显示出犯罪预防的范围及其种类都有所增多，犯罪预防措施已经成为我们日常生活不可缺少的一部分。

刑法学研究中的环境犯罪概念是那些被国家定义为犯罪的有害环境的行为。犯罪学角度研究的环境犯罪不仅包括上述行为，还包括没有达到犯罪却对环境造成危害的行为。笔者采用犯罪学角度的环境犯罪概念，随着气候改变、浪费与污染、生物多样性问题的产生，特别是各种跨国有组织环境犯罪的增加，需要扩大环境问题的研究范围。

2009年，澳大利亚学者怀特开始讨论将生态全球犯罪学作为犯罪学研究的一个范式。生态全球犯罪学是指对全球的生态因素进行批判性分析的一种犯罪学的方法。它关注对人类、非人类物种和环境的违法行为，它把不同形式的环境危害定义为"犯罪"，尽管在传统上它们可能不被认为是非法的②。为了防止人类可能造成的环境危害，不管是否有明显的被害者，预防都是必要的。因此，应重视环境犯罪预防，而不能忽视它，

---

① 亚当·苏通、阿德里恩·切尼、罗伯·怀特：《犯罪预防：原理、观点与实践》，赵赤译，中国政法大学出版社，2012，第32-33页。

② 武向朋：《西方绿色犯罪学的起源、发展及展望》，《广西社会科学》2015年第4期，第107-112页。

不能仅处理已经发生的环境危害，也要积极推进防止环境犯罪的事前防御。本章从空间预防、文化预防、被害预防三个方面展开论述。

第一节　空间预防：以情景预防切入

一、情景预防概述

应对犯罪最好的方式是在它发生前就开始预防，尤其对于环境危害，改变目前的行为以避免将来的潜在危害。情景预防应用于环境犯罪能弥补司法预防和社会预防的不足。情景预防是指"在考虑到犯罪的发生与时间、场所等状况（情景）和机会之间的关系的基础上，着眼于犯罪问题上的防患于未然（事前预防），提倡改善物理性环境，或者人的行为模式、生活方式，特别是防止再次被害化的发生，以此来预防犯罪"①。换言之，它研究犯罪现象与空间、地理因素之间的关系。

情景预防发端于早期犯罪地理学，随着芝加哥学派的犯罪生态学将其研究视角逐步引入微观和具体，其后防卫空间理论和环境设计预防犯罪理论使其进一步发展，以改善城市规划和空间环境设计的方式应对犯罪的思潮。

20世纪70年代末，罗纳德·克拉克（Ronald Clark）当时在英国内政部进行着一项有关青少年犯罪的调查，初步形成了有关情景预防的概念。西方很多学者对于情景预防适用于环境犯罪越来越有兴趣，发表文章进行探讨，情境预防已被证明是非常有效的形式。然而，我国学者尚没有对于情景预防的研究应用于环境犯罪的深入研究。

二、情景预防应用于环境犯罪的具体措施

克拉克在1992年出版的《情景预防——成功案例研究》一书中将犯罪预防的策略分为三类：增加犯罪困难、提升犯罪风险、减少犯罪收益，并细化为12种具体措施。

1997年，克拉克在第二次整理和汇编中，将此类措施扩展为4类共16项具体措施（增加了"排除犯罪借口"一类）。克拉克于2003年又将此类措施继续发展为5类25项具体措施（增加了"减少犯罪刺激"的类别）（见表8-1）。

---

① 守山正：《犯罪行为环境》，日本信山社，2003，第618页。

表 8-1　克拉克 25 项情景预防技术表

增加犯罪困难	提升犯罪风险	减少犯罪收益	减少犯罪刺激	排除犯罪借口
1.目标物强化 *汽车方向盘锁 *防抢劫玻璃墙 *防撬行李包	2.通道入口控制 *公寓楼对讲系统 *电子门禁系统 *货物扫描系统	3.隐藏目标 *远离街道停车 *使用中性电话簿 *外观不标注"银行运钞车"字样	4.犯罪转向 *街道封锁 *为妇女独立洗澡间 *分散酒吧地点	5.控制犯罪工具、武器 *枪支使用 *使被盗手机失效 *严禁对未成年人销售喷漆筒
6.扩大关护 *保持日常警惕:夜间结伴出行,制造有人在家的假象,随身携带手机 *"蚕茧式"邻里守望	7.加强自然监控 *改善街道照明 *防卫空间设计 *支持报警和举报	8.移开目标 *使用移动式车无线电 *妇女收留所 *电话预付卡	9.利用现场控制者 *用 CCTV 对双层巴士监控 *便利店夜间两人值班 *鼓励联防、治安巡逻	10.强化正式监视 *电子警察 *防盗报警装置 *安全警卫、保安员
11.隐藏目标 *远离街道停车 *使用中性电话簿 *外观不标注"银行运钞车"字样	12.移开目标 *使用移动式车无线电 *妇女收留所 *电话预付卡	13.标识财产 *财产标识 *车辆登记、停放标志 *家畜烙印	14.瓦解黑市 *监控典当市场 *控制二手市场 *发放小贩牌照	15.灭除犯罪收益 *染色墨水防盗抢袋 *超速限制装置 *清除公共场所的涂鸦
16.减少挫折感和压力感 *减少排队时间和高效服务 *增设公共座位 *公共场合播放舒缓的音乐或使用柔和的灯光	17.避免冲突 *分隔球迷 *减少酒吧拥挤 *统一的巴士车费	18.减少情绪冲动 *控制色情暴力文化 *鼓励文明球迷 *禁止种族污蔑	19.化解同伴压力 *不能酒后驾车 *驱逐麻烦制造者 *树立"拒绝并无不妥"的观念	20.阻止不良模仿 *快速修复被损害物 *新闻检查员要删除犯罪方法的描述① *电视锁屏

---

① 此处为根据克拉克情景预防技术的直译表述,即指检查相关新闻报到内容的工作人员,要注意删除含有一些人使用犯罪方法的内容,防止其播出,以避免其他人模仿实施犯罪。

增加犯罪困难	提升犯罪风险	减少犯罪收益	减少犯罪刺激	排除犯罪借口
21.制定规则 *制定商业租金规则 *防止性骚扰法律 *旅客登记住宿规定	22.张贴告示 *"禁止停车"的警告牌 *"私人财产"的标签 *"熄灭营火"告示牌	23.唤醒良心 *道路上的标明车速限制的交通告示 *海关申报签名 *"顺手牵羊也是盗窃"	24.帮助守法 *方便图书馆借阅 *兴建公厕 *广设垃圾桶	25.毒品和酒精控制 *在酒吧设酒精测试仪 *干扰毒品和酒的供应 *倡导无酒社交活动

按照上述分类，下面从增加犯罪困难、提升犯罪风险、减少犯罪收益、减少犯罪刺激、排除犯罪借口5个类别系统地来设计环境犯罪的情景预防措施[①]。

（一）增加犯罪困难

第一，目标物强化。这一措施是指通过变更设计以及设置物理障碍减少犯罪机会，防止潜在的罪犯容易实施犯罪。在自然资源保护方面，对国家公园的道路和人行道进行创意设计，通过适当的路径标记以及系统规划公园的厕所和景点，可以转移游客远离需要保护的地域，从而使其得到保护[②]。在防止饮用水污染方面，可以用同样的方法实施具体的建筑措施。例如，凿井时尽可能地远离潜在的污染源，施工中使用比较深的井套管，增强灌浆，安装围栏、警报以及类似措施。

第二，通道入口控制。这一措施是在犯罪易发生地排除潜在的罪犯，广泛应用于海关，例如，在中俄口岸，海关使用灵敏性强、查验效果好的诸如伽马射线和中子辐射等相应的技术手段来检测进口货物中超标的放射性物质。

第三，出口检查扫描。这一措施不排除潜在的罪犯，但在出入口检测将减少不被允许的物品带进或带出的可能性。例如，海关通过检查动植物产品的进出口，防止可能减少自然资源以及影响环境退化的行为。中国猎隼资源逐年下降，海关经常检查偷猎走私行为。

---

① Gorazd Meško, Klemen Bančič and Katja Eman, et al. "Situational Crime-Prevention Measures to Environmental Threats," in *Understanding and Managing Threats to the Environment in South Eastern Europe*, ed. Gorazd Meško, Dejana Dimitrijević and Charles B. Fields (Dordrecht: Springer, 2011), pp. 41-68.

② Rob White, *Crimes Against Nature: Environmental Criminology and Ecological Justice* (Devon: Willan Publishing, 2008), p.236.

第四，犯罪转向。这是以日常活动理论为基础，使罪犯远离犯罪目标。例如，在经常出现非法倾倒的地区进行防卫空间设计，设置步行道和跑道去除死角地带。再如，可以实施最低保障项目，就是给当地狩猎人最低生活保障防止他们过度狩猎。

第五，控制犯罪工具。这一措施是管制容易导致犯罪发生的工具、武器、放射性物质、化学物质以及对人类和环境有显著负面影响的物质，由于它们本身的性质会对环境构成巨大威胁，因此，要实施严格的控制。例如，专门部门负责监控化学物品，开发使用可以探测枪弹的专门的传感器以便及时报警，查处互联网违禁电鱼工具等。

（二）提升犯罪风险

第一，扩大关护。这一措施是指使潜在的受害者身边有监护人。这种技术的本质是扩大"监护人"的数量或范围。比如通过污染分布测量系统检测到污染分布地，提醒当地居民积极参与监管排放污染的企业。

第二，协助监督。这一措施是利用日常生活中人们偶然能发现受害场所的状况起到间接监视的作用。例如，设置匿名举报电话号码，居民可以通过报告污染、虐待动物等情况来协助监督。

第三，降低匿名性。这一措施是使潜在犯罪者更加清晰，易于辨认，暴露于社会的关注之下。例如，公众应该知晓严重污染环境的企业名单以及公司董事的名字，公开环境破坏者的信息是履行公共责任的重要一部分。命名、羞辱也有积极的影响，它可以对企业起到"尴尬效应"①。

第四，利用现场控制。这一措施是利用靠近现场的相关人员，使他们更好地监控工作地点。适当的政府刺激可以使靠近现场的相关人员更受益，从而有机会成为地方管理者。津巴布韦在20世纪70年代开始把大象分给村民，并且允许向那些捕杀大象的猎人们收费后，大象数量不降反升，当地社区也因此获得了收入，并积极发展经济，进行反盗猎活动。

第五，强化监视。这一措施是让警察或保安实施更有效的监管，或者利用先进的现代技术手段威慑非法行为。如为自然保护区配置管理人员，设立24小时举报热线等。此外，使用卫星监测森林砍伐或使用巡逻船只和飞机监视非法捕鱼、非法盗猎等行为。

（三）减少犯罪收益

第一，隐藏目标。这一措施是指犯罪的潜在目标不太明显或至少对

---

① Hope Lewis, "Race, Class and Katrina: Human Rights and (Un)Natural Disaster," in *Environmental Justice in the New Millennium: Global Perspectives on Race, Ethnicity, and Human Rights*, ed. Filomina Chioma Steady（New York：Palgrave Macmillan，2009），p.237.

罪犯没有明显吸引力。国家公园的步行路径和旅游基础设施的设计观划也在这项技术中，通过规划使游客远离公园最敏感的地区，这种方式使得自然遗产被隐藏，免受破坏。国家公园可以采取措施禁止开采任何自然资源。

第二，移开目标。这一措施是转移目标到一个更安全的位置，或对其改变使它们对于潜在罪犯没有利用价值。例如，津巴布韦和纳米比亚当地政府已将该方法用于保护濒临灭绝的黑犀牛，这些犀牛通常被锯掉角，因为偷猎者发现猎杀已经被管理者锯掉角的犀牛没有用，也就是说这一措施把犯罪分子的犯罪目标移除了。

第三，标示财产。这一措施是使合法拥有者的财产非常透明，或通过做标记的方式很容易地追溯到它的所有者。各国和国际组织已经利用这种先进的技术如DNA努力阻止非法象牙贸易。在亚洲和非洲的某些地方已经进行着动物DNA识别的项目，当可疑来源的象牙被没收时，通过分析它的DNA可确定其来源地。

第四，瓦解黑市。这一措施使犯罪分子将犯罪物品转化为金钱的途径变得困难。为了纪念世界野生动物保护日和非洲环境保护日，肯尼亚集中销毁15吨走私象牙，已经成为切断象牙市场的标志。

第五，灭除收益。这一措施防止了罪犯达到预期收益目的，从而抑制了犯罪行为。比如，绿色公共采购，选择那些环境友好型企业，剥夺环境不达标的公司利益，类似的措施，还有产品加贴"生态"或"绿色"标签等。整个欧盟统一实施生态环境标签以鼓励生产及消费"绿色产品"，由此，加贴"生态环境标签"的商品更加受欢迎。

（四）减少犯罪刺激

第一，减少挫折和压力。这一措施是指通过在某种程度上营造环境氛围、办事程序和提高员工的服务态度，使人们减少不必要的激动和紧张。如果垃圾处理的程序对于公民来说太复杂、太长或太贵，那么，这种不愉快的经历，将导致他将这些废物直接非法倾倒，由此简化程序可以是一个有效的措施。

第二，避免冲突。这一措施是避免人们陷入预期的争端。动物和人类的不和谐相处也能导致冲突。例如，从2009年开始，英国剑桥大学的科学家和一个名为"抢救大象"的动物保护团体在东非国家肯尼亚的17个村庄开展了一个实验，他们在每个村庄四周竖立10根柱子，每根柱子上挂1个蜜蜂窝。过去两年，野象共有32次试图闯入这些村庄寻找食物，但每次都被蜜蜂吓跑。

第三，减少冲动。减少冲动要求采取措施减少人们的情绪冲动，主要措施是及时检测到这类人群。在虐待动物的新闻报道中，行为人有些是因为生活中的不顺心迁怒于动物，实施残忍的虐杀行为。对于这类行为人，应当及时关注其心理动态，畅通其正当发泄渠道，使其释放生活和工作的压力。

第四，化解压力。这一措施是使处于不良压力下的人在思想上化解这种压力。例如，大公司管理者同行之间，往往他们总竞争谁更成功，为了防止公司董事在其他公司成功存有压力的情况下，不惜破坏生态获取利益，可以授予一些企业"绿色公司"的称号，当公司盈利不是唯一成功的标志时，公司管理者的压力就会减少。

第五，阻止模仿。这一措施是快速消除轻微违法带来的后果，以防止不良模仿。新加坡是一个地域小但环境立法非常严格的国家，它的街道没有被污染，也没有非法倾倒废物问题。因为新加坡公民意识到，他们若在本国实施环境不法行为会比在其他地方实施该行为受到更为严厉的制裁。"破窗理论"会暗示通过清除路边的废物避免非法倾倒废物，因此，有效处理小垃圾的公共服务有助于阻止大规模的非法倾倒废物。

（五）排除犯罪借口

第一，制定规则。这一措施是指通过制定规则消除对可接受性行为的任何模糊性，使行为人难以找到中和性的理由。如果造成这种情况的原因在于规定的模糊性，主管部门的首要任务是简化这些规则使之更易于理解。如果造成这种情况的原因在于无知，那么，通过媒体宣传和学校教育可以起到较好效果。

第二，张贴告示。这一措施是使每个人清楚地知道进入指定区域的规则和预期的行为。例如，雷达智能方案中，全程雷达监控，当游客进入敏感区域时及时提醒。

第三，唤醒良心。这一措施是指行为人实施特定行为时通过改变其面临的环境唤醒良心，阻止犯罪行为的发生。例如，一些航空公司在飞机起飞或降落时向游客发送禁止携带濒危动物物种以及动物制品的短警告信息。

第四，帮助守法。这一措施是给潜在的罪犯提供一个合法的、随处可见的、易于实行的机会，使其无法再为自己的违法行为找寻借口。例如，生态旅游可以成为一个很好的方式，如果非洲当地人发现大象的生存能带动生态旅游，能确保当地人受益时，便会停止捕杀大象①。

第五，控制毒品和酒精。毒品和酒精影响人的认知，很多人以醉酒或吸毒的失控状态为借口消除其耻辱感，应当严格控制毒品和酒精。对自然公园内禁止酒精和其他毒品消费，意味着在山顶木屋和游客中心不能售卖酒精饮料、香烟和类似产品。在一些工作场所（如核电厂、海上交通、石油钻井平台、炼油厂、化工厂），个人摄入这些物质也必须被禁止和控制，因为人为错误造成的不正常的心理状况会导致生态灾难。

三、环境犯罪情景预防的个案适用

针对具体的环境犯罪，根据具体情况，可以适用以上措施中的一种或几种，下面以非法捕鱼和非法野生动物贸易行为制定情景预防对策。

（一）非法捕鱼的空间防控个案

第一，增加犯罪困难：①栅栏隔开关键领域；②用户身份证；③部分渔区关闭；④无锚标记；⑤船舶和员工登记；⑥用较大的2英寸网格对塞纳河的鱼进行捕捞，避免小鱼、幼鱼和小鱼种被捕捞；⑦将龙虾产业私有化，只有部分渔民可以购买"股份"，加入该产业的唯一途径就是购买退休渔民的股份。

第二，提升犯罪风险：①检查港口和码头船舶；②沿海观看计划和监测方案；③闭路电视、卫星照片、船舶监控方案；④船和飞机巡逻。

第三，减少犯罪收益：①重新安置物种；②合法打捞船只编码，给鱼类植入身份识别的标签；③打击跨境非法捕鱼，取缔非法捕鱼黑市；④查扣及破坏无照船只。

第四，去除借口：①加强对过度捕捞的道德谴责；②设置社区热线促进遵守；③在港口使用警示标志；④发送渔业资源信息的小册子。

（二）非法野生动物贸易的空间防控个案

1.不同类型的野生动物犯罪适用不同的空间防控

第一，大象偷猎：①伐木道路封闭；②象牙编码；③使用无人驾驶飞机；④国际象牙贸易禁令。

第二，濒危物种保护：①迁移到安全场所；②警惕游客不良行为；③补偿濒危物种破坏农作物或牲畜的损失；④更明确的海关申报。

第三，鹦鹉非法贸易：①禁止偷猎；②在繁殖季节保护目标物种的

---

① Hope Lewis, "Race, Class and Katrina: Human Rights and (Un)Natural Disaster," in *Environmental Justice in the New Millennium: Global Perspectives on Race, Ethnicity, and Human Rights*, ed. Filomina Chioma Steady（New York: Palgrave Macmillan, 2009），p.237.

巢；③使用监控；④保持公民或警察的警惕与侦查；⑤聚焦大多数物种活动区域（热点）；⑥关闭黑市；⑦增加生态旅游。

第四，犀牛偷猎：①更多的巡逻员和地面上的军事巡逻；②动物去角①和其他科学干预措施，如植入芯片；③以社区为基础的生态旅游项目投资；④双方政府达成协议，共同遏制非法贸易。

第五，偷猎野生动物皮：①建立以社区为主体的保护和管理体制；②促进生态旅游；③动物皮认证。

四、环境犯罪情景预防的困境与问题

（一）立法障碍

目前，许多国家对于生态系统和非人类物种的危害没有纳入犯罪，比如使用破坏性、降解和非人性化的做法，比如古老的森林皆伐②。在我国，四川省大熊猫栖息地以"低效林改造"为名义皆伐2万亩天然林。我国生态犯罪以"人本主义"立法为主。从情景预防措施来看，"环境生态犯罪"的概念不应该依赖于合法与非法的区别本身，尤其是因为世界上一些生态灾难的做法实际上是合法的，比如武器使用贫铀。定义"危害"的新概念是环境犯罪预防进一步发展的一个棘手的和必要的问题。

（二）预防后果的未来不确定因素

引入情景预防措施时争论也同时发生。因为生态可持续性将与经济增长的利益存在冲突，坚持情景预防原则可能会导致减少现有企业的盈利。环境犯罪的情景预防措施具有前瞻性，这意味着现在的干预措施，保护人类、生物圈和非人类利益，保证以后的代际公平，为了未来的几代人的利益现在必须采取行动。

（三）转移问题

与传统的犯罪预防相比，情景预防的一大困境就是犯罪转移问题。在环境犯罪的情景预防中也不例外。例如，欧洲或美国有毒废物监管措施收紧以后，可能迫使企业将其工厂搬迁到墨西哥和非洲等地，因为这

---

① 很多保护区为了不让犀牛被杀，有主动切了角的。主要是一些亚洲国家认为犀牛角是名贵药材，被认为是一种治疗几种疾病必不可少的药引。

② "皆伐"是一种林业采伐方式，是指某块林区被一次性砍伐，然后重新植树造林。这种方式因方便高效，在技术、运营和经济方面有一定优势。然而，它也受到社会的广泛批评，因为会对水循环和土壤质量产生长期的环境影响。皆伐的历史可以追溯到欧洲工业革命时期，当时大量需要木材，这种方法因此盛行起来。根据采伐区面积的大小，皆伐可分为大面积皆伐和小面积皆伐，小面积皆伐进一步可分为带状皆伐和块状皆伐。

些地方在废物生产和处理方面不严格。我国东部污染企业今年来也在向西部转移建厂。"不要建在我家后院"的邻避运动此起彼伏，也是这一问题的体现。此外，当渔业、农业由于过度捕捞和全球变暖的气候变化不能满足人们的生存需要，那么，将发生人口和资源的转移。环境难民给犯罪学带来了新的问题。目前，我国情景预防主要应用于青少年犯罪、盗窃抢劫等街头犯罪中，情景预防在环境犯罪中的适用还需要进一步深入研究。

（四）情景预防措施要与经济因素结合

尽管有来自绿色犯罪学家的支持证据，但批评者指出，环境危害并不仅仅是由情境因素造成的，还需要更广泛的经济政策来解决这些问题。与此论点一致的是，环境社会学家（生态马克思主义者）探索了全球资本主义者如何为生态破坏行为创造机会和动机。稳态经济学家[①]也提出了类似的主张，并指出需要采取广泛的经济政策来限制经济增长，作为生态破坏行为的解决方案。在实践中，情景预防模型并不能解决导致生态组织混乱的资本主义矛盾。然而，环境情景预防研究人员可以成功地促进地方干预和治疗措施的修改或扩大，以在短期内控制环境危害。

第二节　文化预防：以绿色文化犯罪学切入

一、环境犯罪问题的文化学转向

20世纪50年代，西方理论界出现了后现代主义文化思潮，后现代主义生态观是其组成部分，包括大地伦理学、深层生态学、动物权利论、生态女性主义以及生态社会主义等。后现代主义指出："人们在对环境危机的反思中认识到，必须从文化层面切入，在反思文化与环境的关系中寻找解决危机的途径。环境与文化是当代人类社会所面对的两个关键词，它们构成了人类当代生活的重要话语。"[②]科技、经济和制度在环境问题中都起着深刻的作用，但是文化对环境问题有着根源上的影响，从文化学角度入手反思环境犯罪问题将是今后重要的研究方向。

（一）我国犯罪问题的文化考察

从狭义上来说，犯罪学采用一般的犯罪和罪犯的法律定义，专注于

---

① "稳态经济学家"这一表述较为特定，指的是专注于研究经济稳态的经济学家。也称"经济稳态研究者"或"稳态经济分析专家"。

② 魏波：《环境危机与文化重建》，北京大学出版社，2007，第20页。

那些被国家定义为犯罪的有害的行为和实施这种行为的罪犯。从广义上来说，犯罪学的发展不但要研究违反刑法的犯罪行为，也要转而关注社会危害行为和越轨行为。

这里笔者讨论的是广义的环境犯罪概念，既包括违反刑法的环境犯罪行为，也包括违反民法和行政法的环境越轨行为。也就是说，环境犯罪行为包括一切不符合规范的犯罪行为和越轨行为。因为当前我国环境行政执法与环境刑事司法衔接不畅，使得大量环境案件以行政处罚结案，进入司法程序的较少，出现了大量的环境污染事件与极少的环境刑事案件之间的矛盾。针对这种情况，把环境犯罪概念扩展为"犯罪现象"，在制定环境犯罪防控措施时能最大限度地防范不符合规范的犯罪行为和越轨行为，这也是有效预防环境犯罪的前提。

关于文化与犯罪的关系，严景耀先生在《中国的犯罪问题与社会变迁的关系》一文中提出了"为了了解犯罪，必须了解犯罪发生的文化"和"犯罪问题只能以文化来充分解释"。

2006年，李锡海教授出版了第一部全面论述文化与犯罪关系的学术专著《文化与犯罪研究》，提出文化具有影响犯罪观、诱发犯罪发生、促进犯罪发展的功能，而犯罪也促进了法文化、规范文化、科技文化以及社会的发展。他创新性地提出"文化即人化"的观点，认为文化是人本身的组成部分，人的犯罪行为必然要受到文化的影响。

2011年，单勇、洪玲华发表《犯罪文化学：犯罪学中的独立分支学科》一文，主张犯罪文化学应该从犯罪社会学中剥离出来，关于犯罪的文化分析应该成为一门独立学科。至于犯罪文化学能否成为一门独立学科尚无定论，但是这种重视犯罪学中的文化研究的态势值得思考。

2013年，苏永生教授的《区域刑事法治的经验与逻辑》一书考察了大陆法系国家、英美法系国家的区域刑事法治，结合我国香港及澳门地区以及内地民族自治地方的刑事法治，他认为刑事法治出现区域特色的原因在于文化差异；而刑法的国家强制性使得刑法学研究中主要运用规范分析方法，其他诸如社会学分析、文化人类学分析、经济分析、政治学分析等视角匮乏。他呼吁刑法学应引入文化与社会人类学的研究方法，并将其作为刑法学的基础性学科来看待。

（二）西方绿色文化犯罪学的借鉴

20世纪90年代早期，迈克尔·林奇提出绿色犯罪学，主要关注对自然环境、地球和人类及非人类物种的犯罪行为和危害行为，它已经发展成为一个独立的研究领域。绿色犯罪学家注重跨学科合作，建立专门的网站为有兴趣的人士提供相互分享和交流的平台，探讨的问题从个体环境犯罪到企业环境违法再到国家越轨行为。

文化犯罪学是把犯罪行为及其控制放在文化语境中研究的一种理论，它的研究领域很广泛，包括构建社会认同，文化分析、空间、方位、文化地理学，政权、反抗以及国家控制的变迁等。虽然文化犯罪学是一个相当新的发展（始于20世纪90年代中期），但是它的早期研究很大程度上涵盖于对犯罪学的社会学分析中，可追溯到早期的互动理论、亚文化理论、芝加哥学派的自然主义思想以及与20世纪70年代的马克思主义和新葛兰西批判犯罪学①相关的政治理论分析。

2013年，布里斯曼（Avi Brisman）和奈杰尔·索思出版了《绿色文化犯罪学》（Green-cultural criminology）一书，试图将文化犯罪学融入绿色犯罪学，用绿色文化犯罪学的方法引起企业和社会关注环境犯罪和环境危害的文化意义。他们认为绿色犯罪学可以从三个方面吸收文化犯罪学的研究成果：一是要致力于构建绿色消费文化；二是关注环境问题如何被文化传媒建构，也就是通过新闻传媒和主流文化形象描述环境犯罪、危害和灾害以引起人们的重视；三是采纳文化犯罪学对"空间、犯罪、抵抗"的主张来分析在公共空间（如街道）或日常生活中抵制环境危害行为的方式。

由此可以看出，西方犯罪学更注重多学科与交叉学科的研究，早已把文化与社会人类学作为基础性学科，并且学科划分更精细，而我国"刑事法学与其他社会科学之间的互动极为匮乏，即使在法学内部，各学科之间也难以互通有无"②。为此，我国应借鉴西方绿色文化犯罪学的研究方法，使得文化学与犯罪学相互渗透，相互促进，并结合我国现状，提出适合我国环境犯罪预防的文化对策。

二、构建绿色消费文化

（一）绿色文化犯罪学对于消费主义的研究

文化制度，如商品的生产和消费，在许多方面与环境制度有互动，反过来产生相互反馈③。这里选取水资源作为例子，来思考如何重塑现在

---

① 葛兰西的研究集中于马克思主义理论的文化哲学维度，尤其注重对马克思主义哲学的文化特质和文化功能的阐发。

② 苏永生：《区域刑事法治的经验与逻辑》，人民出版社，2013，第205页。

③ Sarah Pilgrim and Jules Pretty，"Nature and Culture: An Introduction," in *Nature and Culture: Rebuilding Lost Connections*，ed. Sarah Pilgrim and Jules N Pretty（London：Earthscan，2010），p.1.

被科学家称为"人类世时代"①的世界。

1.水作为一种文化和犯罪问题

尽管瓶装水通过先进国家的净化和管道系统已经具备可用性，但其行业的兴起显示水在很大程度上已成为商品。瓶装水最初是为了适应20岁以下年轻人的消费需求，结果造成了越来越难解决的废物处理问题。

在最近的几十年里，瓶装水市场在惊人扩大。这里，蕴含着自然资源的商品化文化。正如有学者所说："如果美国进行投资规划，在接下来的8年，消费将必须至少增长50%，虽然人们完全不能确定额外的50%的消费将包括什么。这是广告和营销专家唤起的一部分消费者的新需求、欲望和幻想，甚至将普通的商品进行包装赋予新的意义以增加人们对它的需求。"水的销售就是创造这样的需求、欲望和幻想的一个完美例子。威尔克（Wilk）指出，多年前广告主管赞美营销专家时通常会开玩笑说："你居然可以卖给因纽特人冰块。"现在这样的举动，即让人们付钱来买在他们周围大量存在的东西（即使他们没有明显的需要）已成为家常便饭，今天的市场营销人员已经成为魔术师，能把平常的且不稀缺的东西变换成贵重物品②。他们是如何把大量存在且已经具有可用性的水转化为稀缺的东西并且有了交换价值呢？

2.瓶装水的神话畅销

各种信息都是直接给出强烈的暗示：比如说，自来水是不安全的，瓶装水来自纯净、无污染的水源；自来水和瓶装水之间的口味有差异；瓶装水是"环保的"等等。这些信息实际上都是可疑的。净化和过滤后的自来水是非常安全的，而瓶装水可能来自污染源，并可能储存了很长一段时间。生产瓶装水消耗能源，如制造、处置、回收塑料瓶以及在不同的国家之间运输瓶装水，这些都是巨大的能源损耗。而自来水只需要通过管道，成本低又节能。据美国太平洋研究所（一个美国的环保组织）统计，瓶装水的消费是需要超过1700万桶石油来生产塑料容器的（不包括运输能源），它需要3升的水生产1升的瓶装水，而跨国运输每年增加

---

① 克鲁岑（Crutzen）在人类如何改变地球方面有着深切体会。20世纪七八十年代，他在臭氧层以及人类对其产生的破坏方面曾取得重要发现——这项工作后来也让他获得诺贝尔奖。2000年，他和密歇根州立大学的尤金·斯托默（Eugene Stoermer）争论认为，全球人口增长对地球发展带来如此大的影响，因此，当前的地质年代应该被命名为"人类世"。参见 Paul J. Crutzen, "Geology of Mankind," *Nature* 415, no.3(2002)：23.

② Richard Wilk, "Bottled Water: The Pure Commodity in the Age of Branding," *Journal of Consumer Culture* 6（2006）：304 – 305.

数以百万吨的二氧化碳排放量。这种销售显然是不环保的。

随着社会经济的进一步发展，人们的消费需求也不断增加，应该认识到社会生活中会出现越来越多的不理性的消费文化，无论是衣服、电话、汽车还是塑料饮料瓶，在生产消费实践以及随后出现的抛弃、随意处置和破坏这一过程中，可以看到很多非理性与理性混合表达的方式①。一旦所需的东西失去了人们原来期望的理想意义和象征价值，他们也可能失去经济价值，但他们不失去物理价值，直到腐烂或破坏。人的消费欲望无限膨胀，异化消费使人与自然的关系空前紧张。

（二）我国应构建绿色消费文化

中国人口占世界人口数量的20%，而中国淡水资源仅占全球淡水总资源的7%。中国是世界瓶装水消费的第三大国，随之而来的能耗和污染是我们无法回避的问题。目前我国过度消费现象也比较严重，私家小汽车消费日益增多，汽车污染排放量增大，还有商品过度包装问题，自2005年以来中国成了奢侈品的主要购买国。我国应构建绿色消费文化，加强生态教育，树立生态消费意识；发挥政府职能，监督规范消费市场；增强企业责任意识，建设生态企业文化；培育生态公民，增强公众参与环保的意识。

三、塑造良性的环境传播机制

（一）媒体如何构建环境犯罪？

文化犯罪学认为犯罪行为的媒体表达影响个体和集体行为，因此，必须努力了解犯罪的媒体表达所产生的情绪及其控制，这些媒体陈述影响公众对于犯罪的态度，使个人和集体产生恐惧和脆弱的感觉②。新闻报道有时与现实不一致。它不是现实的一面镜子，而是一个"棱镜"。媒体对环境风险报道与否取决于一些因素，例如，是否有责任问题，是否有大量的人被暴露于风险以及专家之间对于风险是否存有争议③。在有争议的情况下，是否披露环境风险是有选择性的④。

---

① Mike Presdee, *Cultural Criminology and the Carnival of Crime* (London: Routledge., 2000), p.24.

② Jeff Ferrell, Keith Hayward and Jock Young, *Cultural Criminology: An Invitation* (London: SAGE Publications, 2008), p.71.

③ Amy Fitzgerald and Lori B. Baralt, "Media Constructions of Responsibility for the Production and Mitigation of Environmental Harms: The Case of Mercury-contaminated Fish," *Canadian Journal of Criminology and Criminal Justice* 52, no.4 (2010): 346.

④ Richard Hofrichter and M. Gelobter, *Toxic Struggles: The Theory and Practice of Environmental Justice* (Philadelphia: New Society Publishers, 1993), p.89

因此，是否关注环境风险取决于环境问题与文化是否相一致，比如，媒体低估了环境毒素和污染物的长期风险，而更引人注目的风险，如交通事故或自然灾害，被高估了①。也就是说，与潜在的环境风险相比，媒体更关注报道交通事故或自然灾害带来的伤亡或财产损失。

通常从主流媒体中看到的关于环境犯罪的报道多是公司严重污染事件，对于个人环境犯罪行为以及环境违法行为的严重程度报道较少，其中也伴随着强大公共关系机构努力掩盖环境危害②。媒体不是作为科学知识的中立者向观众传送信息，他们用富含情感的语言和意象设计来过滤、解释气候变化信息。人们经常因为相信"新闻报道给气候变化辩论的双方提供平等的平台"而被误导③。

总之，主流媒体可能漏报一些环境风险，忽视个体环境犯罪事件和环境越轨行为的严重程度，扭曲科学家对生态现象（如气候变化）分歧的程度。环境学者没有重视传媒对环境犯罪和危害的研究，也很少关注媒体构建对环境现象的影响。随着互联网的普及，媒体在塑造人们的态度、看法和行为方面的作用越来越大④。因此，绿色犯罪学应该梳理环境犯罪的媒体传播，包括以哪种方式、为什么、怎么样成为（或不成为，视情况而定）媒体关注的以及有影响的事件。

（二）我国应构建有效的环境媒体传播机制

当前我国媒体环境传播存在一定的问题，媒体的利益诉求使其在广告驱使下鼓吹"消费主义"，环境议题的公益性、风险性与媒体利益诉求相冲突，媒体不可避免地要受到资本逻辑和政治框架等影响，资本逻辑天然地对公益不感兴趣，政治框架本能地回避各种风险议题⑤。例如，山东蓬莱石油泄漏事件发生后，媒体采取了隐瞒态度，不发布消息告知公众，直到一个月后，渔民发现了油污以及大量的鱼死亡，这一事件才得

① Mary Mc Carthy, Mary Brennan and Martine De Boer, et al., "Media Risk Communication: What was Said by Whom and How was It Interpreted," *Journal of Risk Research* 11, no.3 (2008): 375 - 394.

② David R. Simon, "Corporate Environmental Crimes and Social Inequality," *American Behavioural Scientist* 43, no.4 (2000): 637.

③ Thomas Lowe, Katrina Brown and Katharine Vincent, et al., "Does Tomorrow Ever Come? Disaster Narrative and Public Perceptions of Climate Change," *Public Understanding of Science* 15, no.4 (2006): 436.

④ Chris Greer, "Crime and Media: Understanding the Connections," in *Criminology*, ed. Chris Hale, Keith Hayward and Azrini Wahidin, et al. (Oxford: Oxford University Press, 2009).

⑤ 张淑华：《建构主义视角下我国的环境问题传播》，《青年记者》2014年第11期，第49-50页。

以在网络上传播开来。

如何形成有效的媒体环境问题传播机制还需要深入探讨。在环境事件中，媒体不仅要传递行政部门的决策以及专业机构的技术鉴定结果，还要体现公众参与的民主理念，培育健康的环保伦理观念，对内展开社会动员和公共教育，通过政策手段、经济手段，增强媒体环境公益报道的动力。

四、日常生活中抵制环境危害的方式

（一）对于"空间、越轨和抵制"的研究

绿色犯罪学家应该对文化政治和新社会运动的出现特别敏感，新社会运动包括在日常生活中采用的一些创意抗议活动①。但是，绝大多数绿色犯罪学者没有关注新社会运动或者抵制活动，可能是由于投入了大量精力来分析环境犯罪和环境危害，有学者敦促绿色犯罪学家要关注针对环境犯罪和危害的抵制活动，无论是传统的社会政治组织抵抗或者个体创意抗议行动②。

抗议环境危害的形式，最经常的是动物解放团体的直接行动或者是草根环境正义组织的努力。但是，从文化视角出发，绿色犯罪学者可以发现日常生活中的"破裂常态"——比传统环境运动更有趣、戏剧和"狂欢化"的行动③。新一代的活动分子对于老式环境运动不感兴趣，他们从日常生活中挖掘新的方式，这些积极分子也深谙后现代的特殊表达方式，把休闲和快乐的活动赋予抗议的可能性，在街道也可以谈政治，传统的环境运动表达媒介是可以被颠覆和逆转的④。下面，提供四个这种类型抗议和抵制的例子。

1.收复街道运动（Reclaim the Streets）

在伦敦拥挤的城市街道，一下子，两辆车撞到了，挡了路，司机们从车里出来开始争论。紧张局势出现升级，一名司机在他的车里拿出一个锤，挥舞着疯狂击打对方司机的车。消费者停止购物，店主从商

---

① Nigel South, "A Green Field for Criminology? A Proposal for a Perspective," *Theoretical Criminology* 2, no.2（1998）: 226.

② Jeff Ferrell, "Corking as Community Policing," *Contemporary Justice Review* 14, no.1（2011）: 95 - 98.

③ Jeff Ferrell, *Tearing Down the Streets: Adventures in Urban Anarchy*（New York: Palgrave, 2001）, pp.114.

④ Jeff Ferrell, Keith Hayward and Jock Young J., *Cultural Criminology: An Invitation*（London: SAGE Publications, 2008）, p.60.

店的窗户向外看。突然，人们开始从购物人群冲出来，有些人跳上汽车，有人扔油漆。音乐开始，杂耍、小丑、诗人、预言者和各种街头艺人占满以前由机动车占用的街道①。这被称为"收复街道运动"，简称RTS。

收复街道联盟是一个社运组织联盟，主要目的是关注公共空间里的社区自主权。收复街道联盟时常以非暴力的形式直接占据主要道路来举办活动，虽然此举造成了交通阻塞，但RTS的行动哲学是"那是汽车的交通阻塞，不是行人的交通阻塞，而且阻塞的原因就是汽车"，通常该组织通过伪造车祸来切断一个特定的主要道路上的机动车辆，参与者试图把"路面变成游乐场"，让道路真正成为一个"开放空间"。RTS把劫持道路作为他们享有公共场所公用"所有权"愿景的体现。RTS的活动通常设计得五彩缤纷而引人注目，甚至搬一个沙坑让小朋友玩耍，提供免费的食物和音乐，有时会形成一个"临时自治区"。全世界RTS的活动大多是街头的狂欢派对，有舞曲DJ或现场演奏的乐团表演。

2. 自行车临界点（Critical Mass）

自行车临界点，又称"临界量"②或"临界质量"，简称CM。CM是指世界各都市举办的自行车集结上街活动，通常是每个月的最后一个星期五举办一次，偶尔也会看到滑板和溜冰鞋爱好者一起自发性地加入。活动最初的诉求是反映对自行车骑士不友善的道路设计。自行车临界点的目的也被相当简单地定义为直接行动——仅设定地点和时间，一群人相约都市骑乘自行车。所有的活动都是非正式的，同时没有特定领导的模式，通常这样的活动也不会向主管单位申请活动许可。活动的规划相当随性，通常仅地点和时间是固定的，在某些地方可能会规划固定路线、终点以及途经观光景点。

参与者的目的各异，例如，倡议选择自行车为交通工具，享受无车的都市街道社交活动。纽约、加州的政府对这种缺乏核心组织的活动表达过关切，担心这个没有领导的活动形式难以约束个别参与者。自

---

① Graham Peter St John，"Counter‐tribes, Global Protest and Carnivals of Reclamation," *Peace Review* 16, no.4（2004）：422.

② Critical Mass是一个社会动力学名词，用来描述在一个社会系统里，某件事情的存在已达至一个足够的动量，使它能够自我维持，并为往后的成长提供动力。以一个大城市作一个简单例子：若有一个人停下来抬头往天看，没人会理会他，其他路过的人会照旧他们要做的事。如果有三个人停了下来抬头看天，可能就会多几个人停下来看看他们在看什么，但很快又会继续去做他们的事。但假若街上抬头向天看的人增加为5至7人，这时，其他人可能亦会好奇地加入，看看他们到底在看什么。这个令群众行为转变的数量，又叫作"临界量"。

行车临界点被视为是一种抗议活动，不过，活动的参与者坚持主张这些活动应该被视为是一种"庆祝"与随性的群聚，不是抗议或者展示会①。在一些自行车临界量常态举办的城市，这项活动也通常饱受政府与汽车驾驶员的批评，也发生过不少冲突，例如，在柏克莱②发生过一名汽车驾驶员刻意冲撞活动车队引发骑士砸车的暴力事件。

3.比利牧师

活动家比利·塔伦（Billy Talen）自称是一名"牧师"，"传道"内容却是"过度消费害人论"。比利·塔伦发起"停止购物"活动，组织"唱诗班"，每月集会时向人们讲解过度消费的危害，甚至将"反消费"行为比喻为"驱魔"活动。他号召人们抵制星巴克、迪士尼、沃尔玛等知名企业的连锁店，以至于这些商家都对他唯恐避之不及。而对于比利·塔伦来说，这种传道不仅是一种行为，而且已经成为他的一种生活方式。

4.园艺游击队

有这么一群人，他们通常在夜幕下出击，随身携带"种子炸弹""化肥武器"和草耙，目标是将废地变花园，以此美化城市。他们自称"园艺游击队"，意思是"在未得到许可的情况下种别人的土地"。园艺游击队的成员来自阿姆斯特丹、卡尔加里、都灵、东京或者洛杉矶，他们集结在雷诺兹（Reynolds）的博客上，共同讨论园艺游击队的经验和建议。雷诺兹选择的地点通常是路边、树下以及年久失修的公共地带。雷诺兹把这些被忽视的土地称为"孤儿土地"。尽管城市中的土地稀缺且昂贵，但仍有许多小块的土地没人搭理。他们热爱园艺，但又没有自己的土地，种植孤儿土地令他们拥有满足的归属感，同时分享着自己城市的土地。事实上，在英国，游击园艺是非法活动，在不属于你的土地上种植，属于犯罪性伤害。但是雷诺兹坚持认为，这样的做法不会伤害他人，议员大卫·诺克斯（David Knox）是雷诺兹的支持者，他说："基本上我是很支持雷诺兹的。他所做的正是我们需要一个团体去做的事情。"

5.评述

随着公共空间的私有化、白色污染的常规化、普及汽车带来的环境危害，RTS和CM不仅仅是反对这些事情，而且希望实现社会大众对城市

---

① Jeff Ferrell, *Tearing Down the Streets: Adventures in Urban Anarchy*（New York: Palgrave, 2001），p.116.

② "伯克利"与"柏克莱"两种译称均多见，仅为翻译上的不同，本书采用"柏克莱"。

空间的可达性和城市机动性①需求。这是绿色犯罪学需要关注的一个重要动态。因为环境保护主义经常被视作一种对抗（尽管环境保护主义者一直反对这样的说法），而不是它的独立身份和愿景。有统治的地方，就有反抗的统治；新的统治形式出现了，新的抵抗形式对统治的特定模式将采取行动②。

随着环境和社会问题变得更加多样化和更为普遍化，越来越多的活动人士开始相信这种"变化不是通过政治家的调解，而是由个人和集体参与社会事务带来的"③。RTS和CM代表两类集体参与社会事务，比利牧师和游击园艺队代表个人参与社会事务。绿色犯罪学家应该去熟悉这个新的方向和新的方法，绿色犯罪学家应将CM和RTS这类活动纳入研究议程的一部分，研究积极分子反对环境危害的形式，为日益私有化的城市开辟出公共空间。

（二）我国环保抗议活动分析

我国目前的环保运动按照污染类型分为两类：一是反污染型。多发生于不发达地区的郊区，是当地环境遭到污染公力救济受阻后为维系生存而采取的私力救济抗议行动，多是草根群众参加，也有部分环保团体参与，救济中容易出现激烈对抗，政府由零容忍转向短期让步。典型事件如浙江东阳画水镇"4·10"事件、江苏启东抵制造纸厂事件。二是反公害型。多发于发达地区的城市社区，目的是预防公害，保护居住环境，追求更优质的生活，多是以中产阶级为主，参与者多采用非暴力方式，政府也积极开展公众参与，典型事件如厦门PX事件、广东番禺反建垃圾焚烧厂事件。

按照主体可分为四类：一是政府主导型，如环评风暴。二是环保组织参与型，如"怒江反坝"运动。三是精英人士推动型，如厦门PX事件。四是公众自发型，如邻避运动。

在我国台湾地区，台湾的收复街道运动比较类似于CM这种形态，自行车临界量的活动命名为"微笑自行车"，最早的形式为2006年5月

---

① 城市机动性涉及人员和货物流通两个方面，是个人或经济实体在考虑城市空间尺度及其中发展起来的各种复杂的经济活动，是为出行需要所采取的不同行为。他们可能依靠自身的力量，如步行，或利用非机动交通方式，如自行车、骑马等，或机动化交通方式，如公共交通、小汽车等。

② Manuel Castells, The Power of Identity—The Information Age: Economy, Society, and Culture (Oxford: Blackwell, 2004), pp.147.

③ John Jordan, "The Art of Necessity: The Subversive Imagination of Anti-road Protest and Reclaim the Streets," in *DIY Culture: Party and Protest in Nineties Britain*, ed. Marion Hamm (London: Verso, 1998), pp.148.

20日由高雄市自行车社团长鬃山羊俱乐部发起"自行车免费早餐",透过扮装骑自行车与送早餐活动,鼓励市民以自行车通勤,并期许高雄市成为自行车优先的友善城市。在2006年举办数次CM后,该社团于2007年转变为每月一次举行"微笑自行车上路活动"。

目前我国内地的CM、RTS活动很少受到关注。随着我国环境的日益恶化,CM和RTS也成为我国当前犯罪学需要关注的新问题。

五、环境犯罪的文化预防:以西部民族地区为例

（一）西部民族地区有着丰富的传统生态文化

西部民族地区人口相对较少,但民族众多,形成了丰富多样的民族文化。西部民族地区地理环境复杂多样,自然条件较差,生态平衡机制脆弱,在漫长的远离工业文明的岁月中,在人与自然的关系中为求得生存积累了独特的生态文化。当地居民创造了保护自然环境的方法和技术,形成了保护生态的风俗、惯例和条文,在宗教信仰和文学作品中体现出敬畏自然和图腾崇拜的情感。

廖国强、何明、袁国友编著的《中国少数民族生态文化研究》一书对中国少数民族生态文化的积极因素进行了深入全面的论述和研究,少数民族生态文化体现在少数民族生产、生活、制度、民俗文化、宗教、伦理等各个领域和方面。

1.生产领域的生态文化

西部民族地区的生产类型有农耕类型、渔猎类型和畜牧类型。刀耕火种的农耕类型对周围生态破坏极大,针对日益恶化的环境,当地居民常采用长期轮歇耕作的方式,这大大缓解了生态压力。

2.生活领域的生态文化

不管是在寨址选择上,还是在村寨森林体系和水资源体系的营构上,都蕴含着深厚的生态文化。例如:村寨建于山腰便于耕作,利于取水,节省耕地,可防御洪水;彝族有"人要衣裤,山要栽树"的彦语,有利于森林生态的维护[1]。

3.制度中的生态文化

许多民族制定了禁止乱砍滥伐森林的规约、保护动物的法规、防止森林火灾的法规,建立起了当地特色独具的护林执法体制。

---

[1] 廖国强、何明、袁国友:《中国少数民族生态文化研究》,云南人民出版社,2006,第71页。

4.风俗习惯中的生态文化

贵州西北赫章、毕节一带的苗族，几乎各村寨在每年农历三月初的某一天（"龙日"）要举行隆重的"祭山林"活动。此外，生育风俗中也蕴含生态文化，贵州侗族、苗族"女儿杉"①、湘西苗族"增岁树"②、黎族"满月椰"③都是典型代表。

5.宗教中的生态文化

由于宗教在许多民族的文化和生活中占有重要的位置，因此，民族宗教极大地影响着各民族的生产生活方式。许多民族文化中都有树崇拜、山神崇拜、龙崇拜、图腾崇拜的现象。比如，贵州仡佬族的"祭树节"是为了答谢树木对人类的"巢居"之恩④。

6.朴素而深邃的生态伦理观

包括以下环保观念和意识：一是把人类看作自然之子；二是对自然有知恩图报的意识；三是人类承担对自然的保护义务；四是对自然的善恶观。

（二）发挥西部民族地区生态文化的积极因素预防环境犯罪

1.利用民族地区图腾崇拜处罚虐待动物行为

2009年，《中华人民共和国反虐待动物法》（专家建议稿）向全社会公布并获得了广泛的支持，不少专家学者撰文论证将虐待动物行为入罪的可行性及必要性，该建议通过《刑法修正案（八）》设立"虐待动物罪"。

笔者认为，结合西部民族地区的生态文化以及民族区域自治制度，西部民族地区可以先行一步，由省级立法机关制定惩罚虐待动物行为的补充规定。

一方面，图腾崇拜是许多少数民族都存在的意识形态，图腾崇拜主要是动植物崇拜，其中动物崇拜占了很大的比重。在图腾崇拜中，西部民族地区已经把道德对象的范围从人类扩展到生态系统的其他成员，在人与动物之间建构起一种与人与人之间相类似的伦理（亲缘）关系⑤，这

---

① 又叫"十八杉"，因杉苗要十八年才能成材，侗族有"十八杉，十八杉，姑娘剩下就栽它，姑娘长到十八岁，跟随姑娘到婆家"的民谚。

② 湘西苗族有"增岁树"的风俗，从小孩出生种树，每长一岁种一棵。

③ 孩子做满月酒时，外婆要给外孙送上两棵椰树苗。

④ 廖国强、何明、袁国友：《中国少数民族生态文化研究》，云南人民出版社，2006，第136页。

⑤ 廖国强、何明、袁国友：《中国少数民族生态文化研究》，云南人民出版社，2006，第133页。

是现在提倡的生态伦理观的体现，也为禁止虐待动物行为提供了道德支撑。

另一方面，1997年《刑法》第90条规定，民族自治地区或者省级人民代表大会可根据当地民族的政治、经济、文化的特点制定变通或者补充规定。"然而实践中，由于刑法性质上的认识偏差、压制理念的盛行以及刑法学研究中文化人类学视角的匮乏，使得《刑法》第90条被虚置。"①我国目前还没有任何一个民族自治地方的省级立法机关制定出刑法的变通或补充规定。

不过，香港和澳门地区在虐待动物处罚方面的立法值得参考。香港特区政府2006年修订了防止残酷对待动物的相关条例，将最高罚则由罚款5000元及监禁6个月，大幅提高至罚款20万元及监禁3年。2014年6月19日，澳门特区政府完成动物保护方面相关规定的草案，讨论将残酷对待动物行为入罪，罚款2000至10万澳币，最高监禁3年。

为此，西部民族地区应把哲学、社会学、经济学、文化学等社会科学研究方法运用到刑法学研究中，根据《刑法》第90条的规定制定民族地区刑法的变通或补充规定来打击和预防环境犯罪行为。

2.借助文化传媒传承民族生态文化从而建构民族地区环境犯罪问题

西部民族地区生态文化的日趋弱化使得文化传媒要承担起传承功能，强化与现在生态文明观相契合的传统生态文化，塑造西部民族地区民众的环境法律意识来防范环境犯罪行为。可以通过制作反映西部民族地区生态文化的节目来重现和强化当地民众的生态意识，也能唤起人们由于现代文化和外来文化冲击而关注日渐淡忘的生态民俗的意识，从而达到修复传承民族生态文化的目的。

此外，文化传媒也有建构功能，也就是通过文化传媒使得人们更为关注西部民族地区环境犯罪问题。环境问题多种多样，有的引起人们的高度重视，给予了重点解决，有的却无人问津，没有得到任何解决，这就是建构主义要解决的问题，其中文化传媒充当了重要角色。例如，2004年纪录片《可可西里》上映后直接导致藏羚羊保护区的建立，所以要加强媒体形象描述西部民族地区的环境犯罪情况，使公众知晓，从而提高环境犯罪问题解决的概率。

3.构建绿色消费文化预防环境犯罪

在西部民族地区生态文化中，几乎都有对水资源的保护。比如纳西

---

① 苏永生：《区域刑事法治的经验与逻辑》，人民出版社，2013，第236页。

族对饮用水严加保护，有严格的用水制度——"头塘水饮用、二塘水洗菜、流至三塘洗衣物"；但是随着江河湖泊污染日益严重，饮用水的水质越来越令人担忧，而商家似乎是最大的赢家。

当下，消费者逐渐养成了饮用瓶装水的习惯。人们都有从众心理，且瓶装水的便携性也促使人们形成惯性依赖。但是，对于瓶装水的争议也越来越多，一个争议便是瓶装水的质量真优于自来水吗？我国层出不穷的关于瓶装水的负面报道使人们将信将疑，比如2013年3月16日，号称选取天然优质水源有利于人体长期饮用的矿泉水企业"农夫山泉"，其产品却被不断曝出质量问题。另一个争议便是瓶装水的资源性问题，瓶装水要消耗原油和塑料，塑料水瓶焚化会产生有毒气体，掩埋不易降解。因此，要大力构建绿色消费文化，从源头上预防环境犯罪，更甚者预防像西方社会出现的生态恐怖主义犯罪①。

4.民族习惯法与刑事制定法冲突的文化调适

作为非正式制度的民族习惯法与作为国家正式制度的刑事制定法，由于文化的差异不可避免地会出现冲突。"如何采用刑罚，是文化与价值观的反映，必须尊重文化的独特性。"②西部民族地区在长期特定的生活条件下形成了既定习俗及价值判断，受此影响实施的行为如果触犯刑法规定的环境犯罪罪名，要结合实际情况具体分析，不可轻易动用刑罚。

在依靠宗教信仰和风俗习惯维系人际关系的西部民族地区，民族习惯法虽然未得到国家的承认，但习惯法在解决冲突时往往比制定法更有效。所以应针对西部民族地区独有的文化特点，不必对民族习惯法采取高压政策，从文化的规范性出发，调适非正式制度与正式制度的冲突。正如日本学者平野龙一指出的："即使是有关市民安全的事项，也只有在其他手段如习惯、道德的制裁即地域社会的非正式的控制或民事的规则不充分时，才能发动刑法。"③

---

① 生态恐怖主义犯罪指为阻止或干扰据说对环境有害的活动而针对公司或政府机构所犯的罪行。生态恐怖主义包括进行恐吓污染供水系统、破坏电力设施，以及散布炭疽菌等行为。

② 林东茂：《刑法综览》，中国人民大学出版社，2009，第163页。

③ 苏永生：《区域刑事法治的经验与逻辑》，人民出版社，2013，第164页。

第三节 被害预防：以生态正义观切入

一、生态正义观拓宽环境被害的研究范围

绿色犯罪学提出的生态正义视角对于理解环境犯罪行为及其控制是很重要的，生态正义观的三个发展方向（环境正义、物种正义和生态正义）对生态法益保护有重要影响，也拓宽了环境被害的研究范围。

第一，生态正义观下要重视生态法益。生态法益是指包括人类在内的各种生态主体对生态系统的利益需求。急剧恶化的环境问题需要我们对传统人类中心主义进行反思，确立保护生态法益理念。正如温茨的同心圆理论所表述的，生态法益对于非人类存在物的保护也是有层次的，并非对所有的非人类存在物都制定法律加以保护，而是将"维护整个生态系统可持续发展、地球环境的恶化遏制以及生物多样性等涉及人与自然和谐发展等的核心利益进行法律表达与实现"[1]。

第二，生态正义观下要拓宽环境被害的研究范围。目前，我国对环境犯罪被害人研究不足，常被视作无被害人犯罪，有时被害人自己也感知不到自己成了被害，尤其对于无生命的非人类生物更是如此，由此，更应重视在立法、司法以及社会化救济中加强对环境犯罪被害人权益的保护。例如，扩大环境犯罪被害人的范围，在生态法益下，环境犯罪被害人不限于个人、社会和国家，还应该包括动植物、环境和后代人。此外，诉讼中确保被害人的自诉权、恢复性司法的运用、建立生态损害赔偿制度等，都可以很好地保障环境犯罪被害人的权益。

二、我国环境犯罪被害人的特征

环境犯罪被害人是被害人的一种，是指因环境犯罪而遭受损害的个体。由于环境犯罪的特点，在界定环境犯罪被害人时需要注意以下问题：

首先，无论是身体、财物还是生活环境，只要因环境犯罪而受害，均是环境犯罪被害人。其次，无论遭受环境犯罪侵害的时间处于犯罪过程的哪个阶段，均是环境犯罪的被害人。

环境犯罪被害人的研究涉及犯罪学、被害人学、环境科学以及环境工程学的知识，这本身是一个文理渗透、理工结合的领域。环境犯罪就

---

[1] 焦艳鹏：《刑法生态法益论》，中国政法大学出版社，2012，第46页。

科学领域而言，涉及生物、物理、化工、气象、地质、水文、声光学等；就侵犯对象而言，涉及水域、土壤、大气、太空、电磁空间和人类社会等。因此，环境犯罪被害人的被害有着一些与一般犯罪被害人所不同的特征。

（一）环境被害的广泛性

1.主体广泛

犯罪被害人学的产生与发展的意义是极为深远的，几乎在所有的犯罪中都存在被害人，尤其在某些新型犯罪如环境犯罪中，往往造成多人被害，甚至时常出现群体被害的情况。

从笔者收集的案例来看，由于环境犯罪通过空气、水、土壤等介质被人体吸收，往往造成群体性受害。例如，上海曹某军等人污染环境案导致紧急疏散200名左右的居民，刘某建等人危险物品肇事案导致46名居民入院治疗[1]。

有学者认为，环境犯罪被害人除了可以是自然人外，还可以是单位、团体或者国家，在一些环境犯罪中，似乎只有受益人，而没有被害人。例如，前些年在北京、上海、新疆、天津等地多次发生的"洋垃圾"进口事件，很多公司从中获益，但我国公共利益遭受了严重损害，国家则成为被害人。

2.时空的广泛性

第一，时间持续长。鉴于地球环境资源的唯一性和人类社会的延续性，环境犯罪被害人主体也包括未出生的后代人[2]。人类的种种环境犯罪导致的最直接结果是，不可再生资源的耗竭和可再生资源的减少，空气、水、土壤等环境资源质量的下降，自然资源和环境功能的丧失等等。这些结果会破坏代际间的公平，危害后代人的生存环境并降低其生活质量。

第二，空间跨度广。发达国家的污染迁移导致发展中国家成为被害。随着气候变暖、臭氧层破坏，环境犯罪的被害人很难说是哪个人、哪个团体或哪个国家，它将危及的是全人类的生存环境。近年来，随着科技的不断进步，人类前进的足迹已经延伸到地球的两极和外层空间，相应地，生态环境污染被害问题也浮出水面。例如，在距离陆地面积达1400多万平方千米的南极地区已经可以看到一些废弃物。

---

① 《上海法院3年审结环境污染犯罪案件9件21人》，据人民网http://sh.people.com.cn/n/2013/1009/c134768-19656259.html，访问时间为2022年8月22日。
② 赵红艳：《环境犯罪定罪分析与思考》，人民出版社，2013，第24页。

（二）环境犯罪被害的隐蔽性

环境犯罪行为与环境被害行为是一个硬币的两面，对环境犯罪行为特征的分析也适用于分析环境犯罪被害人。环境犯罪行为人所排放的污染物往往难以被直接发现，特别是有些企业进行隐蔽排污，甚至暗设排污管道排污，或者同一危害行为可能是数个不同的主体排放的污染物所引起的，给执法人员查找排污源带来了很大困难。例如，江苏省宏光车料有限公司胡某污染环境案中，胡某指使工人将电镀污泥15吨填埋进一水池里，后用钢筋混凝土对该水池表面进行浇筑。还有些地区以发展地方经济的名义兴办污染企业换取经济利益。

还应注意到，发达国家以"帮助落后国家发展经济"为幌子，把污染工业迁移到发展中国家。一方面，这种复杂性与隐蔽性使得人们有时很难觉察到环境危害行为，即使意识到一些环境犯罪行为去举报，也会因为地方保护主义或技术原因导致取证不足，这使得环境犯罪被害的统计黑数很大；另一方面，这也鼓励了潜在的环境犯罪行为人，促进了环境犯罪的增加，相应地，也会造成大量的环境被害人。

（三）环境犯罪被害后果的不可逆性及严重性

环境危害行为有些不是即时完成的，从发生到出现危害后果需要一段时间，一旦危害结果出现就持续性存在，很难恢复到以前的状态，比如物种灭绝、气候变暖、沙漠化、水土流失等，尤其是重金属污染，有些根本无法恢复。除了物质损害，环境被害人身体上和精神上都遭到严重的后果。精神损害是指精神上、心理上的损害，是无法用金钱来衡量的。最常见的是，遭受有毒或有害物质、噪声污染危害的人在心理上更易出现压力、焦虑、抑郁、烦躁、认知能力降低、不安全感等问题。例如，水污染导致民众疯抢储存水和食物也是一种心理损害。再如，2023年8月24日下午1点，日本正式向海里排放核污水，引发民众抢盐恐慌。

（四）环境被害人的特定性与弱势性

环境被害人大多社会地位低、收入水平低、维权能力弱，即被害人在一定程度上属于弱势群体。传统犯罪被害人学的研究对象一般是遭受暴力犯罪和财产犯罪的被害人，这些被害人往往在某一方面具有优势，如经济或社会地位。然而，环境犯罪中的被害人多为缺乏侵害抗拒能力的普通农民、渔民等，加害人一方多为经国家注册许可的具有特殊经济、科技、信息实力和法律地位的企业或企业集团。

有学者基于北京、重庆和厦门三地城市生活垃圾处理影响的调查数据指出，低教育程度、低收入、低房产价值、农村户籍和居住在农村社区的居民遭受的环境风险，高于受教育程度高、收入较高、拥有较高价值房产、非农户籍和居住在城市的社区居民①。

环境犯罪时常侵犯的是某一地区的所有人的基本生存条件，比如在水体污染的情况下，某一地区内的人们都要遭遇停水、缺水的困境，这种情况下，被害人甚至连请求帮助都是极其困难的。由于环境犯罪被害人在一个地域范围内的普遍性，使得他们因环境犯罪导致被害人的活动能力和范围大大缩小，也导致他们的亲朋邻里之间无力他顾，各自承受着同样的灾难艰难度日。

环境犯罪导致被害人活动能力和范围大大缩小，也导致他们的注意力被损害大大吸引，同时，由于环境犯罪所带来的恐惧，也使得他们局限在狭小的生活范围内，没有多余的精力、物力、财力维护自己的权利，况且有的被害人尚无维权意识，更兼具其他因素的阻碍，环境犯罪被害人往往默默地忍受着环境犯罪所带来的不良后果。环境污染所致的损害具有自身的特点，尤其是它的隐蔽性、过程性和不确定性，不仅让受害人很难成功维权，而且因为过程漫长而加大了损害力度。

三、我国环境被害人保护的不足

（一）我国环境立法保护的不足

1. 宪法保护的不足

环境权是指特定的主体对环境资源所享有的法定权利。对公民个人和企业来说，就是享有在安全和舒适的环境中生存和发展的权利，主要包括环境资源的利用权、环境状况的知情权和环境侵害的请求权。对国家来说，环境权就是国家环境资源管理权。在我们国家，一个良好的环境逐步变成了"稀缺产品"。我国目前的宪法没有环境权的规定，这也是目前环境诉讼困难的一个原因。

2. 刑法保护的不足

（1）刑法规制环境犯罪的范围有限，处罚力度不够

随着社会经济的不断发展，新的环境问题也不断出现，如噪声污染、光污染、破坏草原、破坏湿地、虐待动物、非法研制和释放有害人类的转基因生物等，现行刑法没有对此进行规定，这使得环境犯罪被害人权益也无法保护。

---

① 龚文娟：《环境风险在人群中的社会空间分配》，《厦门大学学报》（哲学社会科学版）2014年第3期，第49—58页。

此外，环境犯罪刑罚处罚小且处罚方式单一，缺乏多样化，对于造成严重人身伤害、财产损失的重大生态犯罪事件，也只是以人身财产的侵害结果来计算，并没有就环境法益侵害的结果实施严厉的刑罚。处罚以单一的刑罚措施为主，非刑罚处罚措施内容不丰富，尤其没有针对恢复非人类被害人的生态能力的措施。

（2）环境刑法的行政从属性容易放纵犯罪

环境犯罪具有行政从属性特征，主要体现在大部分破坏、污染自然环境的行为首先要接受国家行政管理的评价和处罚，只有某一行为超出国家行政规制手段的控制限度，才会转向求助于刑事应对手段。这容易造成环境行政执法和行政管理的强势地位，也会滋生不正当行政干预和地方保护主义，助长行政权排斥司法权的风气。直接体现就是，许多应受刑事处罚的犯罪行为都以行政处罚了事，无形中损害了环境被害人的利益。

（二）环境被害救济制度的缺陷

1.国家补偿制度不完善

目前，我国环境犯罪被害人国家补偿制度还未建立，实践层面上，部分地区出台了犯罪被害人保护的规定。例如，山东、浙江、广东、湖北、四川、江苏等十几个省开展了刑事被害补偿的工作。这些试点工作给予刑事被害人的补偿很好地改善了被害人的困苦生活，但是这些制度缺乏立法的保障和专门机关的负责，不够具体细化，也没有专门针对环境犯罪被害人的补偿制度。

2.法律援助制度不完善

目前，仅有少部分地区将环境犯罪被害人纳入法律援助范围，一方面，环境污染案件涉及的范围广，侵权对象往往是不特定多数人，在很多时候，一旦发现环境侵权现象，很多地方的做法就是隐瞒真相，其目的是防止更多民众知情以引发可能的群体事件，而将环境污染纳入法律援助，这首先就需要政府及时通报和公布真相；另一方面，环境污染案件具有很强的隐蔽性，这类案件一旦发生，取证工作难度相当大，将其纳入法律援助范围，意味着承担援助义务的政府和法律工作者将要付出更多的代价。

一些民间环保组织承担着为环境犯罪被害人提供法律援助的角色，1998年，中国政法大学环境资源法研究和服务中心成立了一个民间环境保护团体，它有一个更为人熟知的名字——污染受害者法律帮助中心。直到现在，这个第一家污染受害者法律援助中心仍然是中国国内一家重要的"专打环境污染案件"的机构。随后，自然之友、中华环保联合会等民间环境保护团体陆续成立，这些机构也开始持续地为环境污染的受害者提供环境诉讼的免费法律援助。近年来，提供环境法律援助的公益机构普遍都会面临诸如资金短缺、公益律师后继乏人等问题。

3.环境社会化救济制度不完备

环境社会化救济是指将环境损害行为所产生的损害视为社会损害，通过责任保险、行政补偿等高度设计的损害填补制度，由社会上多数人承担和消化此种损害，从而使损害填补不再是单纯的侵权人自我负担的措施。其目的是要使环境受害人的权利受到侵权损害的同时，能得到及时充分有效的救济，分担和消减因为损害而造成的巨额赔偿损害成本。其优点在于能够最大化地保护和平衡环境受害人和加害人双方的权益，分散风险，使单独的个人或者企业承担转为企业、个人与社会上特定组织共同承担，从而在不影响加害人从事正常经济活动的同时实现对受害者及时有效的补偿。

在我国，社会化救济制度尚不完备，缺少建立行业风险分担协议制度、环境保护救济基金制度和企业环境污染责任保险引导机制。

四、环境犯罪被害预防的实施路径

（一）加强相关立法

1.宪法应确立环境权

确立环境权是一个非常普及的概念，已经被接近70个国家写入本国宪法。《韩国宪法》1980年首次确立了环境权，修订后又将环境权的概念从自然环境扩展到社会环境，第8次修正还赋予了国家促进环境保全对策的义务。中国人应该拥有健康的生存环境，依法享有环境权，因此，建议我国宪法中也加入保障公民环境权的内容。

2.刑事法律保护层面

第一，传统刑法所保护的森林资源、草原资源、动植物资源等所谓自然资源的环境价值在生态文明时代应被刑法所承认与保护。而生态价值的法律形态即环境法益应成为刑事法律保护的客体，侵害环境法益的行为应纳入刑法评价。此外，还要根据环境要素扩大环境犯罪的规制范围，将一些新型犯罪纳入刑法保护圈。第二，改变单一的刑罚措施，丰富非刑罚处罚措施内容，尤其重视恢复性司法的引入。第三，加强环境行政执法与刑事司法协调机制，加大环境犯罪刑事制裁概率，确保环境被害人的权益得到充分保护。

（二）完善环境被害救济制度

1.完善国家补偿制度

2018年1月1日《生态环境损害赔偿制度改革方案》正式实施。目前，各地生态环境损害赔偿正如火如荼进行，期待早日建立生态环境损害赔偿制度体系，有效破解"企业污染、群众受害、政府买单"问题。

2.完善法律援助制度

如何在环境案件中加强弱势群体一方的保障，政府需要将环境污染纳入法律援助范围。这一制度还将有如下积极意义：一方面，政府的强势介入，使得民众在环境问题上获得了更多的话语优势和资源优势，它对过去环境问题上企业与民众严重不对等的状态打破，其实有助于刺激企业加强环保；另一方面，鉴于环境污染案件的复杂性和琐碎性，当前我国法律工作者尚未在这一领域形成强有力的专业队伍和氛围，而环境污染法律援助，能够促使更多的律师和法律工作者关注环境污染问题继而催生更强大的专业队伍。

3.完善环境社会救济制度

美国、德国、法国等对生态环境社会化救济研究得比较早，如美国的超级基金制度。《美国超级基金法》主要是用于治理废弃物后带来的生态损害问题，并对基金的来源、基金的适用条件、基金的请求方式和基金的责任主体等作出了规定。法国建立了环境损害补偿基金制度、环境损害责任保险制度、团体诉讼制度等。在我国，社会化救济制度尚不完备，建构环境犯罪被害人社会化救济制度将是一项长期的工作。

参考文献

中文著作

[1]陈冉.污染环境犯罪治理的刑事司法保障[M].北京:知识产权出版社,2022.

[2]安然.污染环境罪基础理论研究[M].北京:法律出版社,2022.

[3]王立.环保法庭案例选编(五)[M].北京:中国法制出版社,2021.

[4]董邦俊.环境犯罪防控对策研究——基于全球化、一体化视野[M].北京:法律出版社,2021.

[5]何群.法定犯视野下的污染环境罪研究[M].北京:知识产权出版社,2021.

[6]于文沛.欧洲刑事一体化进程研究[M].哈尔滨:黑龙江大学出版社,2020.

[7]邓琳君.环境犯罪预防论[M].北京:中国林业出版社,2020.

[8]魏思婧.环境犯罪法益研究[M].北京:中国商业出版社,2020.

[9]付立庆.积极主义刑法观及其展开[M].北京:中国人民大学出版社,2020.

[10]宋强,李国兵.环境犯罪问题调查与研究[M].北京:中国政法大学出版社,2019.

[11]姚贝.环境伦理与环境犯罪[M].北京:中国政法大学出版社,2019.

[12]张继钢.风险社会下环境犯罪研究[M].北京:中国检察出版社,2019.

[13]冯军,敦宁,等.环境污染犯罪治理问题研究[M].北京:法律出版社,2019.

[14]崔庆林,刘敏.环境刑法规范适用论[M].北京:中国政法大学出版社,2018.

[15]王皇玉.刑法总则[M].台北:新学林出版社,2018.

[16]林钰雄.新刑法总则[M].台北:元照出版社,2018.

[17]吕忠梅.环境司法专门化:现状调查与制度重构[M].北京:法律

出版社,2017.

[18]陈自强.环境犯罪的本质及其展开[M].成都:四川大学出版社,
2017.

[19]喻海松.环境资源犯罪实务精释[M].北京:法律出版社 2017.

[20]蒋兰香.污染型环境犯罪因果关系证明研究[M].北京:中国政法
大学出版社,2014.

[21]安柯颖.生态刑法的基本问题[M].北京:法律出版社,2014.

[22]张霞.生态犯罪研究[M].济南:山东人民出版社,2013.

[23]赵红艳.环境犯罪:定罪分析与思考[M].北京:人民出版社,2013.

[24]刘彩灵,李亚红.环境刑法的理论与实践[M].北京:中国环境科
学出版社,2012.

[25]吕欣.环境刑法之立法反思与完善:以环境伦理为视角[M].北
京:法律出版社,2012.

[26]冯军,李永伟,等.破坏环境资源保护罪研究[M].北京:科学出版
社,2012.

[27]焦艳鹏.刑法生态法益论[M].北京:中国政法大学出版社,2012.

[28]蒋兰香,吴鹏飞,唐银亮.环境刑法的效率分析[M].北京:中国政
法大学出版社,2011.

[29]赵秉志.环境犯罪及其立法完善研究:从比较法的角度[M].北
京:北京师范大学出版社,2011.

[30]赵星.环境犯罪论[M].北京:中国人民公安大学出版社,2011.

[31]蒋兰香.环境犯罪基本理论研究[M].北京:知识产权出版社,
2008.

[32]储槐植.刑事一体化论要[M].北京:北京大学出版社,2007.

[33]傅勇.非传统安全与中国[M].上海:上海人民出版社,2007.

[34]余潇枫,潘一禾,王江丽.非传统安全概论[M].杭州:浙江人民出
版社,2006.

[35]冷罗生.日本公害诉讼理论与案例评析[M].北京:商务印书馆
2005.

[36]卢永鸿.中国内地与香港环境犯罪的比较研究[M].北京:中国人
民公安大学出版社,2005.

[37]刘仁文.环境保护与环境资源犯罪[M].北京:中信出版社,2004.

[38]余谋昌,王耀先.环境伦理学[M]北京:高等教育出版社,2004.

[39]齐文远,周详.刑法、刑事责任、刑事政策研究——哲学、社会学、

法律文化的视角[M]北京：北京大学出版社，2004.

[40]王秀梅.破坏环境保护罪[M].北京：中国人民公安大学出版社，
2003.

[41]梁根林，张立宇.刑事一体化的本体展开[M].北京：法律出版社，
2003.

[42]蔡守秋.欧盟环境政策法律研究[M].武汉：武汉大学出版社，
2002.

[43]王树义.俄罗斯生态法[M].武汉：武汉大学出版社，2001.

[44]郑昆山.环境刑法之基础理论[M].台北：五南图书出版公司，
1998.

[45]林东茂.危险犯与经济刑法[M].台北：五南图书出版公司，1996.

中文译著

[46]德国联邦环境、自然保护和核安全部.德国环境法典[M].沈百
鑫，李志林，马心如，等，译.北京：法律出版社，2021.

[47]吕忠梅，竺效.意大利环境法典[M].李均，李修琼，蔡洁，译.北
京：法律出版社，2021.

[48]吕忠梅，竺效.瑞典环境法典[M].竺效，等，译.北京：法律出版
社，2018.

[49]张明楷，美娜.西班牙刑法典[M].潘灯，译.北京：中国检察出版
社，2015.

[50]郭建安.巴西环境犯罪法[M].郭怡，译.北京：中国环境科学出版
社，2009.

[51]赵炳宣.环境刑法学[M].张霞，译.长春：吉林人民出版社，2008.

[52]罗克辛.德国刑法学总论：第1卷[M].王世洲，译.北京：法律出版
社，2005.

[53]中国人民大学刑事法律研究中心编译委员会.芬兰刑法典[M].
肖怡，译.北京：北京大学出版社，2005.

[54]中国人民大学刑事法律研究中心编译委员会.挪威一般公民刑法
典[M].马松建，译.北京：北京大学出版社，2005.

[55]越南刑法典[M].米良，译.北京：中国人民公安大学出版社，2005.

[56]德国刑法典[M].徐久生，庄敬华，译.北京：中国方正出版社，
2004.

[57]奥地利联邦共和国刑法典[M].徐久生，译.北京：中国方正出版

社,2004.

　[58]瑞士联邦刑法典[M].徐久生,庄敬华,译.北京:中国方正出版
社,2004.

　[59]贝克.风险社会:新的现代性之路[M].何博闻,译.南京:译林出
版社,2004.

　[60]米尔斯.社会学的想象力[M].陈强,张永强,译.北京:生活·读
书·新知三联书店,2016.

　[61]大谷实.刑事政策学[M].黎宏,译.北京:法律出版社,2000.

　[62]加罗法洛.犯罪学[M].耿伟,王新,译.北京:中国大百科全书出
版社,1996.

　[63]俄罗斯联邦刑法典[M].黄道秀,等,译.北京:中国法制出版社,
1996.

　[64]藤木英雄.公害犯罪[M].丛选功,徐道礼,孟静宜,译.北京:中国
政法大学出版社,1992.

　[65]罗尔斯.正义论[M].何怀宏,何包钢,廖申白,译.北京:中国社会
科学出版社,1988.

期刊论文

　[66]周加海,喻海松,李振华.《关于办理环境污染刑事案件适用法律
若干问题的解释》的理解与适用[J].环境经济,2023(15):58-69.

　[67]郭伟伟.累积犯视域下污染环境罪的司法适用研究[J].江苏社会
科学,2023,(04):177-185.

　[68]杨博文.污染环境罪量刑特征及影响因素规范化的实证建构——
基于2014—2022年全国1832份判决书的考察[J].北京理工大学学报(社
会科学版),2023,25(05):95-107.

　[69]陈远航.我国环境犯罪保护法益的演进与立法完善[J].北方法
学,2023,17(03):144-153.

　[70]马腾,陈海嵩.论生态环境司法的功能递进——由补救性司法向
补救性与预防性司法转变[J].学海,2023(03):207-216.

　[71]龙天鸣.论保护公共利益的正当防卫——以污染环境罪为视阈
[J].北京理工大学学报(社会科学版),2023,25(03):93-106.

　[72]陈兴良.刑法教义学中的目的解释[J].现代法学,2023,45(03):
150-169.

　[73]刘艳红.中国刑法的发展方向:安全刑法抑或自由刑法[J].政法

论坛,2023,41(02):60-72.

[74]张明楷.集体法益的刑法保护[J].法学评论,2023,41(01):44-58.

[75]张明楷.抽象危险犯:识别、分类与判断[J].政法论坛,2023,41(01):72-88.

[76]焦艳鹏.基于司法大数据的生态环境犯罪刑法惩治分析[J].重庆大学学报(社会科学版),2022,28(05):173-191.

[77]秦天宝.司法能动主义下环境司法之发展方向[J].清华法学,2022,16(05):147-162.

[78]赵睿英.污染环境罪入罪标准及其认定——评"两高"2016年污染环境罪司法解释[J].北京理工大学学报(社会科学版),2022,24(05):169-179.

[79]吕稣.环境法典中环境污染行刑衔接路径的规范化构建[J].南京工业大学学报(社会科学版),2022,21(05):31-46.

[80]姜涛.论集体法益刑法保护的界限[J].环球法律评论,2022,44(05):115-131.

[81]房慧颖.污染环境罪预防型规制模式的省察与革新[J].宁夏社会科学,2022(04):92-99.

[82]余潇枫,章雅荻.广义安全论视域下国家安全学"再定位"[J].国际安全研究,2022,40(04):3-31.

[83]孙洪坤,陈雅玲.环境犯罪认罪认罚从宽的适用困境及其破解[J].安徽大学学报(哲学社会科学版),2022,46(03):79-87.

[84]樊建民.污染环境罪司法适用的困境及其破解[J].法商研究,2022,39(03):157-170.

[85]王充.类型化的思考与多元保护法益——兼论污染环境罪保护法益的实践转向[J].政法论坛,2022,40(02):100-111.

[86]王明远,黄春潮.论德国环境刑法的法益观[J].湖南师范大学社会科学学报,2022,51(02):86-95.

[87]焦艳鹏.污染环境犯罪的司法效能提升与多元治理机制构建[J].中州学刊,2021(12):40-48.

[88]王勇.再论环境犯罪的修订:理念演进与趋势前瞻[J].重庆大学学报(社会科学版),2021,27(05):197-207.

[89]姜涛.生物刑法与环境刑法分离论之提倡[J].政法论坛,2021,39(05):110-124.

[90]谢玲.论环境刑法的正当性根据——基于环境伦理和传统刑法理

论之考察[J].湖南师范大学社会科学学报,2021,50(04):60-68.

[91]石艳芳.我国环境犯罪刑事规制的检视与完善[J].中国人民公安大学学报(社会科学版),2021,37(04):95-101.

[92]穆艳杰,韩哲.环境正义与生态正义之辨[J].中国地质大学学报(社会科学版),2021,21(04):6-15.

[93]魏汉涛,盛豪杰.偏差与纠偏:污染环境罪单位责任人的刑事责任——以200份裁判文书为样本[J].青海社会科学,2021,250(04):149-156.

[94]于文轩,冯瀚元.基于生态文明理念的环境犯罪行政从属性研究[J].南京工业大学学报(社会科学版),2021,20(04):1-10.

[95]高铭暄,郭玮.论环境犯罪附加刑的目的、价值与完善[J].甘肃社会科学,2021,250(01):93-99.

[96]周详,夏萌.论污染环境罪的罪过形式:"故意说"之提倡与贯彻[J].南京工业大学学报(社会科学版),2021,20(01):32-42.

[97]李梁.污染环境罪的罪过形式:从择一到二元[J].甘肃社会科学,2021,250(01):108-115.

[98]李永升,袁汉兴.污染环境罪的司法困境与出路——以生态和人类双重法益为中心[J].湖北社会科学,2021,409(01):141-151.

[99]姜文秀.关于污染环境罪司法解释的修改[J].法律适用,2021,466(01):89-97.

[100]焦艳鹏.总体国家安全观下的生物安全刑法治理[J].人民论坛·学术前沿,2020,204(20):36-45.

[101]谢登科.论污染环境罪犯罪主体司法认定的困境与出路——基于东北三省209个案例的实证分析[J].学术交流,2020,317(08):56-63.

[102]刘蕊.环境犯罪治理中刑事和解扩张适用及法律规制[J].理论月刊,2020,463(07):133-143.

[103]魏红.少数民族生态伦理内源性资源当代价值研究——以绿色犯罪学为视域[J].贵州民族研究,2020,41(06):21-27.

[104]刘艳红.民法典绿色原则对刑法环境犯罪认定的影响[J].中国刑事法杂志,2020,198(06):3-19.

[105]李琳.立法"绿色化"背景下生态法益独立性的批判性考察[J].中国刑事法杂志,2020,198(06):39-54.

[106]张霞.生态安全犯罪的实证研究及问题反思[J].中国法律评论,2020,35(05):189-198.

[107]童德华,张成东.环境刑法法益的反思与坚守——基于污染环境

罪的分析[J].广西大学学报(哲学社会科学版),2020,42(05):70-76.

[108]史蔚.组织体罪责理念下单位故意的认定:以污染环境罪为例[J].政治与法律,2020,300(05):56-70.

[109]周详,农海东.环境犯罪违法性判断多元化的反思[J].广西大学学报(哲学社会科学版),2020,42(04):133-140.

[110]侯艳芳.污染环境罪因果关系认定的体系化思考[J].当代法学,2020,34(04):116-125.

[111]姜文秀.污染环境罪的未遂[J].法学杂志,2020,41(04):72-78.

[112]刘艳红.人性民法与物性刑法的融合发展[J].中国社会科学,2020,292(04):114-137.

[113]徐海东.客观归责理论与污染环境罪因果关系的判断[J].广西社会科学,2020,297(03):105-113.

[114]穆斌.生态环境的法益观研究[J].中国政法大学学报,2020,77(03):14-25.

[115]赵睿英,李倩.环境污染中单位犯罪刑事责任研究[J].中国人民公安大学学报(社会科学版),2020,36(02):122-127.

[116]杨继文.污染环境犯罪因果关系证明实证分析[J].法商研究,2020,37(02):126-140.

[117]程红,牙韩选.环境犯罪"独立型附属刑法"立法模式之合理证成[J].广西民族大学学报(哲学社会科学版),2020,42(02):181-188.

[118]杨迪.污染环境罪司法样态透视——基于刑事判决的实证分析[J].国家检察官学院学报,2020,28(02):88-100.

[119]田宏杰.立法演进与污染环境罪的罪过——以行政犯本质为核心[J].法学家,2020,178(01):146-159.

[120]苏永生,高雅楠.论德国环境刑法中的危险犯[J].中国地质大学学报(社会科学版),2020,20(01):1-11.

[121]王树义,赵小姣.恢复性司法治理环境犯罪的澳大利亚经验与中国镜鉴[J].国外社会科学,2020,337(01):50-59.

[122]高铭暄,郭玮.德国环境犯罪刑事政策的考察与启示[J].国外社会科学,2020,337(01):21-29.

[123]李梁.德国环境刑法中的罪过形式立法及启示[J].国外社会科学,2020,337(01):30-36.

[124]张正宇.德国水环境刑法之考察及其对中国的启示[J].国外社会科学,2020,337(01):37-49.

[125]周兆进.环境行政执法与刑事司法衔接的法律省思[J].法学论坛,2020,35(01):135-142.

[126]李梁.中德污染环境罪立法明确性之比较研究[J].中国地质大学学报(社会科学版),2019,19(05):19-34.

[127]安然.宽严之间:污染环境罪的司法适用之检视[J].中国地质大学学报(社会科学版),2019,19(05):35-45.

[128]齐文远,吴霞.对环境刑法的象征性标签的质疑——与刘艳红教授等商榷[J].安徽大学学报(哲学社会科学版),2019,43(05):112-121.

[129]张晓媛.生态文明视野下环境刑法的立场转换——以环境损害的二元特征为视角[J].中国刑事法杂志,2019,190(04):103-114.

[130]刘伟琦.处置型污染环境罪的法教义学分析[J].法商研究,2019,36(03):89-102.

[131]周光权.论刑法与认罪认罚从宽制度的衔接[J].清华法学,2019,13(03):28-41.

[132]田国宝.我国污染环境罪立法检讨[J].法学评论,2019,37(01):163-171.

[133]金日秀,郑军男.环境风险的新挑战与刑法的应对[J].吉林大学社会科学学报,2019,59(02):52-65.

[134]蒋兰香.生态修复的刑事判决样态研究[J].政治与法律,2018,276(05):134-147.

[135]古承宗.刑法第190条之1作为"累积的具体危险犯"[J].月旦法学杂志,2018(05):157-238.

[136]付立庆.中国《刑法》中的环境犯罪:梳理、评价与展望[J].法学杂志,2018,39(04):54-62.

[137]周维明,赵晓光.分化、耦合与联结:立体刑法学的运作问题研究[J].政法论坛,2018,36(03):114-126.

[138]劳东燕.刑事一体化思想下的学术研究所感[J].中国检察官,2018,285(03):12-13.

[139]张明楷.污染环境罪的争议问题[J].法学评论,2018,36(02):1-19.

[140]陈伟,熊波.刑法中的生态法益:多维转型、边缘展开与范畴匡正[J].西南政法大学学报,2018,20(01):76-85.

[141]高铭暄,孙道萃.预防性刑法观及其教义学思考[J].中国法学,2018,201(01):166-189.

[142]喻海松.污染环境罪若干争议问题之厘清[J].法律适用,2017,392(23):75-81.

[143]吕忠梅,焦艳鹏.中国环境司法的基本形态、当前样态与未来发展——对《中国环境司法发展报告(2015—2017)》的解读[J].环境保护,2017,45(18):7-12.

[144]焦艳鹏.生态文明保障的刑法机制[J].中国社会科学,2017,263(11):75-98.

[145]陈洪兵.模糊罪过说之提倡——以污染环境罪为切入点[J].法律科学(西北政法大学学报),2017,35(06):89-100.

[146]陈世伟.我国犯罪学知识谱系的完善研究——以绿色犯罪学知识本土化构想为视角[J].刑法论丛,2017,51(03):474-505.

[147]刘艳红.象征性立法对刑法功能的损害[J].社会科学文摘,2017,19(07):74-76.

[148]张志钢.论累积犯的法理——以污染环境罪为中心[J].环球法律评论,2017,39(02):162-178.

[149]李川.二元集合法益与累积犯形态研究——法定犯与自然犯混同情形下对污染环境罪“严重污染环境”的解释[J].政治与法律,2017,269(10):39-51.

[150]张志钢.摆荡于激进与保守之间:论扩张中的污染环境罪的困境及其出路[J].政治与法律,2016,255(08):79-89.

[151]王社坤,胡玲玲.环境污染犯罪司法解释中抽象危险犯条款之批判[J].南京工业大学学报(社会科学版),2016,15(04):12-18.

[152]陈世伟.犯罪学的绿色视角:西方绿色犯罪学的发生、发展及借鉴[J].国外社会科学,2016,315(03):97-109.

[153]苏永生.污染环境罪的罪过形式研究——兼论罪过形式的判断基准及区分故意与过失的例外[J].法商研究,2016,33(02):114-122.

[154]安然.污染环境罪既遂形态的纠葛与厘清——复合既遂形态之提倡[J].宁夏社会科学,2016,38(01):40-46.

[155]刘艳红.环境犯罪刑事治理早期化之反对[J].政治与法律,2015,242(07):2-13.

[156]高文骁,邢捷.论我国建立环境警察制度的必要性与可行性[J].中国人民公安大学学报(社会科学版),2015,31(01):151-156.

[157]齐文远.社会治理现代化与刑法观的调整——兼评苏永生教授新著《区域刑事法治的经验与逻辑》[J].法商研究,2014,31(03):32-44.

[158]钱小平.环境刑法立法的西方经验与中国借鉴[J].政治与法律,2014,226(03):130-141.

[159]冯军.国外环境污染犯罪治理的经验分析[J].河北法学,2014,32(03):33-37.

[160]李冠煜.日本污染环境犯罪因果关系的研究及其借鉴[J].政治与法律,2014,225(02):151-160.

[161]曾粤兴,周兆进.环境犯罪严格责任研究[J].宁夏社会科学,2015,188(01):25-30.

[162]蒋兰香.新南威尔士州《环境犯罪与惩治法》的立法特色及启示[J].中国地质大学学报(社会科学版),2013,13(01):50-56.

[163]姜涛.虐待动物罪的伦理基础[J].伦理学研究,2012,59(03):101-108.

[164]张霞.韩国对单位环境犯罪的制裁[J].政法论丛,2011,143(04):79-85.

[165]齐文远.应对中国社会风险的刑事政策选择——走出刑法应对风险的误区[J].法学论坛,2011,26(04):12-20.

[166]王世洲.德国环境刑法中污染概念的研究[J].比较法研究,2001(02):53-64.

[167]付立忠.反思环境刑法学的学科根基及相关问题[J].中国人民公安大学学报(社会科学版),2011,27(02):47-57.

[168]雷鑫,张永青.环境犯罪刑事和解的证成与价值——以恢复性正义为视角[J].湘潭大学学报(哲学社会科学版),2010,34(01):31-35.

[169]冯军,尹孟良.日本环境犯罪的防治经验及其对中国的启示[J].日本问题研究,2010,24(01):4-8.

[170]陈英慧,关凤荣.中日环境犯罪问题比较[J].河北法学,2009,27(12):42-45.

[171]刘之雄.环境刑法的整体思维与制度设计[J].法学论坛,2009,24(05):50-55.

[172]徐丰果,姜文.论欧盟"通过刑法保护环境"的环境政策[J].北京林业大学学报(社会科学版),2009,8(02):22-28.

[173]张福德.美国环境犯罪的刑事政策及其借鉴[J].社会科学家,2008,129(01):80-84.

[174]刘晓莉,刘迪.俄罗斯生态犯罪的立法评析及借鉴[J].东北亚论坛,2007,72(04):101-105.

[175]劳东燕.公共政策与风险社会的刑法[J].中国社会科学,2007,165(03):126-139.

[176]肖剑鸣,吴晖.传统犯罪学"三段论"体系的生态学观——犯罪生态学的新视角[J].政法学刊,2006(03):8-11.

[177]张旭,单勇.犯罪学研究范式论纲[J].法学评论,2005(04):17-24.

[178]陈航.日本公害犯罪理论及其对我们的启示[J].兰州商学院学报,2001(05):117-122.

[179]王秀梅.英美法系国家环境刑法与环境犯罪探究[J].政法论坛,2000(02):73-79.

[180]陈明华,王占启.海峡两岸环境犯罪之比较研究[J].法律科学.(西北政法学院学报),2000(01):116-124.

[181]丁祖年.美国的佛蒙特环境法中心[J].中国环境管理,1986(05):40.

学位论文

[182]汪千力.生物安全视角下的环境刑法立法研究[D].武汉:中南财经政法大学,2022.

[183]李景豹.论恢复性司法在环境资源案件中的应用[D].长春:吉林大学,2022.

[184]杨红梅.污染环境罪刑事制裁研究[D].重庆:重庆大学,2021.

[185]热娜古·阿帕尔.环境刑事立法一体化模式研究[D].武汉:中南财经政法大学,2021.

[186]徐海东.污染环境罪司法适用问题研究[D].重庆:西南政法大学,2021.

[187]王翼妍.我国环境司法专门化改革研究[D].上海:上海财经大学,2021.

[188]臧金磊.水污染环境犯罪刑事司法裁量研究[D].重庆:西南政法大学,2020.

[189]吴霞.环境刑法保护客体研究——系统理论视角下规范违反说之提倡[D].武汉:中南财经政法大学,2019.

[190]王晶.环境损害的司法预防研究[D].武汉:武汉大学,2019.

[191]朱晋峰.环境损害司法鉴定管理及鉴定意见的形成、采信研究——以环境民事公益诉讼为对象的分析[D].南京:南京师范大学,2019.

[192]蒋涤非.环境刑法的伦理基础[D].昆明:昆明理工大学,2019.

[193]崔庆林.环境刑法规范适用论[D].昆明:昆明理工大学,2017.

[194]安然.环境污染罪的解释论展开——以规范司法适用为中心的思考[D].济南:山东大学,2017.

[195]陈珊.水生态环境犯罪刑事法治体系研究[D].南昌:南昌大学,2016.

[196]周峨春.环境犯罪立法研究[D].青岛:中国海洋大学,2015.

[197]李文杰.以"生态法益"为中心的环境犯罪立法完善研究[D].长春:吉林大学,2015.

[198]胡雁云.环境刑事政策研究[D].武汉:武汉大学,2015.

[199]高玥.国际环境犯罪防治研究[D].长春:吉林大学,2013.

[200]金晶.我国环境保护刑事立法的完善[D].上海:华东政法大学,2013.

[201]牛忠志.环境犯罪的立法完善——基于刑法理论的莒新[D].重庆:西南政法大学,2013.

[202]姜俊山.风险社会语境下的环境犯罪立法研究[D].长春:吉林大学,2010.

[203]杜琪.论环境刑法的行政从属性[D].武汉:武汉大学,2010.

[204]侯艳芳.环境犯罪构成研究[D].济南:山东大学,2009.

[205]杜澎.环境刑法的基本原理[D].重庆:西南政法大学,2006.

[206]刘金刚.环境的刑法保护研究[D].长春:吉林大学,2006.

[207]孟伟.人类中心主义视野中的环境刑法[D].北京:中国政法大学,2006.

外文文献

[208]竹村典良.「宇宙グリーン犯罪学」と「宇宙環境刑法」の基本構想:宇宙資本主義・人新世に基づく宇宙探査・開拓・開発批判[J].桐蔭法学,2022,29(1):71-100.

[209]TOURANGEAU W. A systems-based approach to green criminology[J]. Critical criminology,2022,30:1-17.

[210]LYNCH M, LONG Michael. Green Criminology: capitalism, green crime and justice, and environmental destruction[J]. Annual review of criminology,2022,5(1):255-276.

[211]LUNDBERG K. Moved by fire: green criminology in flux[J]. Crime,

media, culture: an international journal, 2022, 18(1):3–20.

[212]WHITE R. Environmental crime and the harm prevention criminalist [J]. Frontiers in conservation science, 2022(3):1–17.

[213]SOLLUND R. Green criminology: its foundation in critical criminology and the way forward[J]. The Howard journal of crime and justice, 2021, 60 (3):304–322.

[214]KNERICH V. Uniting green criminology and earth jurisprudence [J]. Contemporary justice review, 2021, 24(4):483–485.

[215]WHITE R. Environmental crime[M]. Cheltenham: Edward Elgar Publishing, 2020.

[216]LYNCH M J. Green criminology and environmental crime: criminology that matters in the age of global ecological collapse[J]. Journal of white collar and corporate crime, 2020, 1(1):3–80.

[217]BRISMAN A, SOUTH N. Routledge international handbook of green criminology[M]. London: Taylor and Francis, 2020.

[218]BAIRD A, WALTERS R. Water theft through the ages: insights for green criminology[J]. Critical criminology, 2020, 28(3):371–388.

[219]SOLLUND R. The crimes of wildlife trafficking: issues of justice, legality and morality[M]. London: Taylor and Francis, 2019.

[220]GORE M L, BRASZAK P, BROWN J, et al. Transnational environmental crime threatens sustainable development [J]. Nature sustainability, 2019, 2:784–786.

[221]MAYER C H. Combating wildlife crime in South Africa: using gelatine lifters for forensic trace recovery[M], Switzerland: Springer, 2019.

[222]LYNCH M, STRETESKY P, LONG M A. Environmental crime prosecutions in Ireland, 2004–2014 [J]. International journal of comparative and applied criminal justice, 2019, 43(2):277–293.

[223]BRISMAN A, SOUTH N. Green criminology and environmental crimes and harms[J]. Sociology compass, 2019:13(1):e12650.

[224]JARA A. Private prosecution for environmental crimes[J]. Without prejudice, 2019, 19(5):8–9.

[225]WHITE R. Ecocentrism and criminal justice[J]. Theoretical criminology, 2018, 22(3):342–362.

[226]LYNCH M J. Acknowledging female victims of green crimes: envi-

ronmental exposure of women to industrial pollutants[J]. Feminist criminology, 2018,13(4):404–427.

[227]LYNCH M J,STRETESKY P,LONG M A. Situational crime prevention and the ecological regulation of green crime: a review and discussion[J]. The ANNALS of the American academy of political and social science, 2018, 679(1):178–196.

[228]GOYES D R,SOLLUND R. Animal abuse, biotechnology and species justice[J]. Theoretical criminology,2018,22(3):363–383.

[229]HALL M. Exploring green crime: introducing the legal, social and criminological contexts of environmental harm[M]. London:Palgrave Macmillan,2015.

[230]BRISMAN A,SOUTH N,WHITE R. Environmental crime and social conflict: contemporary and emerging issues[M]. London:Routledge,2015.

[231]SPAPENS T, WHITE R, KLUIN M. Environmental crime and its victims: perspectives within green criminology[M]. London: Routledge,2014.

[232]SOUTH N. Green criminology: reflections, connections, horizons [J]. International journal for crime, justice and social democracy. 2014,3(2): 5–20.

[233]WHITE R. Green criminology: an introduction to the study of environmental harm[M]. London:Routledge,2014.

[234]LYNCH M J, STRETESKY P B. Exploring green criminology: toward a green criminological revolution [M]. Farnham: Ashgate Publishing, 2014.

[235]BRISMAN A,SOUTH N. Green cultural criminology: constructions of environmental harm, consumerism, and resistance to ecocide[M]. London: Routledge,2014.

[236]HIGGINS P,SHORT D,SOUTH N. Protecting the planet: a proposal for a law of ecocide[J]. Crime, law and social change,2013,59:251–266.

[237] HALL M. Victims of environmental harm: rights, recognition and redress under national and international law [M]. London: Routledge, 2013.

[238]WALTERS R,WESTERHUIS D S,WYATT T. Emerging issues in green criminology: exploring power, justice and Harm [M]. London: Palgrave Macmillan,2013.

[239]WHITE R. Climate change from a criminological Perspective[M]. New York:Springer,2012.

[240]EMAN K. Crimes against the environment—comparative criminology and criminal justice perspectives[D]. Maribor, Slovenia: Univerza v Mariboru,2012.

[241]CLIFFORD M,EDWARDS T D. Environmental crime[M],Burlington, MA:Jones & Bartlett Learning,2011.

[242]AGNEW R. Dire forecast: a theoretical model of the impact of climate change on crime[J], Theoretical criminology, 2011, 16(1): 21–42.

[243]WHITE R D. Environmental harm and crime prevention[J]. Trends & Issues in crime and criminal justice,2010,360:1-6.

[244]WHITE R. Transnational environmental crime: toward an eco-global criminology[M]. London:Willan,2010.

[245]WHITE R. Environmental crime: a reader[M]. London: Willan, 2009.

[246]WHITE R. Crimes against nature: environmental criminology and ecological justice[M]. London:Willan,2008.

[247]BRICKEY K F. Environmental crimes[M]. Burlington, MA: Jones & Bartlett Learning,2008.

[248]BEIRNE P,SOUTH N. Issues in green criminology[M]. London: Willan,2007.

[249]BURNS R D. Environmental crime: a sourcebook[M]. New York: LFB Scholarly Pub. Llc,2004.

[250]EMERY A,WATSON M. Organisations and environmental crime: legal and economic perspectives[J]. Managerial auditing journal, 2004, 19 (6):.

[251]LYNCH M,STRETESKY P. The meaning of green: contrasting criminological perspectives[J]. Theoretical criminology, 2003, 7(2): 217–238.

[252]SITU Y,EMMONS D. Environmental crime: the criminal justice system's role in protecting environment[M].Thousand Oaks: Sage Publications, 2000.

[253]SIMON D R. Corporate environmental crimes and social inequality:

new directions for environmental justice research[J].American behavioural scientist,2000,43:633-645.

[254]SOUTH N. A green field for criminology? A proposal for a perspective[J].Theoretical criminology,1998,2(2):211-233.